Conteúdo digital exclusivo!

Cadastre-se e transforme seus estudos em uma experiência única de aprendizado!

Acesse agora

Portal:
www.editoradobrasil.com.br/apoema

Código de aluno:
1127443A6360229

Lembre-se de que esse código é pessoal e intransferível. Guarde-o com cuidado, pois é a única forma de você utilizar os conteúdos do portal.

Editora do Brasil

CLÁUDIA MAGALHÃES
- Bacharel e licenciada em Ciências Sociais
- Professora da rede particular de ensino

MARCOS GONÇALVES
- Licenciado em Geografia e em Filosofia
- Pós-graduado em Metodologia Inovadora na Ação Docente
- Professor das redes municipal e particular de ensino

RAFAEL TANGERINA
- Bacharel e licenciado em Geografia
- Pós-graduado como analista ambiental
- Mestre em Geografia
- Professor da rede particular de ensino
- Coordenador educacional no Parque da Ciência da Secretaria de Educação do Estado do Paraná

ROSENI RUDEK
- Licenciada em Geografia
- Professora da rede particular de ensino

APOEMA
GEOGRAFIA
9

1ª edição
São Paulo, 2018

Dados Internacionais de Catalogação na Publicação (CIP)
(Câmara Brasileira do Livro, SP, Brasil)

Apoema : geografia 9 / Cláudia Magalhães...
[et al.]. – 1. ed. – São Paulo: Editora do Brasil,
2018. – (Coleção apoema)

Outros autores: Marcos Gonçalves, Rafael
Tangerina, Roseni Rudek.
ISBN 978-85-10-07021-8 (aluno)
ISBN 978-85-10-07022-8 (professor)

1. Geografia (Ensino fundamental) I. Magalhães,
Cláudia. II. Gonçalves, Marcos. III. Tangerina, Rafael.
IV. Rudek, Roseni. V. Série.

18-20622 CDD-372.891

Índices para catálogo sistemático:
1. Geografia: Ensino fundamental 372.891
Maria Alice Ferreira – Bibliotecária – CRB-8/7964

© Editora do Brasil S.A., 2018
Todos os direitos reservados

Direção-geral: Vicente Tortamano Avanso

Direção editorial: Felipe Ramos Poletti
Gerência editorial: Erika Caldin
Supervisão de arte e editoração: Cida Alves
Supervisão de revisão: Dora Helena Feres
Supervisão de iconografia: Léo Burgos
Supervisão de digital: Ethel Shuña Queiroz
Supervisão de controle de processos editoriais: Marta Dias Portero
Supervisão de direitos autorais: Marilisa Bertolone Mendes

Supervisão editorial: Júlio Fonseca
Consultoria Técnica: Ana Paula Ribeiro
Edição: Guilherme Fioravante e Nathalia C. Folli Simões
Assistência editorial: Patrícia Harumi
Auxílio editorial: Marina Lacerda D'Umbra
Apoio editorial: Patricia Quero
Coordenação de revisão: Otacilio Palareti
Copidesque: Gisélia Costa e Ricardo Liberal
Revisão: Alexandra Resende, Andréia Andrade e Elaine Silva
Pesquisa iconográfica: Elena Molinari e Ênio Lopes
Assistência de arte: Lívia Danielli
Design gráfico: Patrícia Lino
Capa: Megalo Design
Imagem de capa: Marcos André/Opção Brasil Imagens
Ilustrações: Cristiane Viana, Fabio Nienow, Luca Navarro, Paula Haydee Radi e Rafael Herrera
Produção cartográfica: DAE (Departamento de Arte e Editoração), Alessandro Passos da Costa, Daniel de Souzza, Débora Ferreira, Jairo Souza, Mario Yoshida, Sonia Vaz, Studio Caparroz
Coordenação de editoração eletrônica: Abdonildo José de Lima Santos
Editoração eletrônica: Select Editoração
Licenciamentos de textos: Cinthya Utiyama, Jennifer Xavier, Paula Harue Tozaki e Renata Garbellini
Controle de processos editoriais: Bruna Alves, Carlos Nunes, Jefferson Galdino, Rafael Machado e Stephanie Paparella

1ª edição / 1ª impressão, 2018
Impresso na BMF Gráfica e Editora

Rua Conselheiro Nébias, 887
São Paulo, SP – CEP 01203-001
Fone: +55 11 3226-0211
www.editoradobrasil.com.br

APRESENTAÇÃO

Caro estudante,

Geografia é uma das ciências que nos possibilitam entender melhor o mundo complexo e dinâmico em que vivemos. Por meio de seus conteúdos, podemos relacionar as informações que recebemos às situações que se apresentam em nosso cotidiano, assim percebemos o espaço como um elemento importante de nossa organização social.

Estudar Geografia permite identificar algumas razões pelas quais as nações passam por mudanças históricas, econômicas, territoriais e políticas. Implica estudar o espaço geográfico, ou seja, o espaço organizado pela sociedade, resultado da ação humana sobre a natureza.

A Geografia é um importante caminho para desenvolver a cidadania, fortalecer a ética e incentivar o respeito às diferenças, sejam elas culturais, políticas ou religiosas, combatendo, assim, as desigualdades econômicas e as injustiças sociais.

O trabalho desenvolvido nesta coleção proporciona uma reflexão sobre a realidade e sobre o papel que cada um de nós desempenha na sociedade. Assim, convidamos você a ampliar sua visão de mundo por meio de uma viagem na construção do conhecimento geográfico.

Os autores

SUMÁRIO

■■▮ Unidade 1 – O mundo em transformação 8

Capítulo 1 – Geopolítica e mundo contemporâneo 10

O que é geopolítica? 10

Geopolítica e ordem mundial 11

Relações internacionais e poder mundial 12

• O papel das transnacionais 14

De olho no legado..15

• Poderio militar mundial 16

Cartografia em foco **17**

Caleidoscópio **18**

Atividades **20**

Capítulo 2 – Globalização e mundialização 21

Globalização e forças de poder 21

• Desigualdades da globalização 22

Globalização, revoluções industriais e capitalismo 23

• As mudanças de uma nova revolução no dia a dia...23

• Organizações econômicas internacionais......26

Atividades **27**

Capítulo 3 – Globalização e questões ambientais.................................. 28

O mundo do trabalho e os impactos ambientais 28

Cultura de consumo e meio ambiente 29

• Qual é o limite da Terra?...............................30

Sustentabilidade: impasses e desafios no século XXI 31

• Conferências ambientais 32

Atividades **33**

Retomar **34**

Visualização **36**

■■▮ Unidade 2 – Espaço mundial: energia e fluxos...................................38

Capítulo 4 – Energia e ciclos industriais 40

Energia e industrialização 40

• Energia e produção: aspectos gerais da Primeira Revolução Industrial..................41

• Expansão da industrialização e demanda por novas fontes de energia 42

Viver – A China padece de carvão.....................46

Atividades **47**

Capítulo 5 – Consumo energético e ambiente 48

Ampliando as fontes de energia 48

Produção de energia elétrica e ambiente 49

• Hidrelétricas e impactos socioambientais......51

Viver – Barragem de Três Gargantas é responsável por seca no maior lago da China....53

• Energia nuclear 54

Pontos de vista **56**

• Os avanços da energia eólica no mundo.........58

• Produção de biocombustíveis e impactos.......59

Cartografia em foco **60**

Atividades **61**

Capítulo 6 – Redes de transporte e comunicação mundial 62

Transportes no mundo 62

• Transporte aquático 62

• Transporte ferroviário 64

• Transporte rodoviário...................................66

• Transporte aéreo 67

Os sistemas de comunicação: a internet e o telefone 68

Atividades **69**

Retomar **70**

Visualização **72**

▪■▫ Unidade 3 –Europa e Ásia: aspectos naturais 74

Capítulo 7 –Estrutura geológica e relevo 76
A superfície terrestre 76

De olho no legado – Qual é a única cidade localizada em dois continentes? 77

Estrutura geológica da Eurásia 78

Principais formas de relevo da Eurásia 79

Atividades 82

Capítulo 8 – Hidrografia 83
Os recursos hídricos europeus e asiáticos 83

Rios europeus e asiáticos...............................84

Viver – Sagrado para os hindus, o Rio Ganges está morrendo..........................85

Rios e economia 86

Atividades 88

Capítulo 9 – Climas e formações vegetais 89
A inter-relação entre o clima e a vegetação na Eurásia 89

Os climas da Europa e da Ásia 90

Formações vegetais 93

Atividades 97

Retomar 98

Visualização 100

▪■▫ Unidade 4 – Europa............................. 102

Capítulo 10 – Localização e regionalização......104
Localização e regionalização do continente europeu...................................104

Cartografia em foco 107

Formas de regionalizar o espaço europeu.....108

A expansão colonial da Europa em diversas partes do mundo 110

De olho no legado – Encontro de duas culturas: América e Europa 111

Atividades 112

Capítulo 11 – União Europeia 113
História da formação e países-membros.......113

Viver – Dez anos após início de crise, União Europeia afirma que recuperação se confirmou, mas ainda há o que fazer 116

União europeia no contexto do Brexit e das relações internacionais 117

Atividades 119

Capítulo 12 –Dinâmica demográfica e sociedade...120
Aspectos populacionais 120

Dinâmica demográfica na Europa..................121

Fluxos migratórios e xenofobia na Europa 124

Viver – Fluxo de migrantes diminui em 2016, mas número de mortos no mar cresce 126

Desenvolvimento social e econômico europeu......................................127

Atividades 128

Capítulo 13 – Rússia: economia e geopolítica ..130
Aspectos gerais...130

A revolução Russa e o socialismo soviético ...131

Da economia planificada à abertura do mercado 134

• A formação da CEI.....................................136

A Rússia na geopolítica mundial: separatismos e conflitos étnicos 137

De olho no legado – O que a Rússia exporta além de petróleo e gás......................140

Atividades 141

Retomar 142

Visualização 144

■■▪ Unidade 5 – Ásia 146

Capítulo 14 – Localização e regionalização......148
Um "mundo" num continente 148
Países da ex-União Soviética 150
Oriente Médio 151
Sul da Ásia 152
Sudeste Asiático 153
Extremo Oriente 154
Atividades 156

Capítulo 15 – Dinâmica demográfica e social...158
População asiática 158
Fluxos migratórios e refugiados....................160
Desigualdade socioeconômica 161
Atividades 162

Capítulo 16 – Diversidade religiosa e
territórios 164
Geografia e religiosidade 164
Berço das grandes religiões 165
Características das principais religiões..........166
• Judaísmo 166
• Cristianismo 167
• Islamismo 168
• Hinduísmo 168
• Budismo..170
• Siquismo 170
• Confucionismo..171
• Xintoísmo 171
Territórios e religiosidade..............................172
Atividades 175
Retomar **176**
Visualização **178**

■■▪ Unidade 6 – Ásia: países e regiões 180

Capítulo 17 – Índia 182
Natureza, uso e ocupação da terra...............182
Recursos naturais e desenvolvimento
econômico..184
Dinâmica demográfica e sociocultural 186
Conflitos internos e movimentos
separatistas...188
Atividades 190

Capítulo 18 – Japão......................................191
Aspectos naturais 191
Dinâmica demográfica e
aspectos culturais 193
Cartografia em foco 195
Recursos naturais: uso e escassez 196
Atividade industrial e tecnologia 197
O Japão na economia global 199
Aspectos históricos do
desenvolvimento econômico 200
Atividades 201

Capítulo 19 – China 202
Uso da terra, recursos naturais e
desenvolvimento econômico 202
Dinâmica demográfica e sociocultural 204
Aspectos econômicos 206
Conflitos internos e movimentos
separatistas 208
Atividades 210

Capítulo 20 – Tigres Asiáticos e
Coreia do Norte 211
Surgimento dos primeiros Tigres Asiáticos ..211
Os Novos Tigres Asiáticos 214
Caleidoscópio – Made in Ásia 216
A questão da Coreia do Norte 218
Atividades 219
Retomar **220**
Visualização **222**

■■▌ Unidade 7 – Oriente Médio 224

Capítulo 21 – Economia e sociedade 226
Aspectos regionais 226
Dinâmica demográfica 228
Cartografia em foco 229
A economia e a geopolítica do petróleo 230
• Consumo e exportação 231
Agropecuária e indústria 233
As guerras e os interesses
econômicos na região 234
Atividades 235

Capítulo 22 – Questão árabe-israelense 237
Uma guerra sem fim? 237
Guerras, tensões e acordos 238
• A paz não dura muito 239
• Palestina reconhecida pela ONU 240
• Jerusalém e a decisão dos Estados Unidos... 240
• O posicionamento da ONU............................241
Viver 241
Pontos de vista 242
Atividades 244

Capítulo 23 – Outros conflitos regionais 246
Interferências estadunidense e russa 246
• Afeganistão 246
• Iraque 247
• Custo das invasões dos Estados Unidos 247
• Riqueza escondida 247
• Irã x Iraque 248
Guerra do Iraque 248
Programa nuclear do Irã 249
Guerra da Síria 249
Turquia e a crise com os Estados Unidos......250
Atividades 251
Retomar **252**
Visualização **254**

■■▌ Unidade 8 –Oceania e regiões polares 256

Capítulo 24 – Oceania 258
Localização e regionalização 258
Natureza, ocupação e exploração
de recursos naturais 260
De olho no legado – Nauru 262
Atividades 263

Capítulo 25 – Austrália e Nova Zelândia..........265
Austrália: aspectos físicos 265
Dinâmica demográfica da Austrália 267
Povos tradicionais da Austrália 268
A Austrália na economia global 268
Aspectos socioeconômicos 269
Cartografia em foco 270
Nova Zelândia: aspectos físicos 271
Dinâmica demográfica: Nova Zelândia 272
Aspectos socioeconômicos 273
A Nova Zelândia na economia global 274
De olho no legado – Se existe
Nova Zelândia, onde fica a velha?..................274
Atividades 276

Capítulo 26 –O Ártico e o Antártico 277
Localização do Ártico e do continente
Antártico 277
De olho no legado – Inuit:
os *Firts Nations* canadenses............................279
Disputas territoriais do Ártico 280
As pesquisas científicas na Antártica 281
Atividades 283
Retomar **284**
Visualização **286**
Referências **288**

UNIDADE 1

Antever

1 Que ideias lhe veem à mente ao observar essas imagens?

2 Você acredita que as imagens podem explicar alguns aspectos do mundo na atualidade? Explique.

3 As imagens representam, direta ou indiretamente, realidades de seu cotidiano? Justifique.

O mundo está cada vez mais complexo e globalizado. As mudanças têm sido maiores e mais rápidas em vários setores da sociedade e, ao que tudo indica, ficarão ainda mais aceleradas. As formas de estudarmos, trabalharmos e nos divertirmos serão muito diferentes em pouco tempo. Hoje, por exemplo, já falamos em carros sem motoristas; há apenas alguns anos, isso ainda era pura ficção científica. O mesmo vale para telefones celulares, impressoras 3D, *drones* e outras tecnologias.

Você está inserido nessa realidade e, provavelmente, em uma década estará plenamente integrado nela por meio do trabalho, dos estudos ou de outras atividades. Portanto, compreendê-la é essencial.

Vista da Vila Campestre. São Bernardo do Campo (SP), 2018; *Drone* utilizado para inspecionar plantações. Pilsen, República Tcheca, 2016; Trabalhadores em fábrica chinesa. Jiujiang, China, 2018.

O mundo em transformação

CAPÍTULO 1
Geopolítica e mundo contemporâneo

O que é Geopolítica

A **Geopolítica** é o ramo da Geografia que estuda o comportamento das nações: como ocorre a espacialização das relações de poder no mundo, o papel dos Estados nacionais, o significado das guerras, das tensões, dos conflitos mundiais e de outros fenômenos políticos contemporâneos, como as mudanças e a reorganização espacial de territórios e fronteiras mundiais.

Inicialmente, no contexto em que se consolidou como ciência, nos primeiros anos do século XX, a Geopolítica estava atrelada às relações internacionais (entre os Estados), período em que ocorriam guerras e grandes disputas territoriais entre países. Atualmente, inclui potências regionais e variados grupos, como os empresariais, as **organizações não governamentais**, as associações internacionais, os sindicatos globais, entre outros. Isso porque não são apenas os governos as grandes fontes de poder mundial, mas também, por exemplo, as **empresas transnacionais** que atuam nos mercados de vários países, organizando o espaço geográfico mundial de acordo com sua expansão e distribuição territorial.

> **Glossário**
>
> **Organização não governamental (ONG):** associação criada para a defesa de um objetivo comum de importância social, como a preservação da vida animal, da flora ou a diminuição da fome, entre inúmeras outras. Embora possa receber recursos públicos e privados, em geral não está subordinada a governos ou empresas.

Gravura da conferência do Congo. Berlim, c. 1884-1885.

Por meio da Geopolítica podemos compreender as razões das acentuadas diferenças de **poder** e de **riqueza** entre países, regiões ou instituições no mundo, e como se formam e se transformam as lideranças políticas, militares e econômicas mundiais. Sendo assim, no decorrer dos estudos, quando tratamos de geopolítica, estamos nos referindo às relações de poder e liderança que envolvem países e regiões.

Geopolítica e ordem mundial

No ano anterior você estudou que, após a Segunda Guerra Mundial (1939-1945), o mundo dividiu-se em dois blocos hegemônicos. De um lado estava a principal superpotência capitalista, os Estados Unidos, e, de outro, a União das Repúblicas Socialistas Soviéticas (URSS), ambas com suas respectivas áreas territoriais de controle geopolítico na disputa pela supremacia de seus sistemas antagônicos: **capitalismo** e **socialismo**.

Essa ordem bipolar perdurou por mais de 40 anos. Entre o final da década de 1980 e início da de 1990, a geopolítica mundial foi profundamente alterada com o fim da Guerra Fria. Essa guerra "não declarada" entre as duas superpotências da época deixou de existir com o término do socialismo na URSS e, consequentemente, com o desmembramento do país e o início de um processo de abertura política e econômica no Leste Europeu.

A partir de então, instalou-se uma **Nova Ordem Mundial multipolar**, composta de mais polos de influência, além dos Estados Unidos, como União Europeia e Japão. As disputas e rivalidades mundiais deixaram o campo ideológico e passaram, principalmente, para os planos econômico, comercial e tecnológico, com inúmeros interesses associados.

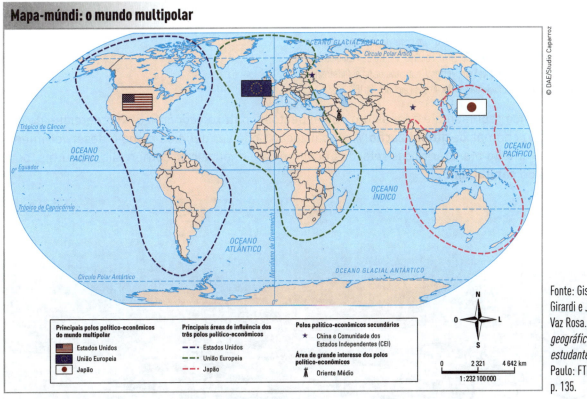

Fonte: Gisele Girardi e Jussara Vaz Rosa. *Atlas geográfico do estudante*. São Paulo: FTD, 2011. p. 135.

Os **Estados Unidos** são considerados uma hiperpotência mundial porque, além do poderio militar, exercem influência econômica, cultural e ideológica em escala global. No entanto, um novo cenário político e econômico consolidou-se no início do século XXI, quando a **China** emergiu como uma grande potência econômica em razão de seu excepcional crescimento industrial, o que propiciou um volume de exportações superior ao dos Estados Unidos e um PIB maior do que o do Japão.

A **Rússia** também se mostrou um dos atores principais da geopolítica mundial. Também tem papel geopolítico relevante a União Europeia (28 Estados-membros), com destaque para a França e a Alemanha. Merece ainda ênfase o Reino Unido, a Índia e o Brasil. De todo modo, os Estado Unidos ainda lideram as tomadas de decisões internacionais e influenciam os rumos políticos e econômicos da maioria dos países.

Relações internacionais e poder mundial

A importância da Geopolítica ganhou ainda mais força nas últimas décadas em virtude do espantoso crescimento do comércio global a partir da segunda metade do século XX. Observe no gráfico a seguir essa evolução em valores (bilhões de dólares).

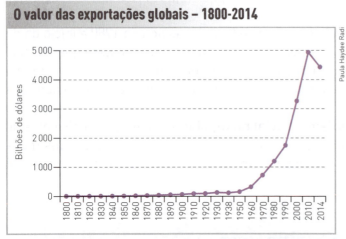

O valor das exportações globais – 1800-2014

① A que conclusão pode se chegar quanto às relações internacionais contemporâneas?

② Em sua opinião, que motivos podem ter impulsionado o crescimento a partir de 1950?

③ Com base em seu estudo e conhecimentos, cite exemplos de países que têm papel de destaque nesse recente cenário.

Fonte: Giovanni Federico e Antonio Tena-Junguito. *Um conto de duas globalizações: ganhos do comércio e abertura 1800-2010*. Londres: Centro de Pesquisas de Políticas Econômicas, 2016. Disponível em: <https://e-archivo.uc3m.es/bitstream/handle/10016/22354/wh1602.pdf?sequence=1>. Acesso em: out. 2018.

O que o gráfico representa é apenas um dos aspectos – o fluxo econômico e comercial – do que se convencionou chamar de **globalização**. A globalização pode ser definida como o desenvolvimento acentuado, em âmbito planetário, das relações econômicas, financeiras, comerciais, culturais, políticas e sociais do **capitalismo**.

Contêineres de diversos lugares do mundo em porto. Jacarta, Indonésia, 2017.

Nos dois últimos séculos, a evolução do capitalismo e da indústria possibilitaram que a produção mundial de mercadorias, bens e serviços aumentasse vertiginosamente, exigindo que as relações comerciais internacionais e as cadeias industriais se intensificassem, em busca, principalmente, de mercado consumidor, matérias-primas e capital.

O atual conceito de globalização, elaborado em universidades e empresas norte-americanas, busca identificá-la como sendo algo inevitável, ao qual devemos nos adaptar. O objetivo é defender a ideia de que a melhor forma de a sociedade funcionar seria por meio das forças de mercado, incorporadas nas empresas transnacionais industriais, de comércio e de serviços, incluídos, especialmente, os bancos.

Outro lado essencial da globalização é a recomendação do **Estado mínimo**. Sob esse ponto de vista, quanto menos o Estado participar da vida social, principalmente da economia, melhor seria para a sociedade. No entanto, somente o Estado consegue garantir direitos sociais, como educação e saúde gratuitos para todos.

> **Glossário**
>
> **Estado mínimo:** ideia defendida pelo neoliberalismo de que o Estado deve intervir o mínimo possível na economia e na iniciativa privada.

Há outra formulação para expressar aquilo que a globalização representa: trata-se da concepção de **mundialização**, na qual as forças do capitalismo na economia mundial não são inevitáveis, podendo-se optar por caminhos diferentes, que atendam melhor às necessidades básicas da humanidade.

Uma tentativa nesse sentido tem sido o **Fórum Social Mundial** (FSM), que ocorre paralelamente ao Fórum Econômico Mundial (FEM). O Fórum Social Mundial realiza-se anualmente desde 2001: o primeiro ocorreu na cidade de Porto Alegre (RS). Trata-se de uma iniciativa da sociedade civil organizada que reúne ativistas sociais, sindicalistas, integrantes de governos e especialistas. Durante alguns dias, são discutidas alternativas para as atuais consequências da globalização. São elaboradas várias propostas no campo das políticas públicas, da comunicação, da cultura, entre outras, sempre visando a relações solidárias e mais justas.

O **Fórum Econômico Mundial** é uma organização que promove encontros anuais, na maioria das vezes em Davos (Suíça), nos quais os chefes de Estado, ministros da Economia, diretores do Fundo Monetário Internacional (FMI), líderes da economia, empresários etc. reúnem-se para discutir assuntos econômicos, impactos da globalização nos mercados, entre outros, em âmbito mundial.

Cartaz do Fórum Social Mundial, 2018.

Malala Yousafzai, ganhadora do Nobel da Paz de 2014, e Justin Trudeau, primeiro ministro do Canadá, discursam no Fórum Econômico Mundial. Davos, Suíça, 2018.

O papel das transnacionais

Apesar de os Estados Unidos, a China, a União Europeia e a Rússia serem os principais centros de poder político e econômico mundiais, outro ator de igual importância é constituído pelas **empresas transnacionais** ou **multinacionais**.

Muitas delas têm **receita** anual superior à maior parte dos PIBs nacionais, motivo pelo qual alcançam enorme poder global. Podem influenciar ações dos governos, políticas públicas e, em alguns países, até as eleições de parlamentares e presidentes.

Observe o *ranking* de receita das maiores empresas transnacionais do mundo.

> **Glossário**
>
> **Receita:** valor recebido ou arrecadado em forma de dinheiro, crédito ou outros.

Receita das 10 maiores empresas do mundo – 2017	
Empresas	Valor (em bilhões de dólares)
Walmart (Estados Unidos)	500,34
State Grid Corporation China (China)	348,90
Sinopec Group (China)	326,95
China National Petroleum (China)	326,00
Shell (Holanda)	311,87
Toyota Motor (Japão)	265,17
Volkswagen (Alemanha)	260,02
British Petroleum (Reino Unido)	244,58
Exxon Mobil (Estados Unidos)	244,36
Berkshire Hathaway (Estados Unidos)	242,13

Fonte: Fortune. Global 500. Disponível em: <http://fortune.com/global500>. Acesso em: set. 2018.

Como se pode verificar na tabela, as maiores empresas transnacionais têm origem e sede nos países desenvolvidos. O nascimento e a expansão das transnacionais estão atrelados à história da industrialização e da urbanização mundial, e elas evidenciam o papel preponderante do desenvolvimento tecnológico e científico no processo de mudanças que ocorreram nas sociedades humanas e nos espaços geográficos. Com isso, o uso intensivo de matérias-primas e energia aumentou a taxa de exploração dos recursos naturais.

Fachada de filial de supermercado americano em cidade mexicana. Monterrey, México, 2016.

Posto de combustível de empresa anglo-holandesa em cidade canadense. Toronto, Canadá, 2018.

Filial de indústria japonesa em cidade americana. Filadélfia, Estados Unidos, 2018.

No cenário internacional contemporâneo, os Estados usam o poder de suas transnacionais e de suas relações de comércio, bem como de instrumentos econômicos (capital, tecnologia), para alcançar determinados objetivos políticos e militares.

De olho no legado

[...] As primeiras grandes empresas agrícolas com atuação global surgiram por uma série de razões, tanto tecnológicas como institucionais. O trabalho agrícola foi mecanizado; os agrotóxicos foram inventados e comercializados; trens, navios e portos revolucionaram o transporte; e novas tecnologias melhoraram a preservação e o armazenamento de alimentos. O livre-comércio eliminou as barreiras tarifárias e os mercados de futuros superaram a escassez de capital vendendo as colheitas antes mesmo de a semente ter sido plantada. [...]

[...] Com o aumento do protecionismo e o declínio do comércio na primeira metade do século XX, grandes companhias dos EUA e da Europa se transformaram em empresas transnacionais, investindo em outros países, e não apenas exportando seus produtos para eles. **Oligopólios**, em que poucos jogadores determinam as regras do jogo, surgiram em vários estágios ao longo da cadeia de valor. Esse processo foi acelerado com os programas de reconstrução liderados pelos EUA na Europa após a Segunda Guerra Mundial e reforçado pelo surgimento de novos tipos de produtos: *fast-food*, lanches e bebidas. As empresas a montante, de máquinas e agrotóxicos, juntamente com a recém-criada indústria de sementes, abriram o caminho para a industrialização da agricultura na Europa. A ajuda ao desenvolvimento e a Revolução Verde, com sua dependência em sementes, fertilizantes, agrotóxicos e máquinas, permitiram a disseminação dessas empresas na Ásia e na América Latina. [...]

> **Glossário**
>
> **Oligopólios:** situação de mercado em que um número reduzido de empresas controla a oferta de um produto ou serviço.

Na década de 1980, as transnacionais agrícolas foram crescentemente se transformando em *global players*, com interesses no mundo inteiro. Nos países em desenvolvimento, a liberalização desmantelou os controles estatais sobre os mercados de *commodities* e as barreiras tarifárias, levando a uma rápida expansão do comércio mundial de produtos agrícolas. Os grandes varejistas começaram a organizar novas cadeias de suprimentos para se abastecerem de produtos frescos oriundos dos países em desenvolvimento. Expandiram-se também nos maiores países em desenvolvimento, com o objetivo de atender às necessidades das suas novas classes médias.

Assim, **algumas corporações globais agora estabelecem os padrões mundiais de agricultura e consumo de alimentos**. Elas são incrivelmente duradouras: muitos dos atuais líderes mundiais dessa indústria foram fundadores do complexo agroindustrial moderno, como a Cargill (comerciante de grãos), a John Deere (máquinas agrícolas), a Unilever (alimentos processados e, no passado, plantações), a Nestlé (produtos lácteos e chocolate), o McDonald's (*fast-food*) e a Coca-Cola (refrigerantes). Dois adventos – o domínio do capital financeiro e o impacto das biotecnologias – resultaram em uma onda de fusões e aquisições desde a década de 1980, mudando a cara do setor.

Nos últimos 20 anos, o centro das atenções mudou para os países em desenvolvimento e para a Ásia, especialmente para a China, que se tornou o principal mercado de *commodities*. Novos atores globais estão surgindo. Atualmente, três empresas brasileiras são líderes mundiais no setor da carne. [...]

Maureen Santos e Verena Glass (Org.) *Atlas do agronegócio: fatos e números sobre as corporações que controlam o que comemos.* Rio de Janeiro: Fundação Heinrich Böll, 2018. p. 10-11.

1. Apresente os fatores que, de acordo com o texto, levaram à formação de grandes empresas agrícolas com atuação global.
2. Mencione uma frase do texto que indica que as empresas agrícolas transformaram-se em empresas transnacionais.
3. O grande investimento de capital no setor agropecuário levou a transformações no espaço agrário no mundo e no Brasil, bem como provocou mudanças no espaço urbano. Justifique essa afirmação com aspectos ocorridos no campo e na cidade.
4. Converse com os colegas e o professor sobre aspectos referentes a frase destacada no texto. Registre suas conclusões.

Poderio militar mundial

O mundo é marcado por guerras e conflitos que envolvem países e regiões, promovidos por diversos motivos: disputas territoriais, controle de recursos naturais, rivalidades étnicas ou religiosas, tráfico de drogas, interesse de controle político ou econômico, reconhecimento de independência, luta pela consolidação de Estado-nação etc.

Durante o período da Guerra Fria, existiam forças militares que atendiam a um e a outro polo de poder mundial. A **Organização do Tratado do Atlântico Norte (Otan)**, aliança criada em 1949, protegia militarmente os países capitalistas de qualquer ameaça soviética. Em contrapartida, o **Pacto de Varsóvia**, criado em 1955 e extinto em 1990, protegia os países socialistas de qualquer ataque proveniente dos países capitalistas ocidentais. A **Guerra Fria** foi o maior período de investimento bélico por parte dos Estados Unidos e da URSS.

Mas o fim da Guerra Fria não marcou o encerramento de investimentos militares. Inúmeros novos focos de tensão multiplicaram-se a partir do final dos anos 1980. Atualmente, o jogo de forças do poder político-militar entre países e regiões mostra expressivos investimentos bélicos, inclusive em arsenais nucleares, nos Estados Unidos, Reino Unido, França, Israel, Rússia, China, Paquistão, Índia e Coreia do Norte.

Tropas americanas patrulham vilarejo no Oriente Médio. Candaar, Afeganistão, 2012.

O tamanho do poderio militar das potências mundiais tem decisivo papel nos conflitos internacionais. Ao considerarmos a evolução dos gastos militares no mundo, pode-se concluir que os governos não apostam só na diplomacia para a solução de conflitos e tensões. Para se ter uma ideia, em 2017, os gastos militares das 15 principais potências militares somaram cerca de 1,7 trilhão de dólares.

Segundo a **Organização das Nações Unidas para a Alimentação e a Agricultura (FAO)**, existem hoje 870 milhões de pessoas passando fome no mundo. Para sanar essa situação, o valor anual a se gastar com as pessoas seria cerca de 160 dólares; portanto, o investimento total seria de menos de 140 bilhões de dólares – ou seja, menos de 10% do que se consome com gastos militares.

Cartografia em foco

Analise o mapa e o gráfico a seguir.

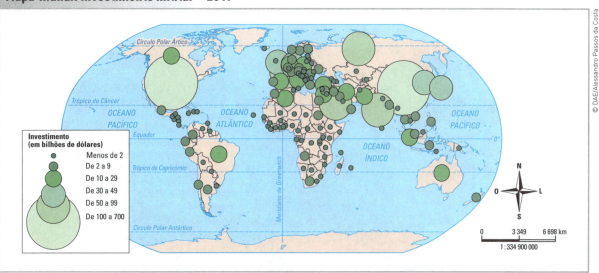

Fonte: Sipri (Instituto Internacional de Pesquisa da Paz de Estocolmo). Disponível em: <http://visuals.sipri.org/>. Acesso em: out. 2018; Banco Mundial. Disponível em: <https://datos.bancomundial.org/indicator/MS.MIL.XPND.CD>. Acesso em: out. 2018.

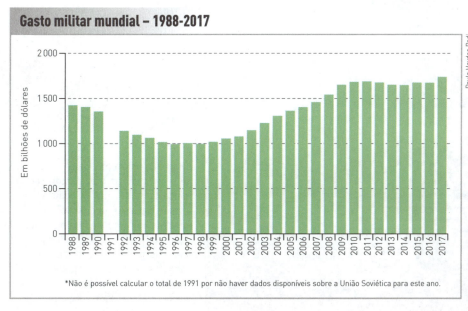

Fonte: Sipri (Instituto Internacional de Pesquisa da Paz de Estocolmo). Disponível em: <https://www.sipri.org/sites/default/files/4_Data%20for%20world%20regions%20from%201988–2017.pdf>. Acesso em: out. 2018.

1. O que o tamanho dos círculos no mapa evidencia?
2. Quais são os países com maior investimento anual militar?
3. Além dos expressivos investimentos dos Estados Unidos, em que continente se concentra grande arsenal militar?
4. De que forma podemos relacionar os dados do mapa à geopolítica mundial?
5. Converse com os colegas sobre os dados do gráfico e relacione-os às necessidades de investimentos em outros setores da sociedade.

Caleidoscópio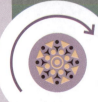

CONFLITOS QUE AMEAÇAM O MUNDO

Os grandes flagelos da humanidade, como a fome, a pobreza, as doenças e a guerra, ainda estão presentes no século XXI. A essas e outras calamidades devem ser adicionadas outras geradas pela crescente disparidade econômica entre os países do mundo.

América do Norte
A situação do Canadá – próspero, porém marcado pelo nacionalismo de Quebec – contrasta tanto com a miséria oculta nos EUA, país rico, mas com 39 milhões de pobres, discriminação racial e aumento da intervenção militar no mundo, quanto com os dilemas do México, que sofre com a marginalização indígena, o crime organizado e a corrupção.

✱ **Na poderosa Europa**, os principais problemas são o desemprego, os bolsões de pobreza nas grandes cidades, os desequilíbrios nos países do Leste Europeu, o tráfico de pessoas ilegais, a xenofobia e os pontos de tensão territorial por razões políticas.

✱ **A América Central**, região extremamente castigada por desastres naturais e instabilidade política, enfrenta grande subdesenvolvimento. Vários setores da sociedade vivenciam fome, pobreza extrema e altas taxas de analfabetismo.

2,4 milhões
de pessoas vivem com menos de dois dólares por dia, e 1,2 milhão, com apenas um dólar.

2 milhões
de pessoas não têm acesso a água potável e 4,5 milhões não contam com saneamento adequado.

821 milhões
de pessoas no mundo sofrem de fome crônica e 7,5 milhões de crianças menores de 5 anos morrem de fome a cada ano.

37 milhões
de pessoas eram portadoras de HIV no mundo em 2017. Cerca de 35 milhões de pessoas morreram de doenças relacionadas à aids desde o início da epidemia global.

✱ **O pesado endividamento da América do Sul**, uma região com vastos recursos naturais, é resultado da corrupção de sua classe política, de políticas econômicas do FMI e do Banco Mundial e da influência econômica dos EUA. Dezenas de milhões de pessoas sofrem de fome e pobreza.

África
Dizimada pela fome, seca, desertificação, pobreza e aids, convive ainda com instabilidade política, que contribui para o subdesenvolvimento, guerras civis – causadas pelas lutas por recursos minerais, tráfico ilegal de pessoas, matérias-primas e armas –, disputas fronteiriças e rivalidades étnicas, muitas vezes encorajadas pela economia local e internacional.

Globalmente, a fome cresceu em 2016 e 2017, atingindo 821 milhões de pessoas. Na África Subsaariana os números são ainda mais alarmantes, pois houve um aumento de 22,6% nos últimos seis anos, afetando 236 milhões de pessoas em 2017. A região enfrenta também outro problema: o grande número de infectados pela aids, cuja consequência é 12,2 milhões de crianças menores de 18 anos órfãs, de acordo com a FAO.

Maior taxa de pobreza na população urbana

Zâmbia	▶	88%
Madagascar	▶	77%
Serra Leoa	▶	76%
Chade	▶	67%
Níger	▶	66%
Guiné-Bissau	▶	60.9%
Lesoto	▶	53.9%
Quênia	▶	46.4%

Trabalho infantil em países em desenvolvimento
(crianças entre 5 e 14 anos)

África Subsaariana	▶	32.8%
Ásia e Pacífico	▶	20.4%
América Latina e Caribe	▶	13.4%
Outras regiões	▶	8.4%

✱ Em um ano, 1 200 000 crianças são vítimas de tráfico; 550 000 crianças na Índia e no Brasil exercem prostituição; 500 000 mulheres da Europa oriental e 200 000 crianças africanas entram e mal sobrevivem na União Europeia, e a prostituição no Sudeste Asiático continua a aumentar em 20%.

Em 2018, o número de crianças em trabalho perigoso diminuiu. No entanto, 73 milhões de crianças ainda trabalham em condições perigosas.

Tráfico de drogas e terrorismo
Essas práticas criminosas de alcance supranacional, muitas vezes interconectadas, causam milhares de vítimas a cada ano e ameaçam a estabilidade interna dos países e a segurança global. Sua erradicação é difícil, mas uma prioridade.

Horror sem limites
Colômbia, Rússia, Filipinas, Paquistão, Indonésia, Sri Lanka e Arábia Saudita são apenas alguns dos focos do pesadelo terrorista.

Poderosas e violentas
As máfias da Colômbia, do Brasil, das antigas repúblicas soviéticas e do Sudeste Asiático, entre outras, atormentam violentamente os civis.

Oriente Próximo e Oriente Médio
A ocupação israelense da Palestina, as tensões religiosas e étnicas, a ascensão do fundamentalismo islâmico, as disputas pela posse do petróleo e as consequências das guerras do Afeganistão e do Iraque são apenas algumas das situações dramáticas que assolam o cotidiano dos países dessa região.

Sul e leste da Ásia
Respondem por 43% da pobreza global. A exploração infantil e a prostituição forçada afetam centenas de milhares de pessoas na China, Taiwan, Tailândia, Camboja, Vietnã, Laos, Filipinas, Índia, Paquistão e Sri Lanka. Ainda há ditaduras na Coreia do Norte, Laos e Myanmar.

Guerras, invasões e conflitos armados

África ▶ Argélia, Angola, Burundi, Congo, Guiné, Libéria, República Centro-Africana, Ruanda, Saara Ocidental (Marrocos), Serra Leoa, Somália e Sudão.

América ▶ Colômbia e Chiapas (México).

Ásia ▶ Afeganistão, Caxemira (Índia), Iraque, Palestina (Israel), Síria, Sri Lanka e Tibete (China).

Europa ▶ Chechênia (Rússia), Kosovo (Otan) e Nagorno-Karabakh (Azerbaijão).

---

① Qual é a ideia central do infográfico?

② Segundo o infográfico, que problemas afligem o continente europeu e o asiático?

③ Quais problemas são verificados em nosso país?

④ Em sua opinião, qual deve ser o papel da ONU em relação aos conflitos ora mencionados no espaço mundial?

Fontes: *The state of food security and nutrition in the world 2018*. Disponível em: <www.fao.org/3/I9553EN/i9553en.pdf>; *OIT: 73 milhões de menores de idade trabalham em ocupações de risco*. Disponível em: <https://nacoesunidas.org/oit-73-milhoes-de-menores-de-idade-trabalham-em-ocupacoes-de-risco/>; *Global HIV & aids statistics – 2018 fact sheet*. Disponível em: <www.unaids.org/en/resources/fact-sheet>; *Water, sanitation and hygiene*. Disponível em: <www.unwater.org/water-facts/water-sanitation-and-hygiene/>; *Poverty and shared prosperity 2016: taking on inequality*. Disponível em: <https://openknowledge.worldbank.org/bitstream/handle/10986/25078/9781464809583.pdf>. Acessos em: nov. 2018.

1. O que você entendeu por Geopolítica?

2. Que países são considerados os mais importantes na geopolítica atual?

3. Milton Santos foi um dos geógrafos mais importantes do Brasil e do mundo. Um dos principais temas discutidos por ele foi a globalização. Tendo como referência o que você estudou e seus conhecimentos, escreva um texto baseado na seguinte afirmação do mencionado geógrafo:

> Antigamente as grandes nações mandavam seus exércitos conquistar territórios e o nome disto era colonização. Hoje as grandes nações mandam suas multinacionais conquistar mercados e o nome disso é globalização.

4. Diferencie globalização de mundialização.

5. Observe os dados a seguir e escreva sobre o papel da China na geopolítica mundial e a importância do crescimento industrial nesse cenário.

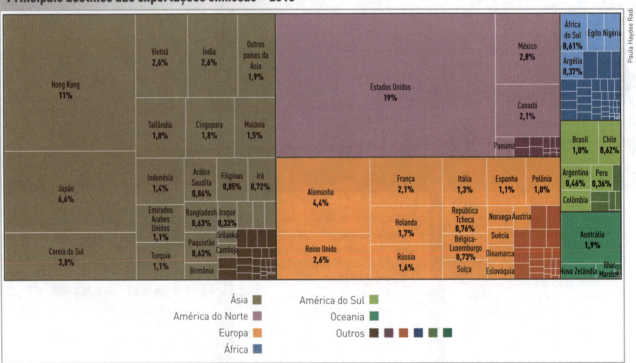

Fonte: Observatório de Complexidade Econômica. Disponível em: <https://atlas.media.mit.edu/pt/visualize/tree_map/hs92/export/chn/show/all/2016>. Acesso em: out. 2018.

6. Apresente aspectos de mudanças no controle geopolítico mundial, da ordem bipolar para a ordem multipolar.

7. Qual era o papel, respectivamente, da Otan e do Pacto de Varsóvia durante a Guerra Fria?

8. Indique três situações ou contextos relacionados às guerras ou conflitos que envolvem países e regiões na atualidade.

CAPÍTULO 2

Globalização e mundialização

Globalização e forças de poder

Não há uma data exata para definir quando o mundo passou a ser globalizado. Muitos estudiosos relacionam o começo da globalização ao período das Grandes Navegações, quando os portugueses deram início às descobertas geográficas dos séculos XV e XVI e o capitalismo comercial se expandiu. Para outros, teve início muito mais recentemente, na década de 1970, quando a tecnologia, a informática e as telecomunicações desencadearam a Terceira Revolução Industrial.

De todo modo, entende-se que a **globalização** é controlada por um pequeno número de corporações transnacionais, de setores diferenciados.

Observe os dados no quadro a seguir.

Setor da economia	Empresas ou países de origem	Características do domínio global
Petróleo e combustíveis	Opep (Organização dos Países Exportadores de Petróleo): Argélia, Angola, Equador, Nigéria, Emirados Árabes, Líbia e Catar	43,5% da produção mundial, 82% das reservas e 55% do comércio global (dados de 2017)
Indústria bélica	Lockheed Martin Corp., Boeing, Raytheon, Northrop Grumman Corp., General Dynamics Corp., L-3 Communications (Estados Unidos), BAE Systems, BAE Systems INC. (Reino Unido), Airbus Group (União Europeia)	52% do comércio mundial
Alimentação, higiene pessoal e limpeza	Nestlé, Pepsi, Unilever, Mondelez, Coca-Cola, Mars, Danone, ABF, General Mills e Kellogg's	85% da produção mundial
Agronegócio	Bayer, Corteva Agriscience, ChemChina-Syngenta e BASF	Controlam aproximadamente 63% do mercado mundial de sementes e mais de 70% da produção de agrotóxicos.
Bancos e finanças	Barclays, Capital Group, FMR Corp, Axa, State Street, JP Morgan, Legal & General Group, Vanguard Group. São estes os oito primeiros da lista de 147 (quadro ao lado)	Das 147 empresas que dominam 40% da economia corporativa global, três quartos são bancos.
Mídia e comunicação social	News Corporation (Murdoch), Time Warner, Walt Disney, Viacom, CBS, NBC, Google, Yahoo, Facebook e Microsoft	Na comunicação de massa, uma empresa domina a Europa e outras seis os Estados Unidos.

Fonte: Pat Mooney, ETC Group. *Blocking the chain*. Berlin e Val-David: ETC Group, 2018. Disponível em: <http://www.etcgroup.org/sites/www.etcgroup.org/files/files/blockingthechain_english_web.pdf>. Acesso em: nov. 2018; OPEC. *Annual Statistical Bulletin*. Disponível em: <https://asb.opec.org/index.php>. Acesso em: nov. 2018; Instituto Internacional de Investigação para a Paz de Estocolmo (Sipri). *The SIPRI top 100 arms-producing and military services companies*, 2016. Disponível em: <https://www.sipri.org/sites/default/files/2017-12/fs_arms_industry_2016.pdf>. Acesso em: nov. 2018.

Uma característica da globalização revelada no quadro é o domínio do capitalismo financeiro. Pode-se dizer que a maior fonte de lucro não está atualmente na indústria ou nos demais setores produtivos da economia, mas nos **bancos internacionais**.

No processo de globalização, o **capital financeiro** se multiplica numa taxa muito maior do que a produção de bens e serviços. Diariamente, bilhões de dólares são movimentados no sistema financeiro internacional.

Desigualdades da globalização

Um número cada vez menor de grandes empresas transnacionais controla uma parcela cada vez maior da produção mundial.

Em 2011, um estudo feito na Suíça apontou que 147 grupos controlam 40% de toda a economia das empresas multinacionais ou transnacionais. São responsáveis por 20% a 25% da produção mundial de serviços, 80% a 90% das novas tecnologias e mais da metade do comércio.

Outro dado pode ser obtido por meio das pesquisas da ONG inglesa Oxfam, que anualmente publica um relatório sobre a concentração da riqueza global. O relatório publicado em 2018 afirmou que a maioria das riquezas individuais (ou de grupos pequenos) não é resultado do trabalho, mas sim de heranças, de empresas que controlam o mercado (monopólios) ou de relações com governos.

Somadas às desigualdades socioeconômicas provocadas pela globalização, há outras adversidades que desafiam a humanidade. Uma delas é a crise dos refugiados e migrantes em massa. Fugindo de perseguições, guerras, crises políticas e sociais e da fome, milhões de famílias se deslocam em busca da sobrevivência. O mapa-múndi a seguir mostra que o número de refugiados atingiu mais de 15 milhões em 2015. Em 2017 esse número saltou para 25,4 milhões.

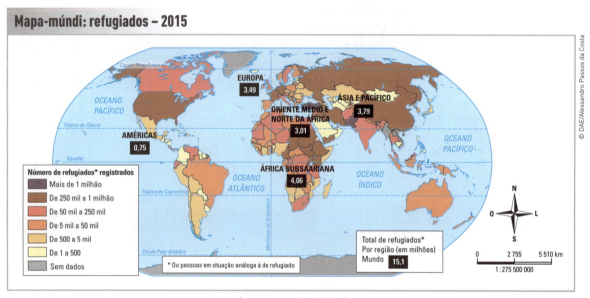

Fonte: *The Economist*. Disponível em: <www.economist.com/graphic-detail/2016/05/27/the-worlds-refugee-crisis-past-and-present>. Acesso em: out. 2018.

São considerados refugiados aqueles que cruzam fronteiras para fugirem de guerras e perseguições. Se levarmos em conta os que deixam seus lares, mas não chegam a outros países, a quantidade de deslocados atinge 68,5 milhões de pessoas.

Esse dramático quadro social de fome, extrema concentração de riqueza, guerras, deslocamentos em massa, desemprego e outras desigualdades tem acarretado fortes protestos contra o atual processo de globalização.

Jovens protestam contra o racismo, o sexismo e o capitalismo. Munique, Alemanha, 2018.

Globalização, revoluções industriais e capitalismo

Nos tempos mais remotos, a civilização mantinha uma relação simples e harmônica com o ambiente. As sociedades dependiam diretamente dos recursos da natureza para manter a vida; mesmo após a Revolução Agrícola, por volta de 10 000 a.C., a atitude de preservação teve continuidade.

Com o desenvolvimento técnico e o advento do capitalismo, ao longo dos séculos, a capacidade de transformar elementos da natureza em mercadorias foi ampliada enormemente. Esse período histórico corresponde à **Primeira** e à **Segunda Revolução Industrial**, entre os séculos XVIII e XIX. Os espaços geográficos foram alterados, as cidades se multiplicaram e houve um grande aumento populacional no mundo, concomitantemente à urbanização de alguns países.

A partir dos anos 1970 uma nova mudança ocorreu, o que muitos estudiosos chamam de **Terceira Revolução Industrial**. Nesse período o desenvolvimento científico e tecnológico, incluindo a informática, foi incorporado à produção, que se tornou global.

As mudanças de uma nova revolução no dia a dia

Com a internet, a computação em nuvem, a robótica, a automação, os supercomputadores, a **nanotecnologia**, a inteligência artificial, a impressão 3D e a **Big Data** – tudo organizado em rede e com autonomia crescente –, vivemos o início de uma nova revolução, a **Quarta Revolução Industrial** ou **Indústria 4.0**.

> **Glossário**
>
> **Big Data:** também conhecida como Ciência dos Dados, é a forma de processar e entender o grande conjunto de dados que na atualidade são produzidos diariamente em todos os setores. Serve como apoio importante para a tomada de decisões.
>
> **Nanotecnologia:** tecnologia que produz os mais variados artefatos, circuitos e dispositivos nas dimensões de moléculas ou até de átomos.

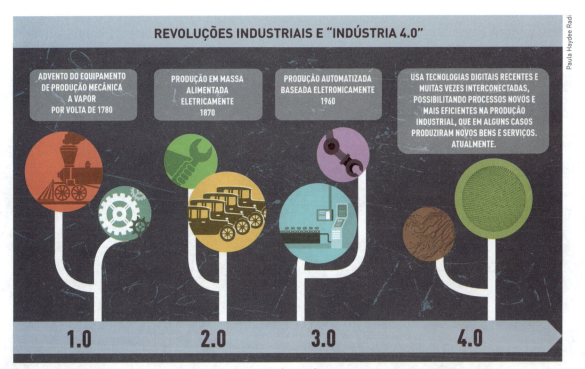

Fonte: Elaborado com base em OECD. Disponível em: <www.oecd.org/science/the-next-production-revolution-9789264271036-en.htm>. Acesso em: out. 2018.

Com a indústria 4.0 e o avanço dos sistemas industriais de produção, estamos saindo de um processo produtivo automatizado para as tecnologias que se baseiam na velocidade dessas transformações. A dinâmica do mercado será marcada pela agilidade na informação, inovação e resposta da empresa ao mercado.

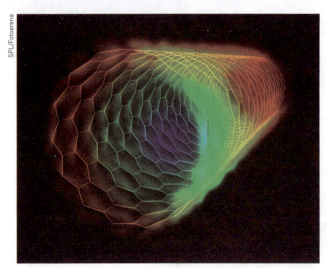

Arte de computador de um nanotubo de carbono.

Uma das novidades, a **nanotecnologia**, pode ser aplicada em vários campos. Por exemplo, na engenharia, ela possibilita a confecção de nanotubos. Esses cilindros, construídos com átomos de carbono, propiciam a construção de estruturas muito mais leves, resistentes e elásticas para as indústrias aeroespacial, automotiva, eletrônica, entre outras.

A nanotecnologia também tem aplicação na biomedicina. Os nanotubos podem ser utilizados na fabricação de instrumentos hospitalares e tecidos. Nanoestruturas têm excelente resistência contra micro-organismos, o que evita contaminações e mau cheiro. A indústria farmacêutica se beneficiará com a elaboração de remédios muito mais eficazes no combate a doenças como o câncer.

Possivelmente sua futura atividade profissional se desenvolverá dentro desse conceito e, talvez, em funções que neste momento ainda não existem. Todos os campos da vida de todos serão alterados sensivelmente: educação, saúde, moradia, transporte, trabalho, a vida nas cidades e no campo, para citarmos apenas as principais áreas.

Esse conjunto das novas tecnologias possibilitará que a produção seja descentralizada: na maior parte, máquinas e trabalhadores não precisarão ficar concentrados em um mesmo lugar; muitas etapas da produção não precisarão da intervenção humana; erros ou defeitos serão mínimos; custos diminuirão; muitas profissões desaparecerão, mas outras surgirão; produtos e serviços serão personalizados; poderá haver uma relação menos predatória com o meio ambiente; enfim, as mudanças são muitas e substanciais.

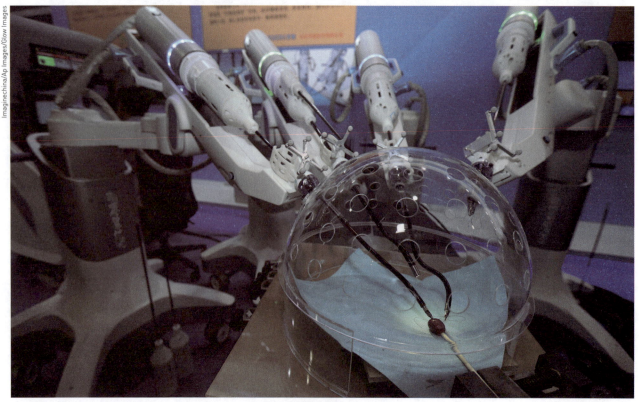

Robôs cirúrgicos fazem demonstração de saturação em uma uva. Pequim, China, 2018.

As novas tecnologias são também aplicadas no campo. A chamada **agricultura de precisão** utiliza, por exemplo, informações do GPS para monitorar e orientar o desenvolvimento das lavouras, bem como para operar tratores; aplicativos possibilitam obter dados sobre a qualidade do solo e as previsões meteorológicas; *drones* podem controlar a pulverização de agrotóxicos, entre outros sistemas digitais. Com tudo isso, erros e custos são diminuídos.

Com a Indústria 4.0 e a agrotecnologia, os lucros e os investimentos financeiros em vários setores aumentarão. Mas e o trabalhador?

Uma das consequências da globalização e do avanço tecnológico é o **desemprego estrutural**. Ele é diferente do que se classifica como **desemprego sazonal**, que surge em determinadas épocas do ano e depende da região em que se trabalha. O desemprego estrutural é definitivo, ocorrendo em razão do desaparecimento de certas atividades ou profissões, como telefonista e datilógrafo, entre outras funções. Existe, diante da nova revolução pela qual passamos, a possibilidade de outras desaparecerem nos próximos anos: agente de viagens, caixa de supermercado, caixa de banco, cobrador de ônibus, frentista etc.

Conviver

Com a Indústria 4.0, vimos que muitas profissões poderão desaparecer e outras surgirão. Em grupos, escolham ao menos cinco das novas profissões relacionadas no quadro a seguir. Pesquisem a que cada uma delas se refere: o que faz o profissional, em que países elas são desenvolvidas e quais os pré-requisitos para exercê-las, por exemplo. Relatem os resultados aos demais grupos da turma.

Novas profissões em oito áreas	
Automotivo	Tecnologias da informação e comunicação
• Mecânico de veículos híbridos • Mecânico especialista em telemetria • Programador de unidades de controles eletrônicos • Técnico em informática veicular	• Analista de IoT (internet das coisas) • Engenheiro de cibersegurança • Analista de segurança e defesa digital • Especialista em *big data* • Engenheiro de *softwares*
Alimentos e bebidas	Máquinas e ferramentas
• Técnico em impressão de alimentos • Especialista em aplicações de TIC para rastreabilidade de alimentos • Especialista em aplicações de embalagens para alimentos	• Projetista para tecnologias 3D • Operador de High Speed Machine • Programador de ferramentas CAD/CAM/CAE/CAI • Técnico de manutenção em automação
Construção civil	Química e petroquímica
• Integrador de sistema de automação predial • Técnico de construção seca • Técnico em automação predial • Gestor de logística de canteiro de obras • Instalador de sistema de automação predial	• Técnico em análises químicas com especialização em análises instrumentais automatizadas • Técnico especialista no desenvolvimento de produtos poliméricos • Técnico especialista em reciclagem de produtos poliméricos
Têxtil e vestuário	Petróleo e gás
• Técnico de projetos de produtos de moda • Engenheiro em fibras têxteis • *Designer* de tecidos avançados	• Especialista em técnicas de perfuração • Especialistas em sismologias e geofísica de poços • Especialistas para recuperação avançada de petróleo

Fonte: Senai. Disponível em: <www.rn.senai.br/conheca-30-novas-profissoes-que-vao-surgir-com-industria-4-0/>. Acesso em: nov. 2018.

Organizações econômicas internacionais

No final da Segunda Guerra Mundial foram criadas várias organizações internacionais, como as pertencentes ao Sistema das Nações Unidas. Entre elas, as mais importantes são do setor econômico global: o **Fundo Monetário Internacional** (FMI), o **Banco Mundial** e a **Organização Mundial do Comércio** (OMC).

O FMI foi fundado em 1944 para promover a estabilidade econômica global, o alto nível de emprego e a redução da pobreza. Entretanto, ao longo de sua existência, a entidade tem sido marcada por exigir a adoção de duras medidas sociais pelos países que recebem empréstimos. Muitas vezes a situação socioeconômica dos países subdesenvolvidos se agrava com a ajuda do Fundo, devido principalmente aos juros elevados impostos sobre seus empréstimos.

Logo do Fundo Monetário Internacional. 2018.

Logo do Banco Mundial, 2018.

Fundado também em 1944, o Banco Mundial tem como principal missão a redução da pobreza e das desigualdades no mundo. É, atualmente, o maior banco global de assistência para o desenvolvimento, emprestando e doando por volta de 60 bilhões de dólares por ano a seus 187 países-membros. Os recursos que coloca à disposição devem ser utilizados em projetos de educação, saúde e desenvolvimento urbano, entre outros.

Logo da Organização Mundial do Comércio, 2018.

Apesar de a OMC ter sido criada somente em 1995, ela é oriunda direta do **Acordo Geral sobre Tarifas e Comércio** (GATT), assinado em 1947. Seu objetivo é regular o comércio mundial, tentando evitar que haja vantagens ou concorrência desleal entre as nações.

Mesmo havendo exceções, essas três organizações internacionais tendem a apoiar ações econômicas que privilegiam políticas neoliberais, ou seja, próximas das ideias do Consenso de Washington, com fortalecimento da economia de mercado, livre iniciativa, propriedade privada e defesa da ideia de um Estado mínimo.

Atividades

1. Analise o mapa da página 22 e responda às questões a seguir.
   a) Quais regiões têm mais refugiados?
   b) Quais regiões têm menos refugiados?
   c) Considerando a América Latina, o Brasil tem um nível baixo, intermediário ou alto de refugiados?

2. Qual é a importância atual do capital financeiro para a globalização?

3. Organizações globais, como o FMI, a OMC e o Banco Mundial, deveriam mudar suas respectivas estratégias? Justifique sua resposta.

4. Leia a tira ao lado e relacione a mensagem com o conteúdo estudado neste capítulo. Registre suas conclusões.

5. Cite as características da Quarta Revolução Industrial ou Indústria 4.0.

6. Explique, apresentando exemplos:
   a) produção descentralizada;
   b) agricultura de precisão.

7. Leia o texto e faça o que se pede a seguir.

> As pessoas tendem a fugir quando sentem que suas vidas e comunidades estão sob risco. [...] Sempre que as populações correm risco, existem aqueles que tentam fugir para países mais seguros, porém, os problemas relativos às respostas adequadas quanto à proteção dos direitos dos refugiados, tais como a localização de lugares seguros para sua colocação e o fornecimento de ajuda em momentos de grande desordem não diminuem com o passar do tempo. A proteção aos refugiados e a resposta às crises de refugiados são essenciais hoje nos esforços de combate ao genocídio.
>
> United States Holocaust Memorial Museum, Washington, D.C. Os Refugiados Hoje.
> Disponível em: <https://encyclopedia.ushmm.org/content/pt-br/article/refugees-today>. Acesso em: nov. 2018.

Com base na análise do fragmento do texto apresente o conceito para refugiados.

8. Diferencie o desemprego sazonal do desemprego estrutural.

Globalização e questões ambientais

O mundo do trabalho e os impactos ambientais

Você estudou que vivemos em plena **Quarta Revolução Industrial**. A Indústria 4.0 certamente tornará a produção mundial muito mais eficiente. No entanto, do ponto de vista ambiental, isso trará duas consequências bastante significativas.

A primeira é que os erros no processo produtivo diminuirão, reduzindo a geração de resíduos (lixo). Portanto, o uso de menor quantidade de matérias-primas contribuirá para a conservação da natureza, além de elevar os lucros dos fabricantes. A segunda é que, por outro lado, com o aumento da eficiência produtiva, o consumo poderá ser ainda mais estimulado – ou seja, mais recursos naturais serão utilizados para uma oferta de produtos cada vez mais sofisticados e personalizados.

Nessa perspectiva, a Quarta Revolução Industrial pode tanto diminuir quanto aumentar o desperdício e o uso abusivo de recursos naturais.

Pilha de eletroeletrônicos descartados. Guiyang, China, 2017.

Até os anos 1970 e ao menos em parte da década seguinte, em geral, a vida útil de eletrodomésticos, eletroeletrônicos ou automóveis era muito maior que a dos fabricados atualmente.

Uma geladeira ou uma máquina de lavar roupa mais antigas resistiam e duravam muito tempo. Isso também vale para um veículo. Mas hoje, com o desenvolvimento tecnológico, a duração não deveria ser maior? Sabemos que não é assim. Na atualidade, os bens duráveis, ao mesmo tempo que são muito mais refinados e tecnologicamente mais avançados, tornam-se descartáveis e são substituídos rapidamente por outras inovações. Esse fenômeno é denominado **obsolescência programada**.

Cultura de consumo e meio ambiente

O incentivo ao consumo pode ser uma estratégia da indústria, com o objetivo de aumentar as vendas, o que pode ser danoso ao meio ambiente. Essa prática aumenta o hábito do consumo em excesso, ou **consumismo**: o consumo do supérfluo. A ciência até mesmo já diagnosticou a vontade descontrolada de comprar como um transtorno psicológico, a **oneomania**.

Com pessoas estimuladas pela publicidade e propaganda das empresas, o problema pode se agravar. Há até um termo em inglês para expressar o consumo em exagero: **shopaholic**. Cria-se um círculo vicioso: há uma superprodução de mercadorias que são buscadas crescentemente pelas pessoas, e as fábricas, em consequência, produzem ainda mais para atender ao aumento da demanda. Ao final desse movimento, a natureza sai prejudicada.

Consumidores comprando produtos em promoção. Jersey City, Estados Unidos, 2017.

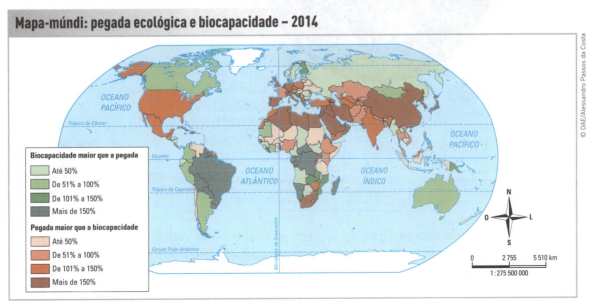

Fonte: Global Footprint Network. Disponível em: <http://data.footprintnetwork.org/#/>. Acesso em: out. 2018.

Qual é o limite da Terra?

Esta é uma das principais perguntas que todos devemos fazer: Para que a vida no planeta não seja colocada em risco, qual é o nível máximo de uso dos recursos naturais?

Os cientistas já sabem que o atual nível de consumo não é compatível com a disponibilidade de recursos do meio ambiente.

A organização não governamental Global Footprint Network, com sede nos Estados Unidos, desenvolve estudos sobre o uso racional e sustentável da natureza, propondo medidas para atingi-lo. Uma das pesquisas mostra que a quantidade de recursos ecológicos renováveis utilizados pela sociedade ao longo do ano termina cada vez mais cedo, é o que se chama de "Dia de **Sobrecarga da Terra**". Em 2018, esse dia foi atingido em 1º de agosto, ou seja, nessa data a humanidade já havia usado todo o estoque de recursos naturais para aquele ano.

A demanda anual ultrapassa a capacidade de renovação dos ecossistemas e, atualmente, para atendê-la seria necessário 1,7 planeta Terra. Essa é a média real do planeta, mas, se o padrão de toda a Terra fosse o mesmo, por exemplo, dos Estados Unidos, os recursos acabariam em 15 de março. Veja o gráfico a seguir com as datas de outros países.

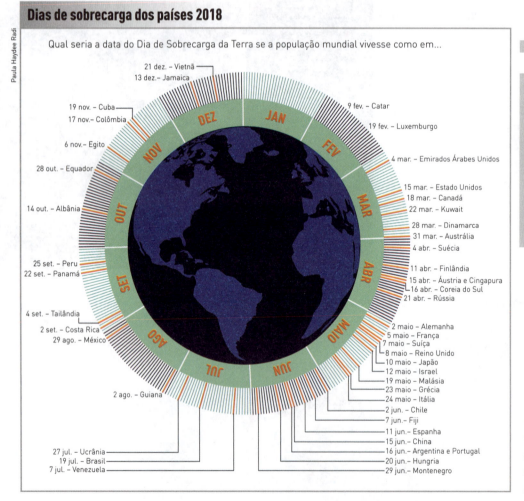

Fonte: Earth Overshoot Day. Disponível em: <www.overshootday.org/newsroom/country-overshoot-days/>. Acesso em: out. 2018.

Ampliar

Man (Homem), Inglaterra, 2012. Roteiro e direção: Steve Cutts, 4 min. Esse curta-metragem de animação resume a relação do ser humano com o planeta, concentrando-se no aspecto ambiental.

Por outro lado, se os padrões globais fossem os mesmos do Vietnã, os recursos quase seriam suficientes para se chegar ao final do ano. Caso o padrão fosse brasileiro, a Data da Sobrecarga seria 19 de julho, pior do que a média global calculada para o ano de 2018. O mais inquietante é que, desde 2001, quando começou a ser calculado, o Dia da Sobrecarga é atingido mais cedo. No primeiro ano foi 5 de outubro. Assim, se a humanidade não mudar seus padrões de consumo, o planeta será esgotado.

Sustentabilidade: impasses e desafios no século XXI

Qual é sua **pegada ecológica**? Em outras palavras, quais são as marcas ou rastros que você deixa no planeta para viver? Isso vai depender do estilo de vida: quantidade de eletricidade usada, consumo de produtos com muitas embalagens, uso de transporte coletivo ou individual, entre outros fatores. Todos nós necessitamos consumir para sobreviver – isso não é uma novidade, nem é necessariamente ruim. O problema surge quando, conforme vimos, passamos a consumir além daquilo que o planeta pode oferecer. O consumo racional e equilibrado, que respeita os limites da natureza, é chamado de **sustentabilidade**.

Com a Primeira Revolução Industrial, iniciada no século XVIII, os seres humanos passaram a impactar o equilíbrio da natureza de maneira mais intensa, como se pode verificar no gráfico a seguir.

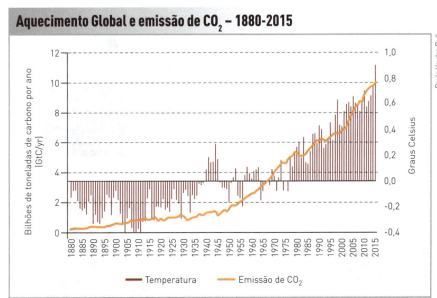

Fonte: José Eustáquio Diniz Alves. Dia da Terra, aquecimento global e emissões de carbono. EcoDebate, 27 abr. 2016. Disponível em: <www.ecodebate.com.br/2016/04/27/dia-da-terra-aquecimento-global-e-emissoes-de-carbono-artigo-de-jose-eustaquio-diniz-alves/>. Acesso em: out. 2018.

Objetivos de Desenvolvimento Sustentável (ODS)

Em 25 de setembro de 2015, todos os 193 Estados-membros da Organização das Nações Unidas (ONU) concordaram com a **Agenda 2030** para o desenvolvimento sustentável. Líderes nacionais e mundiais se comprometeram a construir um mundo melhor para toda a humanidade até 2030. Foram traçados 17 objetivos, compostos de 169 metas. O mais importante dos Objetivos de Desenvolvimento Sustentável (ODS) está no reconhecimento de que somente é possível construir um mundo ecologicamente correto e economicamente viável se ele também for socialmente justo –, onde as necessidades básicas sejam universalmente acessíveis, como o fim da pobreza, da fome e das desigualdades, com saúde, educação e emprego para todos, bem como os objetivos propriamente ambientais: consumo e produção responsáveis; combate às alterações climáticas e garantia da vida debaixo da água e sobre a terra.

Lista dos Objetivos de desenvolvimento sustentável, 2015.

Conferências ambientais

Uma das formas de tentarmos implementar o desenvolvimento sustentável são os encontros globais. Desde o início dos anos 1970, autoridades governamentais, cientistas e representantes de entidades globais, coordenados pela ONU, passaram a implementar reuniões de caráter mundial objetivando enfrentar os problemas ambientais.

Em 1972, na cidade de Estocolmo, capital da Suécia, realizou-se a primeira Conferência Global sobre o Meio Ambiente. Sua maior importância foi ter lançado a discussão mundial sobre o tema, além de afirmar a necessidade da gestão dos recursos naturais para que possam ser preservados. Um dos efeitos práticos de maior destaque foi a criação do **Programa das Nações Unidas para o Meio Ambiente** (Pnuma). Desde então, essa agência tem desenvolvido inúmeros estudos e projetos para o uso sustentável do meio ambiente.

Representantes políticos na primeira Conferência Global sobre o Meio Ambiente. Estocolmo, Suécia, 1972.

Nas últimas três décadas, ocorreram três das maiores conferências globais sobre o meio ambiente. Em 1992 realizou-se a **Eco-92** na cidade do Rio de Janeiro. Para se alcançar o desenvolvimento sustentável, seu objetivo foi analisar as políticas de proteção ambiental e recomendar a ajuda dos países em desenvolvimento pelos desenvolvidos.

Logo da ECO-92, também conhecida como Rio 92.

Dez anos depois, em Joanesburgo, África do Sul, realizou-se outra conferência, a **Rio+10**. Esse segundo encontro foi, de acordo com especialistas, o que obteve menos resultados práticos e compromissos das nações em prol do desenvolvimento sustentável. Um dos países mais resistentes foram os Estados Unidos, que se recusaram a definir metas para a redução da emissão de gases poluentes.

Logo da Rio+10.

Em 2012, o Rio de Janeiro foi palco novamente de mais uma conferência mundial sobre o meio ambiente e o desenvolvimento sustentável, a **Rio+20**. Nesse evento, um dos mais importantes resultados foi a melhor definição de desenvolvimento sustentável, baseado nas três dimensões que você estudou: social, econômica e ambiental. Entretanto, mais uma vez os países capitalistas centrais da Europa Ocidental e especialmente os Estados Unidos dificultaram o fechamento de acordos com metas específicas para a redução da poluição.

Representantes e líderes de Estados na Rio+20. Rio de Janeiro (RJ), 2012.

1 A Quarta Revolução Industrial ou Indústria 4.0 tem uma característica contraditória: ela pode contribuir para diminuir o desperdício, mas também para aumentá-lo. Explique essa afirmação.

2 A que aspecto da indústria a charge a seguir se relaciona?

3 Defina desenvolvimento sustentável.

4 Existe relação entre produção destrutiva ou obsolescência programada e sustentabilidade? Explique sua resposta.

5 Você acredita que poderia diminuir sua pegada ecológica? Se sim, explique como.

6 Apesar de as conferências globais sobre o meio ambiente serem importantes porque divulgam mundialmente o tema, elas apresentam resultados práticos pouco significativos. Isso pode ser constatado quando analisamos a evolução do aquecimento global e da emissão de gases poluentes a partir do início dos anos 1970. Examine o gráfico da página 31 – "Aquecimento global e emissão de CO_2 – 1880-2015" – e compare o período mencionado com os 90 anos anteriores.

7 Leia o texto e responda as questões a seguir.

[...] A população mundial deverá aumentar para 9 mil milhões de pessoas em 2050. Espera-se que algumas das mais altas taxas de crescimento populacional ocorram em áreas que dependem pesadamente no setor agrícola (agricultura, pecuária, silvicultura e pesca) e que têm altos níveis de insegurança alimentar. O crescimento no setor agrícola é uma das formas mais eficazes de reduzir a pobreza e alcançar a segurança alimentar.

Temos de garantir que o aumento da produtividade não beneficia só alguns, e que a base de recursos naturais proporcione serviços que melhorem a sustentabilidade (a polinização, o ciclo de nutrientes no solo, a qualidade da água, etc.). [...]

Sobre a FAO. Disponível em: <www.fao.org/portugal/acerca-de/en/>. Acesso em: nov. 2018.

a) A qual objetivo de desenvolvimento sustentável o trecho da notícia pode ser relacionado? Justifique.

b) Explique a importância dos objetivos de desenvolvimento sustentável.

Retomar

1. Somente os governos de países têm uma política de relações internacionais? Explique.
2. Por que é possível afirmar que nas últimas décadas aumentou a importância da Geopolítica?
3. O que é globalização?
4. O que é Estado mínimo?
5. O papel das empresas transnacionais no atual processo de globalização é importante? Explique.
6. O que é a Indústria 4.0? Ela pode afetar sua vida? Como?
7. Observe e analise os dados do gráfico a seguir. Eles fazem referência à agricultura de precisão no Brasil.

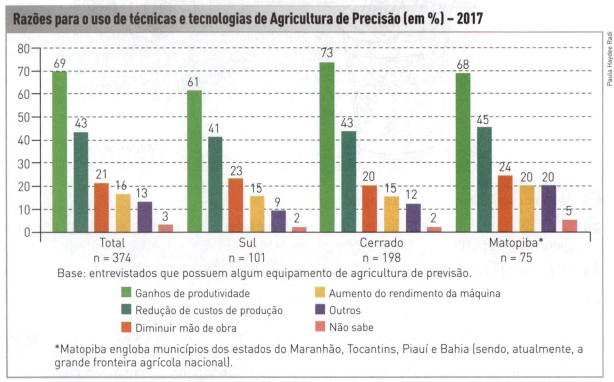

Razões para o uso de técnicas e tecnologias de Agricultura de Precisão (em %) – 2017

Base: entrevistados que possuem algum equipamento de agricultura de previsão.

- Ganhos de produtividade
- Redução de custos de produção
- Diminuir mão de obra
- Aumento do rendimento da máquina
- Outros
- Não sabe

*Matopiba engloba municípios dos estados do Maranhão, Tocantins, Piauí e Bahia (sendo, atualmente, a grande fronteira agrícola nacional).

Fonte: Laboratório de Agricultura de Precisão (LAP) da Esalq/USP. Disponível em: <www.agriculturadeprecisao.org.br/upimg/publicacoes/pub_-boletim-tecnico-03---agricultura-de-precisao-numeros-do-mercado-brasileiro-11-04-2017.pdf>. Acesso em: nov. 2018.

a) Quais são as três principais razões que levaram os grandes produtores rurais entrevistados a aplicar algum tipo de equipamento da agricultura de precisão na produção?

b) Enquanto as novas tecnologias digitais podem gerar postos de trabalhos nos setores de produção e manutenção e na área de *software* dos equipamentos agrícolas, isso não acontece com trabalhadores rurais, por exemplo, tratoristas. Explique.

8. Pesquise sobre o Consenso de Washington e sua repercussão mundial.
9. Faça uma pesquisa e verifique se há alguma organização do Sistema ONU cujo dirigente seja brasileiro.
10. Por que os impactos negativos da ação humana sobre a natureza aumentaram a partir da Primeira Revolução Industrial?

11 Cite um exemplo de obsolescência programada, indicando sua consequência sobre o cidadão e o meio ambiente.

12 Leia o texto e responda às questões a seguir.

[...] Pobreza é não ter acesso aos serviços essenciais básicos como: água potável, saneamento, energia elétrica, saúde e educação; aos serviços financeiros; às novas tecnologias; não ter acesso à propriedade e a oportunidades. É estar vulnerável a desastres naturais, como secas, enchentes, terremotos e crises econômicas, sociais e ambientais. [...]

Disponível em: <www.cnm.org.br/index.php/comunicacao/noticias/ods1-municipios-podem-trabalhar-pela-erradicacao-da-pobreza>. Acesso em: nov. 2018.

a) Você vive ou conhece lugares em que sejam observadas situações de pobreza? Explique.

b) Pesquise e registre uma ação ou projeto que tenha apresentado bons resultados para a erradicação da pobreza em nosso país.

13 As imagens a seguir representam ações que podem colaborar com a Agenda 2030 para o Desenvolvimento Sustentável? Explique.

Vista aérea das placas solares da Usina Fotovoltaica do *campus* do Instituto Federal de Educação, Ciência e Tecnologia do Mato Grosso. Guarantã do Norte (MT), 2018.

Vista aérea da Estação de Tratamento de Água. Assis (SP), 2018.

35

Visualização

A seguir, apresentamos um mapa conceitual do tema estudado nesta unidade. Trata-se de uma representação gráfica que organiza o conteúdo, composto de uma estrutura que relaciona os principais conceitos e as palavras-chave. Essa ferramenta serve como resumo e instrumento de compreensão dos textos, além de possibilitar consultas futuras.

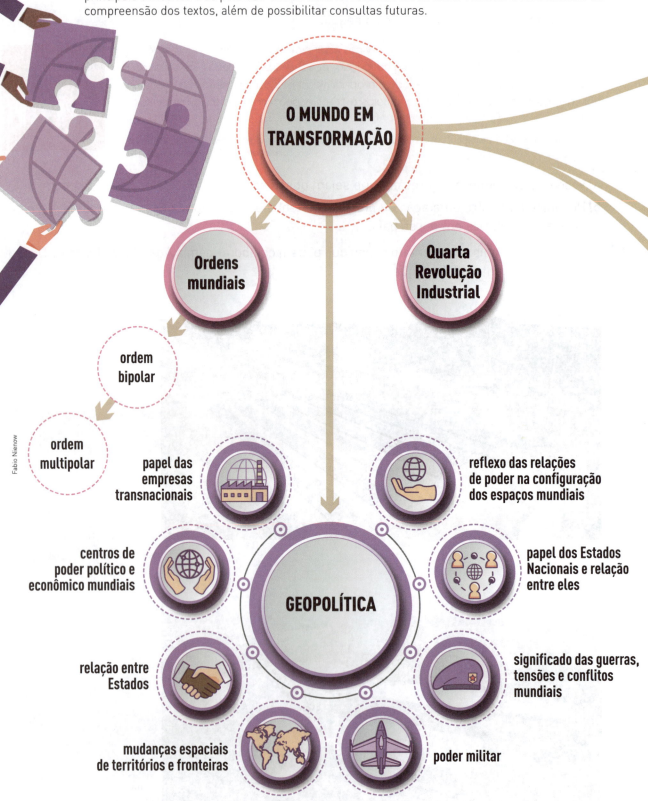

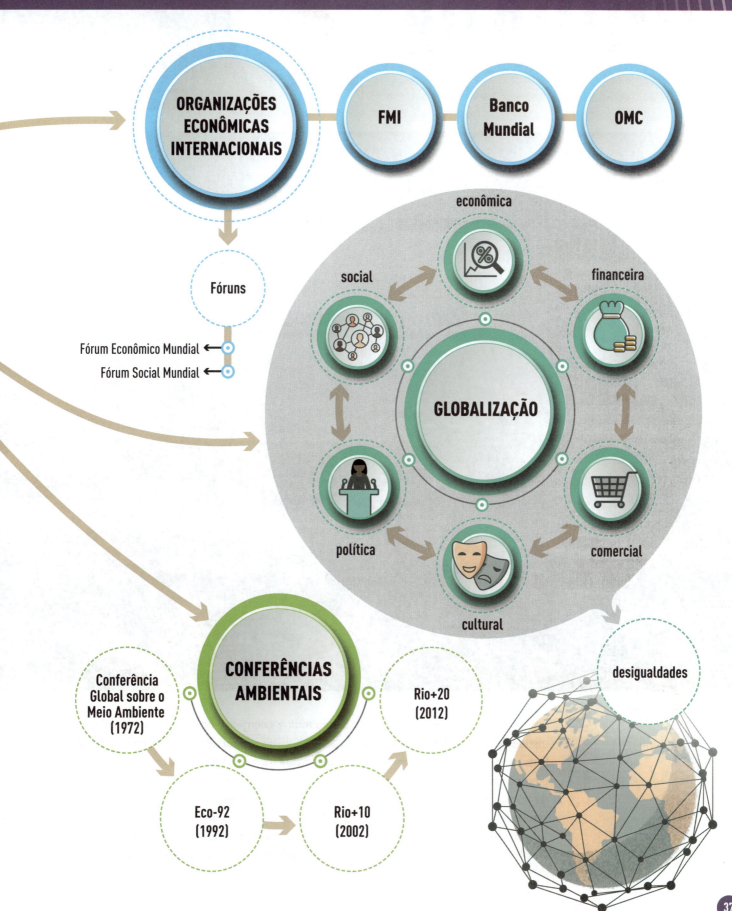

UNIDADE 2

Vista aérea de Paris iluminada à noite. Paris, França, 2018.

Antever

Na atualidade temos à disposição uma matriz energética bastante diversificada, que atende ao desenvolvimento das atividades industriais, de serviços, de comércio e domésticas, em escala local e mundial. É a energia que move o mundo das coisas. Entretanto, uma parcela da população mundial não tem acesso às fontes de energia, aos sistemas de comunicação e a muitas mercadorias produzidas no planeta. Poucos usufruem dos resultados do crescimento tecnológico e do desenvolvimento industrial.

Cresce a utilização de recursos naturais inesgotáveis, diferentes de fontes não renováveis, como o petróleo e o carvão mineral, também considerados mais poluidores.

Espaço mundial: energia e fluxos

Trabalhadores em linha de montagem de indústria de produtos elétricos. Jiangxi, China, 2018.

1 O que está retratado nas imagens?

2 Qual é a relação entre desenvolvimento da atividade industrial e diferentes fontes de energia?

3 Cite alguns exemplos de fontes de energia renováveis que você conhece.

CAPÍTULO 4
Energia e ciclos industriais

Energia e industrialização

A primeira forma de energia utilizada pelos seres humanos foi o próprio esforço físico; depois, a dos animais, em seguida, do fogo, da força dos ventos e das águas e, mais tarde, de outros recursos da natureza, como os combustíveis fósseis e os renováveis.

Podemos dizer que a **indústria**, responsável por grandes mudanças nos espaços e na forma de produzir e organizar as sociedades, nasceu em função da aplicação de fontes de energia. O motor da indústria é a energia; na atualidade, em muitos países, como no Brasil, a indústria é o setor que mais consome energia.

Armazém moderno com painéis solares no telhado em zona industrial e parque tecnológico. Pilsen, República Tcheca, 2018.

Como você já estudou, alguns especialistas dividem o processo de industrialização mundial em quatro fases: Primeira Revolução Industrial (1750-1850), que se restringiu praticamente à Inglaterra; Segunda Revolução Industrial (1850-1950), que envolveu algumas nações da Europa, América e Ásia; Terceira Revolução Industrial (a partir de 1950), marcada pela formação de conglomerados industriais e pela difusão global das unidades de produção; e Quarta Revolução Industrial (dias atuais), que, por meio de inovações tecnológicas, conecta todos os setores da economia em escala global.

Ao longo dessas fases, ocorreu uma evolução e diversificação de recursos naturais utilizados como **fontes de energia**.

Energia e produção: aspectos gerais da Primeira Revolução Industrial

A **Revolução Industrial** iniciada na segunda metade do século XVIII, na Inglaterra, foi marcada pelo estabelecimento da fábrica como unidade de produção, provocando uma intensa transformação na forma pela qual as mercadorias eram feitas.

Tal processo ocorreu principalmente em países que dispunham de condições ou características para se industrializar, como capital, desenvolvimento técnico, matéria-prima, fontes de energia, mão de obra abundante, facilidade de transporte e mercado consumidor.

Nessa primeira fase, o desenvolvimento industrial se baseou no uso intensivo do **carvão mineral**, cujas principais reservas estavam na Inglaterra. O recurso era explorado em galerias profundas a fim de servir de combustível para a industrialização inglesa. Estima-se que entre os séculos XVIII e XIX foram retiradas mais de 100 milhões de toneladas de carvão mineral por ano, com o auxílio de máquinas que faziam o bombeamento da água para ampliar a exploração subterrânea.

No começo, a queima do carvão mineral gerou energia para movimentar os teares ingleses. Em seguida, a **máquina a vapor**, aquecida com a queima do carvão, propiciou uma nova era para o desenvolvimento industrial.

O ambiente das minas era bastante insalubre, pois estavam cheios de umidade, excesso de calor e de gases resultantes da queima do óleo para iluminação no interior delas. O resultado disso foi o adoecimento de trabalhadores ("**doença negra**"), com mortes prematuras, que eram elevadas em razão das explosões que ocorriam frequentemente dentro das minas. A queima do carvão em demasia produzia a eliminação de gases na atmosfera, o que aumentava a poluição, provocando impactos socioambientais.

Desse modo, a Revolução Industrial originou um novo espaço geográfico mundial, alterando profundamente diversas paisagens, pois ocorreu um aumento significativo dos elementos culturais: novos locais para a produção (fábricas) e crescimento do espaço urbano. Nesse processo, foi grande o número de pessoas que deixou o campo e migrou para as cidades em busca de empregos nas fábricas ou nos setores de prestação de serviços gerados pelas atividades industriais.

Além da Inglaterra, a França teve um processo inicial de industrialização no final do século XVIII, que se intensificou no Período Napoleônico (início do século XIX). Contribuíram para isso as grandes jazidas de carvão mineral e minério de ferro, o que resultou no avanço da indústria siderúrgica, destacando-se, também, a indústria têxtil e de produção de máquinas.

Transporte de carvão feito por adultos e crianças em mina na Inglaterra. c. 1910.

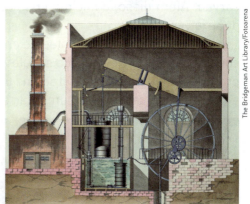

Seção transversal do motor a vapor de Watt. Escola Francesa, século XVIII.

Glossário

Doença negra: inflamação dos pulmões causada pela inalação de gases tóxicos no interior das minas de carvão que acometia os trabalhadores, causando-lhes morte prematura.

Expansão da industrialização e demanda por novas fontes de energia

No século XIX, o **petróleo** foi incorporado ao processo de industrialização, apesar de ser utilizado em estado bruto desde a Antiguidade. Foi no final desse mesmo século que aumentou seu uso, associado ao da energia hidrelétrica. Isso propiciou a expansão da industrialização e o surgimento de novas potências industrializadas, como Alemanha, Estados Unidos, Bélgica e Japão, todas, como a Inglaterra, exercendo dominação econômica sobre os países nos quais predominava a produção primária, fornecedores de matérias-primas. A essa fase chamamos de **Segunda Revolução Industrial**.

Ampliar

Tempos modernos
EUA, 1936. Direção: Charlie Chaplin, 89 min.

O filme retrata o processo de alienação vivenciado pelo operário devido à implantação da linha de montagem na fábrica, cujo objetivo é promover a expropriação do processo criativo do trabalhador, que se transforma apenas em apêndice da máquina para produzir mercadorias.

Cena do filme *Tempos Modernos* (1936), de Charlie Chaplin.

Nessa fase da industrialização, os Estados Unidos se destacaram devido à grande extensão territorial, com abundância de recursos minerais, principalmente energéticos, como petróleo e carvão. Além disso, o início do uso da energia hidrelétrica contribuiu para seu grande avanço industrial.

A utilização de novas fontes de energia possibilitou mudanças na forma de produção e nas relações de trabalho. No início do século XX, ocorreu a introdução do **fordismo**, que se caracterizou pela produção em massa, estruturada na linha de montagem, com produção de baixo custo, para otimizar a acumulação capitalista, aumentar a oferta de empregos e tornar os produtos mais acessíveis às classes trabalhadoras. Tal processo foi associado ao **taylorismo**, que consistiu na padronização das atividades de trabalho para controlar a produção. Dessa forma, a máquina passou a ditar o tempo de trabalho do operário, objetivando dinamizar a produção.

O fordismo e o taylorismo se espalharam pelo mundo, chegando também ao Brasil, na segunda metade do século XX. O modelo de industrialização implantado no país foi baseado em um tripé: empresas estatais, nacionais e multinacionais. Assim se formou um parque industrial bastante diversificado, utilizando diferentes fontes de energia (hidrelétrica, termoelétrica, derivados de petróleo, entre outras).

Homens trabalham na primeira linha de montagem móvel, na indústria automotiva. Michigan, Estados Unidos, 1913.

Na segunda metade do século XX teve início a chamada **Terceira Revolução Industrial**, que introduziu novas e profundas mudanças na produção e nas relações de trabalho.

Essas mudanças foram corporificadas no toyotismo, sistema de produção iniciado no Japão que se caracteriza pela diversidade dos produtos, diminuição dos estoques, produção com base na demanda, robotização do processo produtivo, exigência de trabalhadores polivalentes e, consequentemente, redução da oferta de empregos.

Além disso, essa nova fase se caracteriza pela diminuição dos direitos dos trabalhadores e maior precarização das condições de trabalho, uma tendência presente até nos dias atuais. Isso levou os trabalhadores a se manifestar e lutar pela manutenção dos direitos trabalhistas de momentos anteriores.

Robô em operação em indústria alimentícia. Narashino, Japão, 2018.

Os países da periferia do capitalismo também vivenciaram essa fase, de diferentes maneiras. No Brasil, esse período foi marcado por privatizações de empresas estatais, abertura do mercado às empresas estrangeiras, diferenciação da produção por região, flexibilização/precarização dos direitos trabalhistas e intensa robotização de alguns setores. Com relação à robotização, destaca-se o setor bancário: nos anos 1990 as máquinas substituíram o trabalho humano, gerando desemprego estrutural no setor.

Manifestantes durante marcha contra as reformas planejadas pelo governo francês. Marselha, França, 2018.

Ampliar

Cidade do silêncio
EUA, 2007. Direção: Gregory Nava, 153 min.
Filme que relata os processos de exploração do trabalho em indústrias maquiladoras instaladas no México.

Brasil privatizado: um balanço do desmonte,
de Aloísio Biondi (Perseu Abramo).
Esse livro apresenta uma rica narrativa sobre o processo de privatização de diversas empresas estatais brasileiras, com forte impacto na sociedade e na classe trabalhadora.

Nos países europeus também ocorreram intensas mudanças no processo industrial decorrentes da segunda e terceira revoluções industriais. As áreas altamente industrializadas do continente relacionam-se com a concentração e disponibilidade de recursos minerais. Observe no mapa a distribuição dos recursos minerais pelo território europeu.

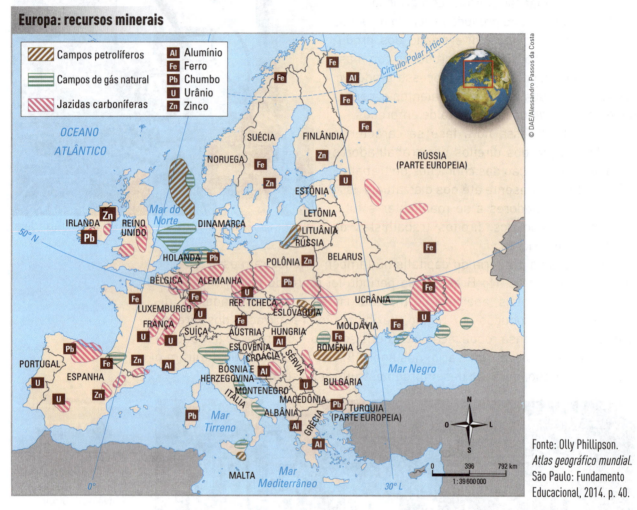

Fonte: Olly Phillipson. *Atlas geográfico mundial.* São Paulo: Fundamento Educacional, 2014. p. 40.

A França, por exemplo, que tem grandes reservas minerais e energéticas, ampliou seu parque industrial, com destaque para os setores de mecânica, química, automobilística, aeronáutica, entre outros. A fim de dinamizar a produção industrial, os franceses investem na construção de usinas nucleares para geração de energia, apresentando o maior parque nuclear instalado na Europa.

Nos últimos anos, com as privatizações, a concorrência internacional e o aumento das importações em detrimento das exportações, o setor industrial francês entrou em declínio, com sérias repercussões no mercado de trabalho: diminuição da oferta de empregos e precarização das condições de trabalho.

Já o processo inicial de industrialização alemã esteve associado à localização de recursos minerais (reservas de carvão e de minério de ferro) e à facilidade de circulação dos produtos pelos rios Reno e Ruhr.

Ao longo do século XX, algumas regiões de grande concentração populacional, como as cidades de Colônia, Dortmund e Frankfurt, transformaram-se em importantes centros urbanos e industriais do país. As cidades de Hamburgo, Munique e Berlim – que receberam grandes investimentos estatais após a reunificação do país – também se destacam no cenário nacional. O território alemão é rico em diversos recursos naturais e, na atualidade, apresenta grande diversificação da indústria, com destaque para os setores automobilístico, químico, têxtil, de construção naval e farmacêutico.

Vista do Rio Reno, com embarcações de transporte de cargas. Braubach, Alemanha, 2018.

Embora o Japão tenha se industrializado em meados do século XX, recentemente o processo de industrialização se expandiu na Ásia, cujo exemplo mais expressivo é a China. O fator que mais contribuiu para a industrialização do país foi a riqueza do subsolo, sobretudo as grandes reservas de carvão mineral, imprescindível como matéria-prima para as siderúrgicas e como fonte de energia para as termoelétricas, geradoras de energia elétrica.

No final da década de 1970, o país abriu as portas para a entrada de capital estrangeiro, que se deu principalmente com a implantação das Zonas Econômicas Especiais (ZEEs). São áreas criadas pelo governo que passaram a atrair investimentos externos por meio de incentivos fiscais, configurando áreas de livre comércio.

Usina a carvão em Pequim, China, 2016.

Na Oceania destaca-se a Austrália, que dispõe de grande riqueza mineral, como bauxita, carvão betuminoso, ferro, níquel, ouro, chumbo, zinco, petróleo, gás natural, entre outros. O país, que contribui com 12% da produção aurífera mundial, além de ter uma considerável produção de urânio e carvão, tornou-se um dos mais importantes fornecedores de diamantes. Dessa forma, a Austrália tem um importante papel na indústria extrativa, fornecendo insumos energéticos para outras partes do mundo.

 # Viver

A China padece de carvão

De Pequim, o trem-bala chinês viaja a mais de 300 quilômetros por hora em direção a Taiyuan, capital de Shanxi. Essa província do Norte da China – com suas estradas bloqueadas e circulação caótica de caminhões sobrecarregados para as cidades – foi por muito tempo a principal produtora de carvão do país, antes de ser destronada pela Mongólia Interior. Os vilarejos do caminho são cinza e tristes. [...].

Apesar da previsão de multiplicar a construção de centrais nucleares e continuar a planejar a construção de barragens, o carvão permanece dominante na produção de energia da China e é a primeira opção dos diretores de empresas, sobretudo as locais. [...]

Três argumentos justificam a predileção pela energia provinda do mineral. A China é um dos grandes produtores mundiais de carvão [...]; as reservas são estimadas em 118 bilhões de toneladas pela Administração Estatal para a Segurança das Minas. Segundo, a indústria de extração do carvão é de baixo custo, o que permite a produção de energia barata e o estímulo do crescimento. Dessa disseminação [...] nasceram muitos projetos ambiciosos de concentração e exploração em grande escala com a finalidade de unificar a produção. [...]

Any Bourrier. A China padece de carvão. *Le Monde Diplomatique Brasil*, 1º nov. 2011. Disponível em: <https://diplomatique.org.br/a-china-padece-de-carvao>. Acesso em: jul. 2018.

Pessoas nas ruas usam máscara especial para evitar inalação de partículas tóxicas no ar. Harbin, China, 2017.

1. Com base no texto, descreva a paisagem da região de Shanxi e aponte os impactos sociais derivados da exploração de carvão mineral.
2. Quais são as alternativas apresentadas pelo governo, naquele momento, como outra fonte de energia?
3. Quais são os argumentos apresentados para manter e aumentar a exploração e uso do carvão mineral?
4. Pesquise a participação do carvão mineral na matriz energética brasileira e compare-a com a da China.

Atividades

1. Com base na sequência de imagens a seguir, faça o que se pede.

Fábrica de tecido. Carolina do Sul, Estados Unidos, 1908.

Fábrica de tecido. Jiangsu, China, 2018.

a) Descreva as transformações ocorridas no processo de produção.

b) Pode-se afirmar que essas transformações propiciaram mudanças na vida das pessoas? Quais?

2. Quais foram, respectivamente, as fontes de energia que predominaram na Primeira e na Segunda Revolução Industrial?

3. Justifique a afirmação: "As revoluções industriais originaram (e originam) novos espaços geográficos".

4. Relacione a figura do trabalhador com a formação do mercado consumidor na Revolução Industrial.

5. Observe o mapa a seguir e faça o que se pede.

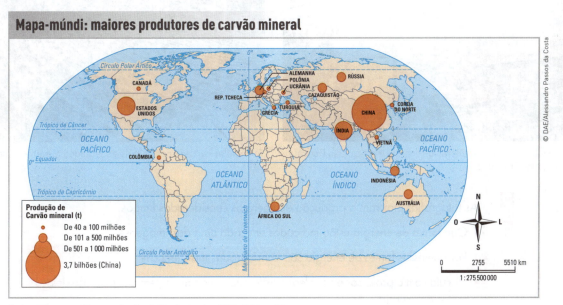

Fonte: *Atlas geográfico escolar*. 7. ed. Rio de Janeiro: IBGE, 2016. p. 67.

a) Escreva o que você concluiu em relação à distribuição desigual, no mundo, do recurso mineral representado. Discuta com os colegas as consequências disso para a economia dos países.

b) Qual é a relação entre os países industrializados e a produção de carvão mineral?

CAPÍTULO 5
Consumo energético e ambiente

Ampliando as fontes de energia

Mais do que nunca, a sociedade moderna depende da produção e do consumo de energia para o desenvolvimento de suas atividades – industriais, domésticas, agropecuárias, transportes, entre outras. Desse modo, é grande a dependência, especialmente do petróleo, em todas as regiões do mundo, condição que se iniciou na Segunda Revolução Industrial e se estende até a atualidade.

Devido à elevação dos impactos socioambientais decorrentes do uso intensivo de fontes de energias não renováveis, como os combustíveis fósseis, à possibilidade de esgotamento e à dependência econômica e política de tais recursos, tornou-se necessário ampliar a produção e a utilização de **fontes alternativas** viáveis economicamente e que visassem causar menores impactos.

Observe os exemplos nas fotografias a seguir.

Usina-piloto de ondas geradoras de energia elétrica. São Gonçalo do Amarante (CE), 2012.

Torre solar cercada por painéis espelhados. Sevilha, Espanha, 2017.

> **Zoom**
> As fotografias mostram a produção de energias consideradas limpas.
> ❶ Que fontes de energia estão indicadas em cada uma das imagens?
> ❷ Por que essas fontes de energia são consideradas mais limpas?
> ❸ Discuta com o professor e os colegas os impactos negativos gerados pelo uso dessas fontes de energia.

No 7º ano você já estudou sobre algumas fontes de energia alternativas e como elas são produzidas e consumidas no Brasil. Agora estudaremos de que forma isso ocorre em outros lugares do planeta e os impactos socioambientais provenientes de seu uso.

Produção de energia elétrica e ambiente

A energia elétrica é amplamente utilizada cotidianamente nos mais variados setores. Dependemos dela para quase tudo que fazemos. As regiões altamente industrializadas e urbanizadas do mundo são grandes polos de consumo de energia elétrica nos setores industrial, de serviços, doméstico, entre outros.

Para a geração de energia elétrica, não existe apenas uma única fonte, mas diversas.

Nos gráficos a seguir apresentamos, respectivamente, a matriz energética mundial e a matriz de geração elétrica (2016).

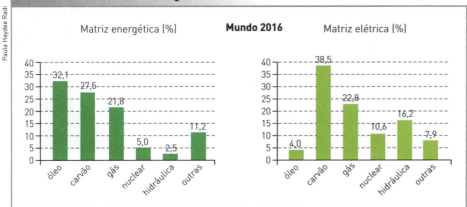

Fonte: Ministério de Minas e Energia. *Energia no Mundo 2015-2016*. Disponível em: <www.mme.gov.br/documens/10584/3580498/14+-+Energia+no+Mundo+-+Matrizes+e+Indicadores+2017+-+anos+ref.+2015+-+16+%28PDF%29/60755215-705a-4e76-94ee-b27def639806;jsessionid=23A29A5505323A1DD0ED0E7D02E956E2.srv155>. Acesso em: out. 2018.

zoom

1. Qual fonte de energia ocupa liderança na matriz energética mundial?

2. Qual é a principal fonte para a geração de energia elétrica no mundo?

3. Justifique as diferenças referentes à energia hidráulica considerando os dois gráficos.

Usina termoelétrica que utiliza linhito, um tipo de carvão, para produzir eletricidade. Sainyabuli, Laos, 2017.

A fonte utilizada para a geração de energia elétrica pode ser **renovável** ou **não renovável**.

A energia elétrica proveniente de **combustíveis fósseis** (carvão mineral, petróleo e gás natural) e a nuclear correspondem a 75,9% do total de energia utilizada no mundo, enquanto as energias renováveis atingiram o patamar de 24,1% no período.

O gráfico mostra os dados gerais do mundo, mas, se nos atentarmos para cada país, teremos uma grande variação. Há países que são dependentes quase exclusivamente de uma só fonte. Na África do Sul, por exemplo, o carvão mineral representa 93% de sua matriz elétrica; no Uzbequistão, o gás natural corresponde a 88% de sua matriz energética.

Entre as energias renováveis para geração de eletricidade destaca-se a **energia hidráulica**. O uso da força da água dos rios representa 16% do total de energia utilizado no mundo e, assim como no Brasil, é a principal fonte de eletricidade em outros países. No Paraguai, por exemplo, a energia hidráulica representa 100% da matriz elétrica, embora sua capacidade instalada não seja a maior do mundo. Observe a fotografia e o mapa a seguir.

Barragem de Glen Canyon, usina hidrelétrica que forma o Lago Powell, um dos maiores reservatórios artificiais dos EUA. Arizona, Estados Unidos, 2016.

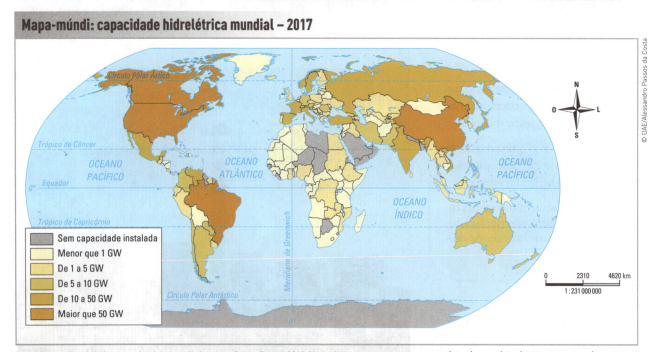

Fonte: International Hydropower Association. *Hydropower Status Report 2018*. Disponível em: <www.hydropower.org/sites/default/files/publications-docs/iha_2018_hydropower_status_report_4.pdf>. Acesso em: out. 2018.

Ao analisarmos o mapa observamos que a produção de energia hidrelétrica é bastante reduzida em países da África. Muitos deles não têm rios volumosos ou tecnologia para seu aproveitamento. A geração tem destaque na China (que lidera a produção de hidroeletricidade), Estados Unidos, Brasil e em alguns países da Europa, com destaque para Rússia, Espanha, França e Itália. Na Oceania, a Austrália tem feito grandes investimentos na produção de energias renováveis. Além do uso de energia hidráulica, o país investe na geração de energia solar e eólica. Estima-se que 20% de toda a energia australiana seja de fontes renováveis a partir de 2018, visando diminuir o uso do carvão mineral e do gás natural, que ainda são largamente utilizados.

Hidrelétricas e impactos socioambientais

A China tem a maior hidrelétrica do mundo, a usina de Três Gargantas, no Rio Yangtse, com grande potencial de geração de energia (aproximadamente 18 200 MW). A construção começou em 1993 e terminou em 2012. A hidrelétrica também contribui para controlar enchentes e facilita a navegação ao longo de todo o rio.

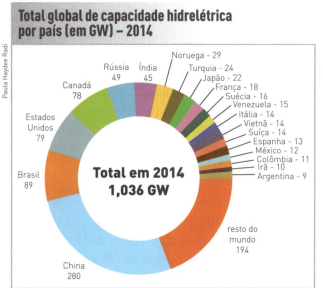

Fonte: International Hydropower Association. *Principais tendências da hidreletricidade em 2015*. Disponível em: <www.hydropower.org/sites/default/files/publications-docs/Principais%20tend%C3%AAncias%20da%20hidreletricidade%20em%202015.pdf>. Acesso em: out. 2018.

Foto aérea mostra a descarga de água da Barragem das Três Gargantas. Yichang, China, 2018.

Estima-se que o enchimento do lago dessa usina tenha deslocado mais de um milhão de pessoas. Além disso, outros impactos têm sido detectados, como a diminuição da população de peixes, aumento da poluição do rio, deslizamentos de terra devido à pressão da água nas margens do reservatório e aumento de atividade sísmica, já que o reservatório está sobre duas falhas geológicas.

Vista aérea do canteiro de obras da hidrelétrica de Belo Monte, o maior projeto de infraestrutura do Brasil e um dos maiores do mundo. Altamira (PA), 2014.

Etiópia: Grande Represa do Renascimento

No continente africano, alguns países também fazem grandes aportes de investimentos nesse tipo de energia. Na Etiópia, por exemplo, 56,3% da matriz energética é proveniente da energia hidráulica. Atualmente o país desenvolve um importante projeto hidrelétrico, que despertou questionamentos de nações vizinhas, como Egito e Sudão.

A construção da Grande Represa do Renascimento, no Rio Nilo Azul – um importante afluente do Rio Nilo –, causa polêmicas porque há o temor, do governo tanto do Egito quanto do Sudão, de que o represamento das águas na Etiópia reduza a vazão do Nilo. A construção começou em 2011, e estima-se que o potencial de energia será de 6 400 MW/ano após sua conclusão. Com isso, a Etiópia poderá atender a sua demanda de energia e ainda exportar parte da produção.

A construção de usinas hidrelétricas traz uma série de impactos sociais, ambientais e ecológicos. Além do alagamento de áreas naturais e agricultáveis, do desvio ou represamento de grandes quantidades de água (para formação do lago) e da expulsão de comunidades ribeirinhas e tradicionais, verifica-se, em muitos casos, acelerado processo de sedimentação e assoreamento do lago.

Fontes: Elaborado com base em Egypt, Ethiopia and Sudan sign deal to end Nile dispute. *BBC*, 23 mar. 2015. Disponível em: <www.bbc.com/news/world-africa-32016763>. Acesso em: out. 2018; *Atlas geográfico escolar*. 7. ed. Rio de Janeiro: IBGE, 2016. p. 44.

Máquinas no canteiro de obras da Grande Represa do Renascimento, que está sendo construída no Nilo Azul e será o maior reservatório da África. Guba, Etiópia, 2017.

Viver

Leia o texto a seguir e responda às questões.

Barragem de Três Gargantas é responsável por seca no maior lago da China

Carro preso no leito seco do Lago Poyang, o maior lago de água doce da China, em período de estiagem. Jiangxi, China, 2018.

A massiva barragem de Três Gargantas na China, que já foi responsável pela relocação de mais de 1 milhão de pessoas, pode ter atingido uma nova vítima: segundo pesquisadores a hidrelétrica foi uma das responsáveis pela seca do maior lago do país.

O Lago Poyang normalmente cobre 3 500 km² do leste chinês, mas no mês passado apenas 200 km² estavam abaixo de água, deixando pescadores desprovidos de sua renda e impedindo barcos de o cruzarem.

A seca no lago foi a maior já registrada nos últimos 60 anos e o governo culpa a pouca incidência de chuvas na região, que certamente é um fator contribuinte, porém o pesquisador Ye Xuchun afirmou que a barragem que fica a 500 km de distância em seu afluente, reduziu dramaticamente a vazão do Rio Yangtse, que está conectado ao lago.

De acordo com um estudo de coautoria de Xuchun, o aumento da profundidade do reservatório da Três Gargantas em 2006 provocou uma queda significativa do nível de água no Lago Poyang. O mesmo está se repetindo agora.

A China admitiu no ano passado pela primeira vez que a barragem está provocando um impacto negativo nos recursos hídricos da região, mas até agora nada fez para solucionar o problema.

O equilíbrio ambiental local foi seriamente afetado este ano. Além da perda de peixes, os pássaros migratórios que antes descansavam e se abasteciam ao redor do lago sumiram também.

De acordo com um outro pesquisador, o solo chinês é muito seco e isso torna o Rio Yangtse vital. O Lago Poyang é outro elemento chave e o seu estado atual deve servir como um grande alarde para o futuro.

[...]

Barragem de Três Gargantas é responsável por seca no maior lago da China. *Planeta Água*, 15 fev. 2012. Disponível em: <www.docol.com.br/planetaagua/h2o/barragem-de-tres-gargantas-e-responsavel-por-seca-no-maior-lago-da-china>. Acesso em: nov. 2018.

1. Que impactos a represa de Três Gargantas tem causado no Lago Poyang?
2. O que o governo tem feito para minimizar tais impactos?
3. Você tem conhecimento de situações como essas ou semelhantes no Brasil? Cite exemplos.

Energia nuclear

Em 2016, a energia nuclear correspondia a 5% da matriz energética mundial; exclusivamente para geração elétrica, representava 10,6% da matriz mundial.

A energia nuclear surgiu como alternativa à energia termoelétrica nos anos 1970 e 1980. A tabela a seguir apresenta o *ranking* dos países que mais utilizavam a energia nuclear em sua matriz elétrica em 2016; são países que dependem da energia nuclear para fornecer pelo menos mais de 30% de sua demanda total de eletricidade.

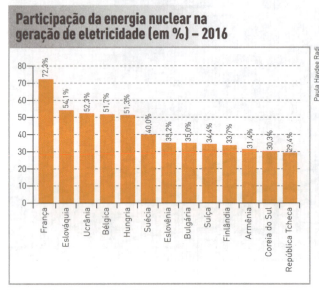

Fonte: Nuclear Energy Institute. Disponível em: <www.nei.org/resources/statistics/top-10-nuclear-generating-countries>. Acesso em: out. 2018.

Usina Nuclear de Cruas, localizada próximo ao rio Ródano. Cruas, França, 2017.

Embora esses países sejam os que mais utilizam a energia nuclear para geração de eletricidade, não são os maiores produtores: os Estados Unidos e a França são os principais produtores de energia nuclear, seguidos de China, Rússia e Coreia do Sul. Alguns desses países a utilizam para fins não pacíficos, ou seja, para a produção de bombas atômicas. Conforme informações da **Agência Internacional de Energia Atômica** (**Aiea**), órgão da ONU que fiscaliza o setor de energia nuclear pelo mundo, existem aproximadamente 400 reatores nucleares em operação pelo mundo.

O governo francês pretende reduzir em 50% o uso da energia atômica em solo francês até 2025.

A Alemanha também utiliza energia nuclear como fonte geradora de energia elétrica. Entretanto, desde 2011 o governo alemão desenvolveu um projeto para fechar as usinas, e o prazo final está estipulado para o ano de 2022. No Japão, devido ao acidente em Fukushima, em 2011, o governo passou por intensas pressões, que culminaram na adoção de um projeto para eliminar a fonte nuclear de energia até 2030.

Fumaça branca subindo de reator na Usina Nuclear de Fukushima, após o *tsunami* que atingiu a região. Fukushima, Japão, 2011.

Desde 2016, o governo chinês tem investido na ampliação do parque nuclear para substituir a produção de energia proveniente do carvão mineral e outras fontes fósseis. Essa ampliação foi de 8 GW para 34 GW, e há uma estimativa de ampliação até 2030 para 130 GW, com a construção e funcionamento de quatro a seis novos reatores por ano.

A proposta do governo chinês é implantar 110 usinas nucleares no país e ao longo da "Rota da Seda", na Ásia Central e Paquistão. Há, ainda, entendimentos com o governo inglês para a construção de um reator de terceira geração, que será seguro e competitivo. Na realidade, a China está retomando seu projeto nuclear, que havia sido suspenso após o acidente de Fukushima, no Japão.

Ainda no contexto asiático é importante analisar o caso do Irã e seu programa nuclear. Em 2007, o país chamou a atenção da comunidade internacional devido a um possível programa nuclear para fins bélicos. O governo negou, afirmando que a tecnologia nuclear desenvolvida seria para fins pacíficos, ou seja, para a produção de energia elétrica. Essa pode ser inclusive uma opção viável para o Oriente Médio, região carente de rios propícios à instalação de hidrelétricas.

Sob pressão dos Estados Unidos, a Agência Internacional de Energia Atômica impôs bloqueio econômico ao Irã em 2005, alegando que o país não estava obedecendo ao **Tratado de Não Proliferação de Armas Nucleares (TNP)**. Esse tratado, assinado em 1968, surgiu com o objetivo de evitar a disseminação das armas nucleares pelo mundo, permitindo o enriquecimento do urânio apenas para uso pacífico. Em 2012, o TNP contava com a adesão de 189 países.

Em 2016, as sanções contra o Irã foram suspensas, pois o país cumpriu os termos do acordo, mas em 2018 os Estados Unidos retomaram as sanções unilateralmente.

Técnico trabalha nas Instalações de Conversão de Urânio (UCF) de Isfahan, 420 km ao sul de Teerã. Isfahan, Irã, 2007.

Pontos de vista

Quem é
Olga Simbalista

O que faz
É presidente da Associação Brasileira de Energia Nuclear (Aben).

1. Em sua opinião, quais as vantagens do uso de energia nuclear?
A palavra "vantagem" pode pressupor deméritos a outras fontes de energia, o que não é o caso. A energia nuclear é uma fonte que requer menos espaço físico que as demais para produção de enormes quantidades de energia, devido à densidade energética de seu combustível (urânio, tório ou plutônio). Uma pastilha de combustível nuclear com poucos gramas equivale a 570 litros de petróleo, 1 000 quilos de carvão ou 480 metros cúbicos de gás natural. Além disso, apresenta o menor custo na relação entre sua operação e a quantidade de combustível produzido. É, ainda, considerada uma fonte limpa, pois não emite resíduos, e é uma tecnologia de ponta com aplicações em vários segmentos da indústria, da agricultura, da preservação de bens culturais e, principalmente, da saúde, em diagnósticos e tratamentos de alta precisão.

2. Alguns críticos ao modelo apontam que a possibilidade de acidente é um dos principais riscos desse tipo de energia. Esse é um perigo real?
A energia nuclear apresenta um dos maiores índices de segurança da indústria mundial. Com pelo menos 17 800 reatores em operação, houve apenas três grandes acidentes: Three Miles Island (nos Estados Unidos, em 1979), Chernobyl (na atual Ucrânia, em 1986) e Fukushima (no Japão, em 2011). A probabilidade de um acidente nuclear severo é de uma em 1 milhão, bastante inferior à da indústria aeronáutica, por exemplo.

3. O que tem sido feito para reduzir o risco de acidentes?
Erros e falhas proporcionaram melhorias tecnológicas e de segurança. Desde o ocorrido em Three Miles Island, a possibilidade de acidentes tem sido objeto de constantes pesquisas e modificações de projetos e de operações, tornando tais ocorrências cada vez menos prováveis.

4. A geração de energia em usinas nucleares pode ser considerada um modelo sustentável? De que forma?
Sim. Ela não emite resíduos, como gases causadores de chuva ácida e efeito estufa, metais cancerígenos, partículas poluentes, cinzas e gesso. É ainda uma tecnologia de ponta, com aplicação em vários segmentos, que apresenta um dos maiores índices de segurança e o menor custo de produção. Além disso, como dissemos, requer uma área menor do que a necessária, exigida por outras formas de energia, para produção.

5. No Brasil, um país de matriz hidráulica, compensa o investimento em energia nuclear? Por quê?
O Brasil é um dos países que apresenta uma das matrizes elétricas mais limpas devido à predominância de hidrelétricas, que já somaram pelo menos 90% da energia consumida no país. Hoje essa participação está em 60% e tende a diminuir por causa das dificuldades de construir novas usinas; por questões relacionadas ao licenciamento ambiental; ao crescimento das fontes renováveis – como eólica, solar e biomassa – que têm uma produção intermitente; e à dificuldade de instalar hidrelétricas próximas aos centros consumidores, para oferecer maior estabilidade e menores custos, papel típico das usinas nucleares.

❶ Segundo Olga Simbalista, representante da Aben, quais benefícios estão relacionados ao uso da energia nuclear?

❷ Segundo Thiago Almeida, representante do Greenpeace, quais os principais riscos envolvidos na produção de energia nuclear?

1. Quais os principais riscos envolvidos na produção de energia nuclear? Quais seriam as melhores alternativas para esse modelo?

O risco principal é um acidente. Fatos mostram que ocorreram 175 acidentes e incidentes em usinas nucleares entre 1946 e 2013. Há 50% de chance de um novo acidente como o de Chernobyl nos próximos 27 anos e de um como o de Fukushima nos próximos 50.

Neste último, por exemplo, houve remoção de toda a população da região, que agora tem suas florestas contaminadas. A previsão de gastos com o acidente é de, no mínimo, 350 bilhões de euros, sendo que as fabricantes dos reatores não desembolsarão um tostão e a operadora da usina, somente 1,5 bilhão de euros. Quem paga é a população.

Com um parque elétrico bem dimensionado, poderíamos usar energia solar e eólica para gerar toda a eletricidade necessária para nossa demanda, e as hidrelétricas existentes seriam "baterias" para serem usadas se houver necessidade.

2. Após acidentes como os de Chernobyl, em 1986, e de Fukushima, em 2011, a segurança das usinas nucleares foi reforçada? Quais os principais impactos desses acidentes?

Embora a indústria diga que aprendeu com o acidente, até hoje alega que o projeto era falho, que os materiais usados eram de baixa qualidade e que houve erro humano, em vez de admitir que toda usina nuclear pode sofrer acidentes. Os principais impactos foram a morte ou contaminação de milhares de pessoas e do meio ambiente – até hoje, há uma área na região onde não é permitido morar.

Quando aconteceu o desastre de Fukushima, a indústria nuclear vinha se "recuperando". Além dos impactos ambientais e do despejo de 300 toneladas de água radioativa no oceano diariamente – algo que pode contaminar toda uma cadeia alimentar, da qual fazemos parte –, há também os impactos econômicos e sociais. As pessoas da região passaram a sofrer preconceito. Os impactos psicológicos do deslocamento forçado foram grandes. Houve também diminuição do acesso a serviços básicos, uma vez que havia menos profissionais dispostos a viver no local. A resposta da indústria foi que o muro de proteção no mar não foi suficiente para conter o tsunami que devastou a região e que um evento dessa magnitude é extremo e não previsível. No entanto, eventos assim estão aumentando e as usinas nucleares seguem vulneráveis.

3. A operação de usinas nucleares pode causar danos ao meio ambiente?

Sim. No caso de Angra, por exemplo, houve um grande aumento na temperatura da água na região, afetando a vida marinha. No caso de um acidente, no qual seja liberado radioatividade, os impactos seriam muito maiores.

4. Quais seriam as alternativas para o lixo nuclear?

Não há solução permanente. Depósitos temporários, como os de Angra 1 e 2 (únicas alternativas), estão quase saturados. Alguns países têm procurado outras possibilidades, que vão de reprocessamento do lixo nuclear a seu uso na exploração espacial. A verdade é que não há solução e é urgente deixarmos de gerá-lo.

Quem é
Thiago Almeida

O que faz
É especialista em energia do Greenpeace.

3 Comparando os diferentes posicionamentos sobre o tema, que divergências são identificadas nas entrevistas sobre a produção de energia nuclear no Brasil?

4 Diferencie, por meio de argumentos extraídos das duas entrevistas, a relação entre energia nuclear e sustentabilidade ambiental.

Os avanços da energia eólica no mundo

O desenvolvimento de tecnologias para a obtenção de energia eólica ocorreu no contexto da crise do petróleo (1973) e do reconhecimento da necessidade de produzir energias alternativas. No final dos anos de 1970 foi inaugurada na Dinamarca a primeira usina de produção de energia eólica do mundo. De lá para cá, vários países têm investido nesse tipo de energia, com destaque para China, Estados Unidos e alguns países na Europa.

Walney Extension, o maior parque eólico em alto-mar do mundo, localizado no Mar da Irlanda. Cúmbria, Reino Unido, 2018.

O gráfico ao lado mostra os líderes mundiais de capacidade acumulada de energia eólica.

A China é o país que mais investe em usinas eólicas, objetivando gerar energia limpa para seu desenvolvimento industrial. No início do século XXI, a Alemanha liderava a produção dessa energia; em 2008, foi superada pela produção dos Estados Unidos, segundo estudos da Associação Mundial de Energia Eólica. Estima-se que 86 países utilizam essa fonte de energia no mundo.

A Austrália tem se destacado no desenvolvimento de projetos de geração de energia limpa, apesar de ter grandes reservas de carvão mineral e gás natural. A Nova Zelândia contava com uma potência instalada de 511 MW no final da primeira década do século XXI. Nesse mesmo período, toda a Oceania apresentava uma capacidade instalada de 2 388 MW e tinha uma taxa de crescimento pouco abaixo do crescimento da China e dos Estados Unidos nesse setor de energia.

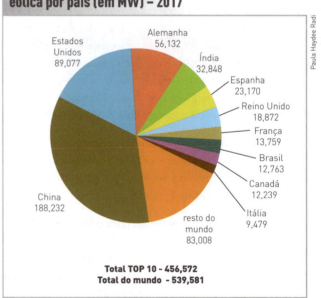

Fonte: Global Wind Energy Council. *Global wind statistics 2017.* Disponível em: <http://gwec.net/wp-content/uploads/vip/GWEC_PRstats2017_EN-003_FINAL.pdf>. Acesso em: out. 2018.

A energia eólica apresenta alguns problemas, como a inconstância dos ventos ao longo do ano, a impossibilidade de "estocar" os ventos, além da poluição sonora, já que o movimento das hélices causa um barulho intenso, que pode atingir até 43 decibéis. As aves também podem ser prejudicadas, pois muitas delas morrem ao se chocar com as pás das hélices durante o voo.

Produção de biocombustíveis e impactos

A cada ano, a produção de **biocombustíveis** aumenta em todo o mundo. Dados da British Petroleum (BP) referentes a 2014 revelam que naquele ano a produção mundial foi de mais de 70 mil toneladas, com destaque para os Estados Unidos e o Brasil, que são os maiores produtores do mundo.

A produção de biocombustíveis tem crescido no continente asiático nos últimos anos, destacando-se a Indonésia, cuja produção representava 3,5% do total mundial em 2014. A China também tem se destacado, aparecendo em sétimo lugar entre os dez principais produtores de biocombustíveis. Entre 2010 e 2015, os chineses dobraram a produção de biodiesel.

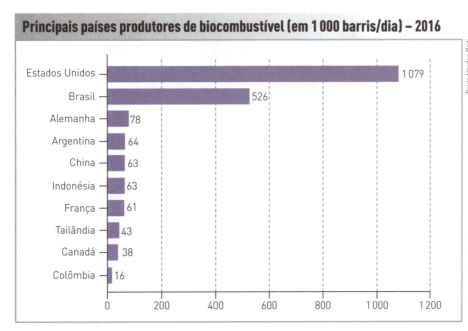

Principais países produtores de biocombustível (em 1 000 barris/dia) – 2016

País	Produção
Estados Unidos	1 079
Brasil	526
Alemanha	78
Argentina	64
China	63
Indonésia	63
França	61
Tailândia	43
Canadá	38
Colômbia	16

Fonte: United States Energy Information Administration. *International energy statistics*. Disponível em: <www.eia.gov/beta/international/data/browser/#/?pa=000002&c=08000212100g00040000100000000000000000000000002002&ct=0&tl_id=79-A&vs=INTL.79-1-ARG-TBPD.A&vo=0&v=C&start=2000&end=2016>. Acesso em: out. 2018.

> **Ampliar**
>
> **Energia e meio ambiente,** de Samuel Murgel Branco (Moderna).
>
> O livro aborda questões ligadas à geração de energia e aos impactos ao meio ambiente.

Os países da União Europeia são considerados os mais importantes produtores de biodiesel: a produção responde por aproximadamente 80% do mercado de combustíveis "limpos" na Europa. Vários países europeus têm investido muito nessa forma de energia, com o objetivo de diminuir o lançamento de gases de efeito estufa (GEE) na atmosfera.

Entretanto, a expansão das monoculturas para a produção de biocombustíveis tem ocupado espaço que poderia ser utilizado para o plantio de alimentos. Além disso, tem gerado uma série de impactos ambientais, como a destruição da fauna e flora com o plantio de cana-de-açúcar, milho, soja etc. Ao mesmo tempo, pode ocorrer a contaminação do solo e de mananciais de água com o uso inadequado de fertilizantes e pesticidas, bem como por resíduos da produção dos biocombustíveis, por exemplo, o vinhoto. Tem sido comum, ainda, a expulsão do trabalhador do campo, já que a produção da matéria-prima para esse combustível é feita em latifúndios, com intensa mecanização da colheita. Em outros casos, há uma intensificação da exploração do trabalho, prejudicando a saúde dos trabalhadores em usinas de etanol e biodiesel.

Queima de cana-de-açúcar para corte manual. Bauru (SP), 2016.

Cartografia em foco

Observe e compare os mapas a seguir. Depois faça o que se pede.

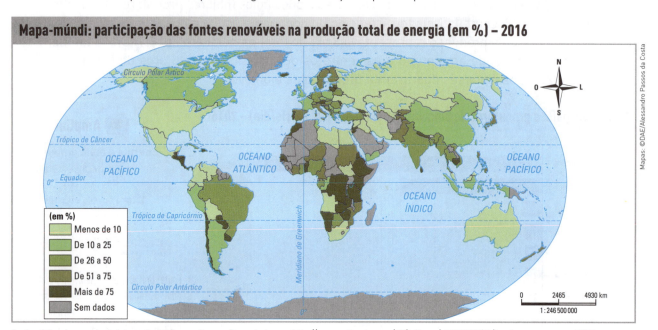

Mapa-múndi: participação das fontes renováveis na produção total de energia (em %) – 2016

Fonte: *Atlas de energia da International Energy Agency*. Disponível em: <http://energyatlas.iea.org/#!/tellmap/-1076250891/1>. Acesso em: nov. 2018.

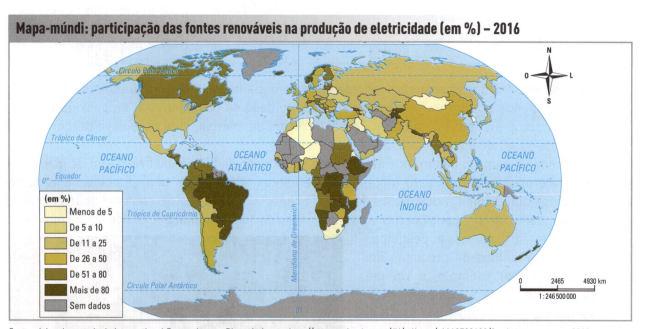

Mapa-múndi: participação das fontes renováveis na produção de eletricidade (em %) – 2016

Fonte: *Atlas de energia da International Energy Agency*. Disponível em: <http://energyatlas.iea.org/#!/tellmap/-1118783123/3>. Acesso em: nov. 2018.

1. O que cada um dos mapas representa?

2. Analise os dados do primeiro mapa e estabeleça uma relação com países industrializados ou de elevado crescimento industrial quanto à participação de fontes renováveis na produção total de energia. Anote suas conclusões e compare-as com as dos colegas de turma.

3. Cite exemplo de países em que mais de 80% da eletricidade é produzida por fontes renováveis.

1 Observe o gráfico abaixo e depois faça o que se pede.

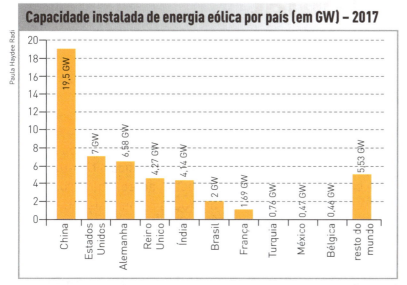

Fonte: Global Wind Energy Council. *Global wind statistics 2017*. Disponível em: <http://gwec.net/wp-content/uploads/vip/GWEC_PRstats2017_EN-003_FINAL.pdf>. Acesso em: out. 2018.

a) O gráfico apresenta os dez principais países produtores de energia eólica. Reproduza o quadro a seguir e complete-o com os dados solicitados.

Continentes	Países	Produção de energia

b) Qual continente aparece com o maior número de GW instalados?

2 Atualmente, os biocombustíveis são uma alternativa importante para a redução da emissão de gases de efeito estufa. Elabore um pequeno texto que apresente os principais biocombustíveis e aponte, pelo menos, três impactos socioambientais que podem ser causados pelo uso dessa fonte de energia.

3 Analise o gráfico abaixo, que retrata a potência instalada de energia solar em alguns países e na Europa entre 2010 e 2017, e responda às questões.

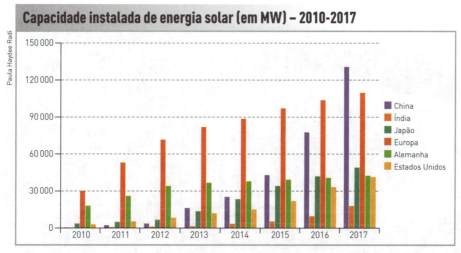

Fonte: International Renewable Energy Agency. Disponível em: <http://resourceirena.irena.org/gateway/dashboard/?topic=4&subTopic=54>. Acesso em: out. 2018.

a) Em 2017, qual país liderou o *ranking* de instalação de usinas de energia solar?

b) Quais conclusões podemos tirar ao analisar a capacidade de instalação de usinas de energia solar da Europa entre 2010 e 2017?

c) Registre suas conclusões referentes à comparação entre os Estados Unidos e a China no período retratado no gráfico.

CAPÍTULO 6
Redes de transporte e comunicação mundial

Transportes no mundo

Ao longo da história das sociedades, várias foram as formas de **transporte** de pessoas e mercadorias entre os diferentes lugares. Os meios e os sistemas de transporte são fundamentais para o desenvolvimento da economia, contribuindo para a integração dos espaços geográficos. Na atualidade, o transporte de mercadorias e pessoas é bastante diversificado (terrestre, aéreo, aquático, dutoviário), formando uma rede complexa que potencializa os contatos e as trocas comerciais mundiais.

Transporte aquático

O **transporte aquático** pode ser realizado nos rios (**fluvial**) e nos mares e oceanos (**marítimo**). Desde a Antiguidade é utilizado para o deslocamento de pessoas e mercadorias.

O desenvolvimento de grandes embarcações propiciou o deslocamento de um maior número de pessoas e mercadorias ao redor do mundo, contribuindo, ainda, para a conquista de territórios em todo o mundo. São exemplo disso as Grandes Navegações dos séculos XV e XVI, que possibilitaram aos reinos de Portugal e Espanha estabelecer colônias no além-mar. No século XIX, esse meio de transporte foi responsável pelo deslocamento de milhões de pessoas entre os continentes.

Vista aérea de rebocador transportando balsa ao longo do Rio Paraguai. Assunção, Paraguai, 2018.

O transporte aquático foi sendo aperfeiçoado ao longo dos séculos XIX e XX, com destaque para o transporte fluvial nos grandes rios do mundo, como Amazonas, Mississipi, Yangtse, Reno e Nilo. Em alguns casos, os rios promovem a integração de vários países. Apontam-se como vantagens do transporte fluvial a possibilidade de deslocamento de grandes quantidades de carga, reduzido custo de operação em relação a outros meios de transporte e impacto ambiental menor, já que é menos poluente.

O transporte marítimo foi o principal meio de deslocamento das pessoas entre os continentes no século XIX, perdendo essa liderança para o transporte aéreo no século XX. Entretanto, o transporte marítimo é de fundamental importância para o transporte de cargas pesadas nos dias atuais.

Além das vantagens já mencionadas no caso dos rios, esse tipo de transporte oferece maior segurança para os tripulantes. A desvantagem é a velocidade reduzida de deslocamento nos mares e oceanos, resultando em demora na entrega das mercadorias e aumento da possibilidade de deterioração de alguns produtos. Ademais, o tempo de descarga é maior, já que a quantidade de mercadorias para ser inspecionada nos portos é elevada.

O transporte marítimo também resulta em alguns impactos ambientais, já que gera diversos resíduos (cargas, lubrificantes, combustíveis etc.) em quantidade proporcional ao volume transportado. Um exemplo desse tipo de impacto foi o derramamento de petróleo ocorrido em 1989, no Golfo do Alasca, quando o superpetroleiro Exxon Valdez se chocou com um bloco de gelo e derramou mais de 35 mil toneladas de petróleo, causando um dos maiores desastres ecológicos de que se tem notícia.

Pessoas trabalham na limpeza da mancha de óleo em praia do Alasca, após vazamento de petróleo. Alasca, Estados Unidos, 1989.

Atualmente, o transporte marítimo internacional é responsável por 2% de toda a emissão de gases causadores do efeito estufa no mundo. Um acordo firmado na sede da Organização Marítima Internacional (IMO), em 2018, abre novas perspectivas para um futuro mais limpo. Os mais de 170 países-membros da organização assinaram um documento que prevê a redução de 50%, em relação aos níveis de 2008, das emissões de poluentes do setor marítimo até 2050. Se colocada em prática, a medida permitirá que em pouco mais de dez anos os navios que atuam no transporte marítimo de cargas e de passageiros sejam movidos por combustíveis alternativos.

Transporte ferroviário

O desenvolvimento do **transporte ferroviário** esteve ligado à Primeira Revolução Industrial. As ferrovias foram de suma importância para o desenvolvimento econômico de países como Inglaterra, Estados Unidos, França e Japão, entre outros.

Durante todo o século XIX e boa parte do século XX, a construção de ferrovias possibilitou ampliar o transporte de passageiros e de cargas, organizando e reorganizando o espaço geográfico dos países e continentes.

Mapa histórico ferroviário do Canadá. Canadian Pacific Railway e linhas de conexão, cerca de 1912.

Foi por meio dos trilhos que, na África e na América Latina, por exemplo, ocorreu a interligação de áreas interioranas com os portos, para que os produtos primários fossem direcionados aos principais países capitalistas. Um exemplo foi o deslocamento do café brasileiro do interior de São Paulo para o Porto de Santos – e de lá para diversos lugares do mundo.

Construção de uma ferrovia em Zanzibar, Tanzânia, 1910.

Tanto os Estados Unidos quanto a Europa têm uma excelente estrutura ferroviária, utilizada tanto para o transporte de mercadorias como de passageiros. Ressalte-se que o processo de expansão para o Oeste nos Estados Unidos, no século XIX, foi propiciado pela implantação de diversas linhas férreas. No início do século XX, o país contava com aproximadamente 200 mil km de estradas de ferro.

Na década de 1960 começaram a circular no Japão trens de alta velocidade, desenvolvidos para atender à demanda de transporte de pessoas entre cidades densamente povoadas e congestionadas, como Tóquio e Osaka. De lá para cá, países da Europa e os Estados Unidos investiram na implantação desses trens para servir de alternativa ao transporte aéreo.

Trem de alta velocidade. Varreddes, França, 2018.

Na Ásia, China, Coreia do Sul e Taiwan têm investido na implantação dos trens de alta velocidade desde o início deste século. A China tem uma malha ferroviária de alta velocidade com 22 mil quilômetros, que deve ser ampliada para 30 mil quilômetros nos próximos anos, para além de suas fronteiras.

Observe no mapa a seguir.

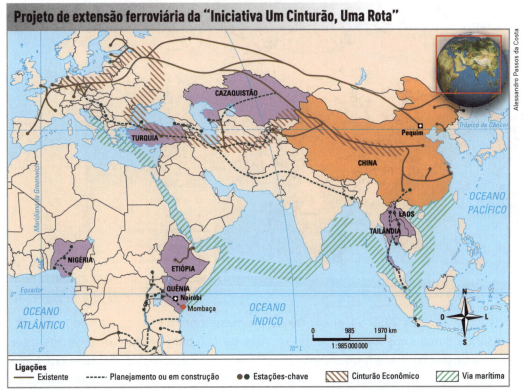

Fonte: Elaborado com base em: As megamáquinas com as quais a China está ligando o mundo, 29 jul. 2018. *BBC*. Disponível em: <www.bbc.com/portuguese/internacional-44924348>. Acesso em: nov. 2018.

Transporte rodoviário

O **transporte rodoviário** é o mais utilizado em todo o mundo para transporte de cargas e de pessoas a médias distâncias. Esse tipo de transporte é responsável por grande parte das mercadorias deslocadas em muitos países, com destaque para os Estados Unidos.

Apesar da boa infraestrutura, estudos feitos em 2016 revelaram que há necessidade de mais investimento no setor rodoviário estadunidense, com reformas de pontes e viadutos que correm o risco de desabar. Além disso, há rodovias defasadas, pois foram projetadas na década de 1950, quando a população e o movimento eram bem inferiores aos atuais. O resultado dessa defasagem, que exige obras de alargamentos das rodovias ou construção de novas rotas, são os constantes atrasos na circulação de pessoas e produtos.

Rodovias em Los Angeles, Estados Unidos, 2016.

Na Europa, o uso do transporte rodoviário também é intenso, principalmente para o transporte de cargas. Assim, desde a década de 1990 são desenvolvidos estudos para reduzir a dependência desse transporte. No início do século XXI, os países da União Europeia (UE) firmaram um acordo para evitar o aumento do transporte de cargas em rodovias, com priorização do uso do transporte ferroviário.

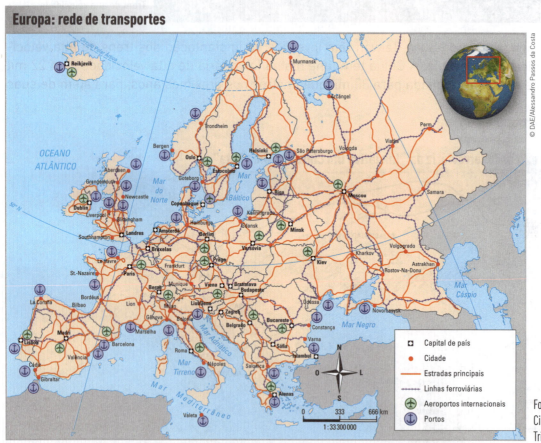

Fonte: *Atlas mundial*. Cidade do México: Trilhas, 2009. p. 131.

Há uma previsão de que até 2050 o transporte de produtos por rodovias seja reduzido em 50%. Para tanto, nos últimos cinco anos foram investidos mais de 100 bilhões de euros; vários governos da UE empenham-se desde 2011 em mudar para as ferrovias 30% da carga que passa por rodovias.

Contudo, há muito ainda o que fazer, pois para cada tonelada de produto transportado por trem transportam-se três toneladas pelas rodovias, apesar do aumento do percentual de participação das ferrovias no transporte de cargas.

Transporte aéreo

O **transporte aéreo** é, na atualidade, o meio mais rápido para levar passageiros e pequenas cargas por longas distâncias.

Após a Segunda Guerra Mundial houve forte dinamização do transporte aéreo (aviões e helicópteros), devido à intensificação das trocas comerciais entre os países e ao aumento do turismo no mundo. Nesse sentido, a indústria aeronáutica tem investido no desenvolvimento de modelos de aviões que possam transportar mais pessoas em menos tempo.

Segundo a Confederação Nacional dos Transportes (2017), 1,08 milhão de voos foram realizados por empresas brasileiras e estrangeiras em 2015, registrando alta de 81% no mercado doméstico e de 75,2% no internacional em relação a 2004. Observe os dados a seguir, do mundo e do Brasil.

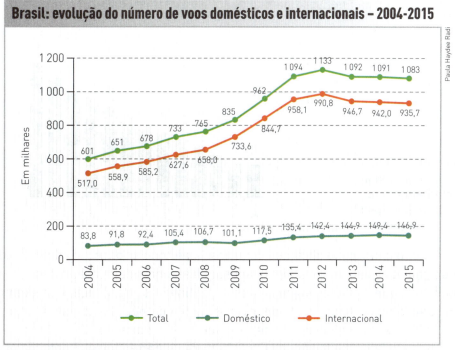

Fonte: Confederação Nacional dos Transportes. *Anuário CNT do Transporte 2017*. Disponível em: <http://anuariodotransporte.cnt.org.br/2017/Aeroviario/4-6-/Transporte-de-cargas>. Acesso em: nov. 2018.

À medida que esse modal foi se desenvolvendo e se estruturando, tornou-se possível fazer viagens mais longas sem a necessidade de escalas e conexões. Em 2018 foi lançado o voo comercial direto mais longo de toda a história, entre Cingapura e Estados Unidos: 16 700 km percorridos em 19 horas.

Com o crescimento da demanda por esse tipo de transporte, surgiram alguns problemas: por exemplo, constantes atrasos e/ou cancelamentos de voos, extravios de bagagens, déficits da infraestrutura aeroportuária em alguns países, sobrecarga de trabalho para os diferentes profissionais que atuam no setor, além da poluição atmosférica aumentada com a queima de combustível por milhares de aeronaves voando ao mesmo tempo em todo o mundo.

O transporte aéreo, caracterizado como o mais rápido entre todos os demais, configura-se como o transporte símbolo da globalização por encurtar distâncias, deslocando pessoas e mercadorias em tempos cada vez menores. Assim como os demais, também tem gerado uma gama enorme de empregos diretos e indiretos, movimentando capital e investimentos por todo o mundo.

Por fim, além desses tipos de transporte estudados no capítulo, podemos citar o dutoviário, que é o transporte de mercadorias realizado por dutos (gases, óleos, minérios, produtos químicos), que podem ser subterrâneos, na superfície, aéreos e submarinos.

Os sistemas de comunicação: a internet e o telefone

Na atualidade, uma das mais importantes formas de troca de informação é a rede mundial de computadores, a **internet**, que foi criada na década de 1960, nos Estados Unidos, no contexto da Guerra Fria. Inicialmente, a rede, que recebeu o nome de Arpanet, deveria ser usada para interligar laboratórios de pesquisa. Durante um longo período, a internet esteve restrita aos ambientes acadêmico e científico-militar; sua "popularização" somente ocorreu na década de 1990, quando várias empresas provedoras surgiram nos Estados Unidos. Estima-se que atualmente mais de 3,5 bilhões de pessoas acessem a internet em todo o mundo. O gráfico abaixo mostra a evolução do número de usuários em todo o mundo entre 2005 e 2017.

Glossário

Banda larga: conexão da internet que possibilita ao usuário navegar em alta velocidade.

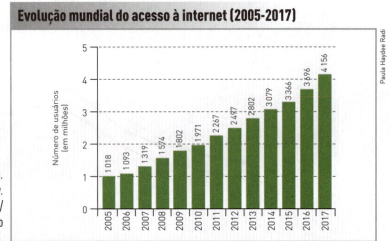

Fonte: Internet World Stats. Disponível em: <www.internetworldstats.com/emarketing.htm>. Acesso em: out. 2016.

Ao analisarmos o gráfico, verificamos que nesse período triplicou o número de pessoas que acessam a rede mundial de computadores. Apesar desse grande acréscimo no número de usuários, o acesso é bastante desigual entre países e continentes. Na África, por exemplo, em países como Guiné-Bissau, Etiópia, Níger e Chade, menos de 5% da população tem acesso à internet. Em contrapartida, 99,9% das residências dos países que fazem parte da União Europeia (e alguns do entorno, como Noruega, Suíça e Islândia) têm cobertura de **banda larga**. Entre os países com maior disponibilidade e qualidade de acesso, preços atrativos e relevante conteúdo local na rede mundial de computadores, destacam-se Suécia e Cingapura, seguidos por Estados Unidos, Inglaterra e Japão.

A comunicação por internet entre os países é possível graças a uma rede de cabos submarinos de fibra óptica distribuídos pelo globo, conhecidos como infovias. Essas infovias ligam os seis continentes, por meio de milhões de quilômetros de fibra óptica, com capacidade de transmitir até 7 terabytes de dados por segundo. Dessa forma, a transmissão de dados via satélite, que é bastante lenta e pouco utilizada, fica como uma alternativa de uso, caso ocorra alguma pane nas redes submarinas.

O **telefone** foi um importante invento que contribuiu para dinamizar as relações sociais no contexto da Segunda Revolução Industrial, a partir de 1850. Até hoje, o sistema de telefonia passou por várias mudanças, com destaque para a invenção do telefone móvel, na década de 1970, que vem sendo aperfeiçoado rapidamente, e a articulação entre telefone e internet por meio de tecnologias 3G e 4G.

Em 2017, aproximadamente 5 bilhões de pessoas tinham um telefone celular no mundo, com destaque para a China, onde mais de 1 bilhão de pessoas tinham *smartphones*. A China é seguida pela Índia, onde cerca de 730 milhões de pessoas têm telefone móvel. Em termos regionais, a Europa liderava o mercado de telefones celulares, pois 86% da população tinha um dispositivo móvel; na América Anglo-Saxônica esse índice chegava a 80% da população. A América Latina ocupava a quarta posição, atrás da Comunidade dos Estados Independentes (CEI), com 71% da população com telefones celulares naquele ano.

1. Explique a importância do transporte fluvial para muitos países do mundo.

2. O transporte marítimo foi o principal meio de deslocamento de pessoas entre os continentes no século XIX e ainda hoje é muito importante para o fluxo de mercadorias. Mencione uma vantagem e uma desvantagem do uso desse tipo de transporte nos dias atuais.

3. Quais são as vantagens do transporte aéreo? Quais problemas estão relacionados a esse tipo de transporte na atualidade?

4. Em qual contexto geopolítico surgiu a internet? Qual era sua principal finalidade?

5. Apesar da grande expansão da rede mundial de computadores, ainda existem vários espaços geográficos sem conexão ou com a conexão precária. O mapa a seguir mostra o percentual de pessoas com acesso à internet no mundo em 2016.

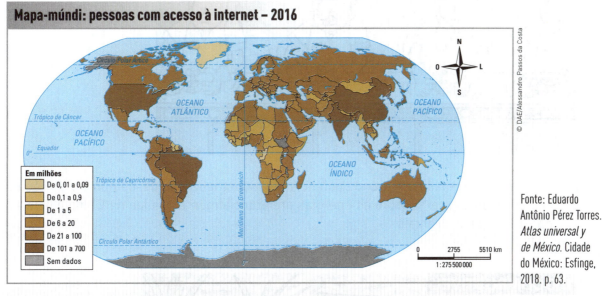

Fonte: Eduardo Antônio Pérez Torres. *Atlas universal y de México*. Cidade do México: Esfinge, 2018. p. 63.

a) Cite dois países onde o acesso à internet é maior, considerando as informações da legenda.
b) Com base no mapa, descreva as características de acesso à internet na América Latina.
c) Quais continentes têm os piores percentuais de acesso à internet?

6. Leia a notícia a seguir e depois faça o que se pede.

> O Parlamento francês aprovou definitivamente a proibição de telefones celulares em escolas públicas. [...]
> A medida [...] proíbe o uso de qualquer objeto conectado, como celulares, tablets e relógios, em écoles e collèges (crianças de 6 a 14 ou 15 anos).
> Haverá exceções "para uso pedagógico", que serão apreciadas por cada instituição em seu regulamento interno, ou para crianças e adolescentes com deficiência. As atividades de ensino fora da sala de aula, como esporte, também serão afetadas. [...]

França proíbe celulares nas escolas públicas. *Folha de S.Paulo*, 31 jul. 2018. Disponível em: <www1.folha.uol.com.br/mundo/2018/07/franca-proibe-celulares-nas-escolas-publicas.shtml>. Acesso em: nov. 2018.

Converse com os colegas e o professor sobre o conteúdo da notícia. Reflita sobre as vantagens do uso de celulares e aparelhos similares, como os *tablets*, para fins de aprendizagem e também as desvantagens ou problemas que o uso inadequado desses equipamentos pode causar em um ambiente escolar saudável. Registre suas conclusões.

Retomar

1. Cite as principais energias utilizadas nas diferentes fases da Revolução Industrial.

2. Observe esta charge e identifique uma característica do processo industrial a que ela se refere.

3. A China tem apresentado um grande potencial de industrialização desde o início do século XXI. Elabore um pequeno texto sobre as energias preferencialmente usadas na China e liste alguns de seus impactos ambientais.

4. Analise esta charge:

- Elabore um pequeno texto sobre a crítica feita na charge.

5 Analise o gráfico a seguir e responda às questões.

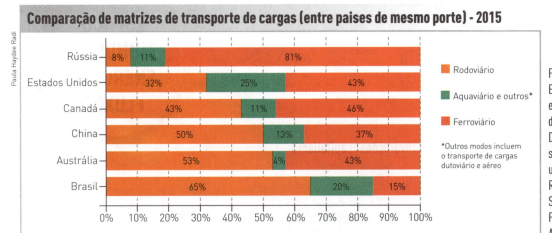

a) O que explica o uso tão intenso das ferrovias para o transporte de cargas na Rússia?

b) Quais conclusões podemos tirar ao compararmos os modais de transporte de carga entre o Brasil e países como Estados Unidos, Canadá e Austrália?

c) Qual país explora melhor o modal aquaviário para transportar cargas?

6 Quais foram as grandes mudanças ocorridas no uso da internet entre 2005 e 2017?

7 O acesso à internet de banda larga alterou de forma significativa o modo como nos comunicamos, fazemos negócios e nos divertimos. O trecho da notícia a seguir trata de outras maneiras como a banda larga mudou o mundo.

[...] **Crimes virtuais**
Infelizmente, a Internet em alta velocidade propiciou um aumento no número de fraudes *online* e roubos de identidade. Mais e mais detalhes pessoais são compartilhados na rede a cada dia, fazendo da *web* um lugar tentador para criminosos. [...]

A nova política
[...] Blogs políticos ou alimentados por civis podem influenciar os noticiários e a própria sociedade, atingindo uma audiência nunca antes imaginada. O resultado de tudo isso é que, assim como a Internet se torna mais rápida, o mesmo acontece com os cenários políticos. [...]

Computação em nuvem
A computação "em nuvem" (*cloud computing*) – sistema pela qual a informação é armazenada em servidores compartilhados e interligados na Internet, ao invés das formas tradicionais de armazenamento de dados – é inconcebível sem a banda larga. Com o desenvolvimento da tecnologia, se torna cada vez mais desnecessário o armazenamento de arquivos e programas em nossos computadores pessoais. [...]

Nayara Brante. 10 exemplos de como a banda larga mudou o mundo. *Hypescience*, 7 fev. 2011. Disponível em: <https://hypescience.com/10-exemplos-de-como-a-banda-larga-mudou-o-mundo/>. Acesso em: nov. 2018.

Considerando esse contexto responda às questões.

a) O que se entende por internet de cobertura banda larga?

b) Segundo o texto, que problemas podem ocorrer com o uso indevido da internet?

c) De acordo com o texto, como a internet banda larga facilita e agiliza o fluxo de informações?

Visualização

A seguir, apresentamos um mapa conceitual do tema estudado nesta unidade. Trata-se de uma representação gráfica que organiza o conteúdo, composto de uma estrutura que relaciona os principais conceitos e as palavras-chave. Essa ferramenta serve como resumo e instrumento de compreensão dos textos, além de possibilitar consultas futuras.

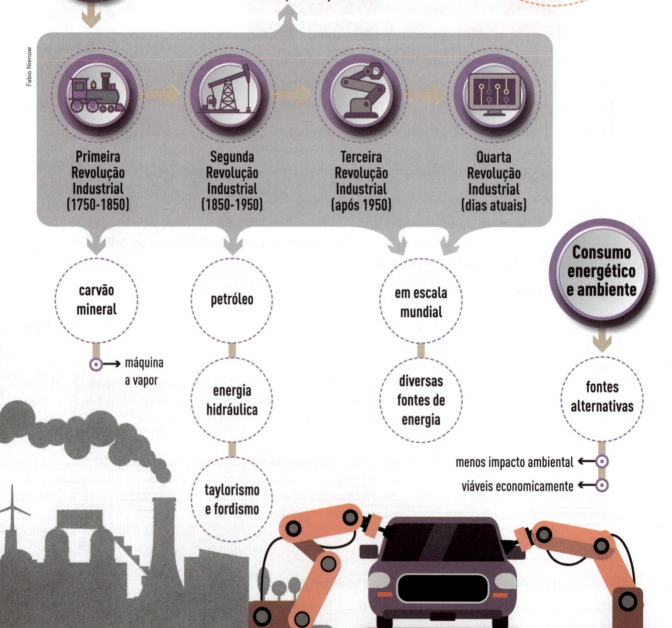

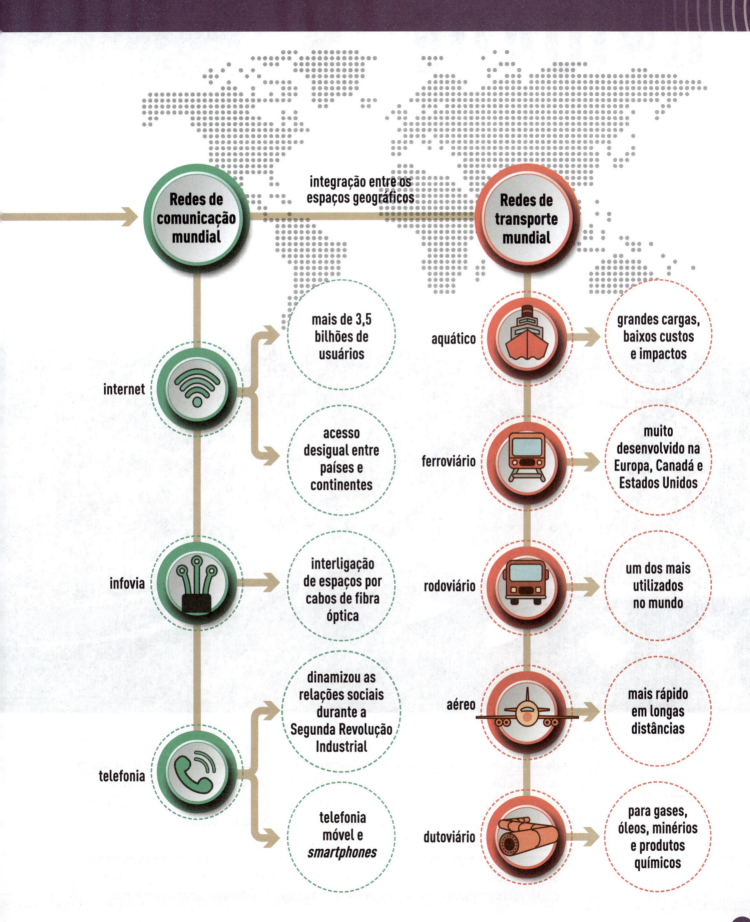

UNIDADE 3

Vista aérea do Rio Danúbio. Regensburg, Alemanha, 2018.

Antever

Dois terços da população mundial vivem distribuídos pelo território da grande massa de terra que abarca os continentes europeu e asiático. A complexidade e a diversidade social, política e econômica que existem entre esses dois continentes requerem que os estudemos separadamente; no entanto, em relação ao meio natural, haja vista a Europa ser fisicamente ligada à Ásia, elas serão estudadas em conjunto.

Conhecer os aspectos naturais dos lugares é importante para compreender como os espaços foram organizados: as regiões onde há maior concentração de pessoas, os tipos de produção agrícola e industrial, a disponibilidade de recursos naturais, as áreas de preservação ambiental, os usos dos solos e das águas, entre outras características.

Europa e Ásia: aspectos naturais

Vista da cidade de Murmansk, Rússia, 2018.

1. Nas imagens podemos identificar o aproveitamento econômico dos rios em ambos os continentes. Descreva o que você observa.

2. Em virtude da localização geográfica dos continentes europeu e asiático, o que diferencia muitos dos rios em relação aos do território brasileiro?

CAPÍTULO 7
Estrutura geológica e relevo

A superfície terrestre

Como você sabe, a superfície terrestre é constituída por diferentes formas de relevo; planícies, planaltos e montanhas estão entre as predominantes. O relevo terrestre está em constante transformação devido à atuação de forças ou agentes endógenos (provenientes do interior da crosta terrestre) e agentes exógenos (ventos, chuvas etc.).

No relevo terrestre há um arranjo de rochas cujo tipo varia de acordo com a origem e o processo de formação. A essa base rochosa do terreno chamamos de **estrutura geológica**.

O relevo terrestre tem embasamento rochoso sob três estruturas geológicas: os escudos cristalinos, os dobramentos modernos e as bacias sedimentares.

Os **escudos cristalinos** foram formados na mais antiga das eras geológicas, a Pré-Cambriana, e constituem as estruturas mais antigas do relevo. Geralmente, são ricos em minerais metálicos, como ferro e ouro, e não metálicos, como o quartzo e a ardósia.

As **bacias sedimentares** foram formadas pelo transporte e deposição de sedimentos ao longo de milhões de anos. Nas bacias sedimentares, a deposição e o soterramento de materiais orgânicos (restos de animais e vegetais etc.) em condições específicas de pressão e temperatura originam os combustíveis fósseis: petróleo, carvão mineral e gás natural. As primeiras bacias sedimentares foram formadas na Era Paleozoica.

Os **dobramentos modernos** são as estruturas do relevo de mais recente formação, da Era Cenozoica. Foram formados pela ação do tectonismo, encontro e choque entre placas tectônicas. Por serem as estruturas mais recentes e menos desgastadas, constituem as montanhas de maior altitude.

Vista dos Montes Urais, exemplo de escudos cristalinos. Cheliabinsk, Rússia, 2016.

Montanhas de Rila. O relevo alpino de Rila foi formado na Era Cenozoica. Bulgária, 2016.

Retomados esses conceitos, estudaremos a estrutura geológica e as formas do relevo existentes nos terrenos da Europa e da Ásia. Do ponto de vista físico, a Europa é uma **península** da Ásia, por isso, juntas, são chamados de **Eurásia**; contudo, o processo de formação histórica, social e cultural originou continentes diferentes.

Glossário

Península: é uma extensão territorial cercada por água, com exceção da parte ligada ao continente, que é chamada de istmo.

 ## De olho no legado

Qual é a única cidade localizada em dois continentes?

É Istambul, na Turquia. A cidade, que tem cerca de 12 milhões de habitantes na região metropolitana, é dividida em duas pelo Estreito de Bósforo, que também é um dos marcos divisores dos continentes europeu e asiático. Isso faz com que a parte oeste da cidade fique na Europa e a parte leste, na Ásia. Por causa dessa divisão, a Turquia é considerada uma nação transcontinental, assim como a Rússia (que pertence à Ásia e à Europa) e o Egito (Ásia e África), entre outros países. Hoje, a maioria da população de Istambul mora na parte asiática e vai para a parte europeia para trabalhar. A cidade é resultado de uma longa história que começou com Bizâncio (fundada em 657 a.C.), no lado europeu, e com a Calcedônia, no lado asiático. As duas cidades só se juntaram no século XV, quando foram conquistadas pelos turcos otomanos. O local só foi oficialmente renomeado como Istambul em 1930.

Victor Bianchin. Qual a única cidade localizada em dois continentes? *Superinteressante*, 4 jul. 2018. Disponível em: <https://super.abril.com.br/mundo-estranho/qual-a-unica-cidade-localizada-em-dois-continentes/>. Acesso em: out. 2018.

Istambul, capital da Turquia, 2018.

① Istambul é dividida entre quais continentes?

② Em qual período histórico os lados europeu e asiático de Istambul foram unificados?

③ Pesquise outros territórios que, além da Turquia, também são consideradas transcontinentais.

Estrutura geológica da Eurásia

A maior parte da estrutura geológica da **Europa** é constituída de bacias sedimentares, nas quais se formaram áreas de planícies. Isso significa que houve processos de desgaste, transporte e deposição de sedimentos ao longo de milhões de anos no continente.

As estruturas geológicas mais recentes, os dobramentos modernos, correspondem ao conjunto de cadeias de montanhas que estão localizadas no extremo sul do continente – como os Alpes, os Cárpatos, os Apeninos e os Balcãs – na região de contato entre as placas tectônicas Euroasiática e Africana.

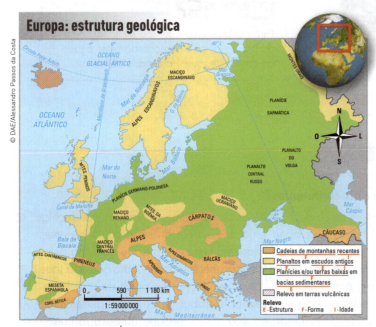

Os escudos cristalinos, formados no Pré-Cambriano, são as estruturas geológicas mais antigas do relevo, nas quais se formaram os Montes Urais e os Alpes Escandinavos.

No mapa ao lado pode ser observada a disposição dessas estruturas geológicas no continente europeu.

Na **Ásia** os terrenos também são embasados nos três tipos de composição rochosa da superfície terrestre. Na Rússia asiática encontra-se a Planície da Sibéria, formada em bacias sedimentares, e o Planalto Central da Sibéria, sobre escudos cristalinos.

No Oriente Médio, os escudos cristalinos embasam o Planalto de Najd, e a porção leste da região corresponde a bacias sedimentares.

No centro-sul da Índia localiza-se o Planalto do Decã (sobre escudos cristalinos). A planície do Ganges estende-se sobre bacias sedimentares; ao norte, a Cordilheira do Himalaia corresponde aos dobramentos modernos.

Nos extremos sudeste e leste da Ásia, na porção insular do continente, países como Indonésia, Malásia, Filipinas e Japão estão localizados em regiões de dobramentos modernos. No continente, os dobramentos modernos compreendem grande extensão territorial, que se inicia na Turquia asiática e chega à China.

No mapa ao lado observe a disposição dessa estrutura geológica no continente asiático.

Fonte: Vera Caldini e Leda Ísola. *Atlas geográfico Saraiva*. 4. ed. São Paulo: Saraiva, 2013. p. 133.

Principais formas de relevo da Eurásia

Cerca de dois terços do **continente europeu** é formado por planícies com altitudes inferiores a 200 m. Entre elas, as mais extensas são a Germano-Polonesa e a Russa (também chamada de Sarmática), o que pode ser constatado no mapa da página anterior.

Nas porções sul e sudeste do continente localizam-se as áreas com maiores altitudes, sujeitas à instabilidade tectônica, com a possibilidade de ocorrência de terremotos e erupções de vários vulcões ainda em atividade, como o Etna, na Sicília, ilha italiana localizada no Mar Mediterrâneo.

A atividade vulcânica também é intensa na Islândia, ilha localizada ao norte do continente. Além dos vulcões, existem nesse país cerca de 800 fontes de água quente, com temperatura entre 75 °C e 100 °C, que jorram água periodicamente de norte a sul da ilha. Denominadas gêiseres, essas fontes são utilizadas para a geração de energia. Os islandeses aproveitam o calor dos gêiseres para o aquecimento doméstico e de estufas. Graças ao calor, conseguem cultivar em estufas diversos produtos agrícolas, o que seria inviável num clima com baixas temperaturas, que torna 60% de suas terras improdutivas.

O relevo do norte e da parte central do continente europeu foi bastante desgastado por agentes erosivos. No norte predominam formações geológicas mais antigas, constituindo os Alpes Escandinavos – localizados na Península Escandinava –, que se estendem no sentido norte-sul.

Na Europa também encontramos depressões absolutas, ou seja, terras abaixo do nível do mar, como as áreas encontradas junto ao Mar Cáspio (entre a Europa e a Ásia) e na Holanda, onde correspondem a 50% do território. Lá foi desenvolvido um projeto para o aproveitamento dessas depressões: sistemas de drenagem constituídos por diques evitam inundações e tornam as terras aproveitáveis. Denominado pôlder, esse terreno recuperado propicia a ampliação do território e possibilita a atividade agropecuária.

Entre outros fatores, nas regiões com elevadas cadeias montanhosas ao sul e ao norte, estão as menores densidades demográficas do continente.

Monte Branco, pico mais elevado dos Alpes. Vale Thorens, França, 2017.

Erupção do vulcão Etna. Sicília, Itália, 2017.

Monte Everest visto do Parque Nacional Sagarmatha. Nepal, 2018.

O **continente asiático** é o mais extenso do mundo. Em função disso, vamos estudá-lo em regiões: Oriente Médio, Sul da Ásia, Sudeste Asiático, Leste Asiático e Ásia Setentrional e Central.

No Oriente Médio predominam planaltos com altitudes superiores a 600 m. Destacam-se pela altitude o Planalto do Irã, os Montes Zagros e a Cordilheira Indocuche (ou Hindu Kush). Nessa região também se destaca a Planície da Mesopotâmia, situada entre os rios Tigre e Eufrates, onde prevalece o processo de sedimentação.

Na região sul da Ásia, em países como Paquistão, Índia, Nepal, Bangladesh e Myanmar, encontra-se a Cordilheira do Himalaia; já no sul da Índia, o Planalto do Decã, e nas proximidades do Rio Ganges, a Planície do Ganges. A Cordilheira do Himalaia é a mais alta cadeia montanhosa do planeta, sendo frequentemente denominada de "teto do mundo". Nela estão as três montanhas mais altas da superfície terrestre: o Monte Everest (8 848 m), o K2 (8 611 m) e o Kanchenjunga (8 586 m).

No Sudeste da Ásia, diferentemente das formações de relevo de outras regiões do continente, predominam áreas com baixas altitudes.

No Extremo Oriente ou Leste Asiático, o relevo apresenta grande diversidade. A cadeia de montanhas do Himalaia ocupa o sudoeste chinês; e as áreas drenadas pelos rios Huang-He, Yangtse e Hong Shui constituem planícies. No Japão, predominam relevos montanhosos, onde se destaca o Monte Fuji, com 3 776 metros de altitude.

Na porção norte e na central, predomina a Planície da Sibéria.

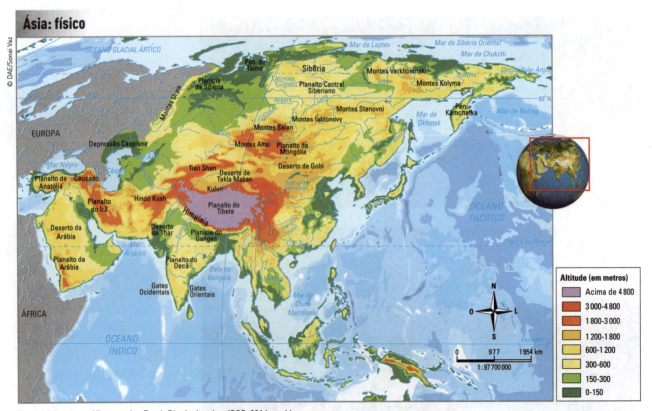

Fonte: *Atlas geográfico escolar*. 7. ed. Rio de Janeiro: IBGE, 2016. p. 46.

Conviver

Leia o texto e faça o que se pede.

O Himalaia está mudando... para pior

Os habitantes de Jhirpu Phulpingkatt, aldeia localizada ao pé do Himalaia, a cerca de 110 quilômetros da capital Katmandu, estão em alerta vermelho. Enquanto os impactos da mudança climática maltratam as montanhas que se erguem sobre eles, estes aldeões das ribeiras do rio Bhote Koshi vivem com medo ao som das mensagens de texto, que podem trazer avisos para evacuação.

Seu medo tem fundamento. Uma pesquisa feita por especialistas da Universidade de Milão, na Itália, mostra que a neve do Monte Everest, na Cordilheira do Himalaia, diminuiu 180 metros nos últimos 50 anos, enquanto as geleiras perderam 13% de seu tamanho.

A Cordilheira do Himalaia vem sofrendo com o derretimento de seus picos nevados. Manali, Índia, 2018.

Na última semana de maio, todos os olhares se centraram no Everest, que, com 8 848 [metros] de altitude, é a montanha mais alta do mundo, na fronteira entre China e Nepal. Isso porque no dia 30 completaram-se 60 anos da primeira vez que foi escalado. E esta ocasião foi motivo de celebração e também de pânico, quando foi possível ver que, debaixo das camadas geladas que se desfaziam, surgiam rochas, chamando a atenção diante das rápidas mudanças que afetam esta majestosa cadeia montanhosa.

Sudeep Thakuri, que liderou a equipe de pesquisadores, disse à IPS que, provavelmente, o derretimento contínuo e cada vez maior se deve ao aumento das temperaturas, que este ano estão 0,6 grau mais altas do que nos anos anteriores. Juntos, os dois fenômenos levaram à proliferação de enormes lagos de glaciais – gelo derretido e contido por diques naturais de pedra, lama e escombros – que podem ser sinônimo de desastre para quem vive nas partes rochosas abaixo.

[...]

"Se o aquecimento global continuar, tal como se prevê, é provável que haja aceleração da redução da espessura das geleiras", disse à IPS Pradeep Mool, coordenador de programa no Centro Internacional para o Desenvolvimento Integrado de Regiões Montanhosas (Icimod), em Katmandu. "O perigo que representam as inundações derivadas de transbordamento de lagos glaciais aumentará", advertiu.

[...]

Ana Maria. O Himalaia está mudando... para pior. Envolverde – Jornalismo e Sustentabilidade, 5 maio 2013. Disponível em: <http://envolverde.cartacapital.com.br/o-himalaia-esta-mudando-para-pior/>. Acesso em: out. 2018.

1. Com a turma, levante os pontos principais apresentados no texto.

2. Pesquise quais são as principais causas das mudanças climáticas globais segundo os pesquisadores.

3. Faça um cartaz para expor a situação do Himalaia e os prejuízos ambientais e sociais causadas pelas mudanças climáticas na região. Pesquise reportagens e imagens sobre o degelo das montanhas, a frequência das avalanches, as consequentes enchentes e transbordamentos dos rios na região e o prejuízo da população, que depende do turismo de aventura.

Atividades

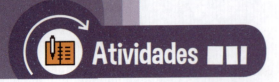

1. Observe a figura-esquema abaixo e depois faça o que se pede.

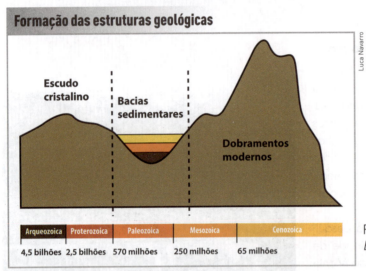

Formação das estruturas geológicas

a) Qual escala de tempo foi utilizada para indicar a formação das estruturas geológicas?

b) Descreva, em linhas gerais, as principais características de cada uma das estruturas geológicas da superfície terrestre. Cite um exemplo de cada uma delas nos continentes europeu e asiático.

Fonte: Por dentro do globo. *Guia do estudante: vestibular e Enem 2018 – Geografia.* v. 10. São Paulo: Abril, 2017. p. 27.

2. Observe o mapa físico da Europa e identifique:

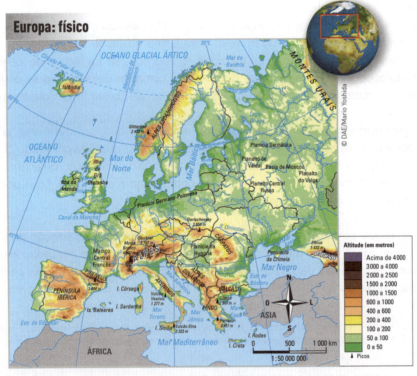

Fonte: *Atlas geográfico escolar.* 7. ed. Rio de Janeiro: IBGE, 2016. p. 42.

a) a cadeia de montanha que separa a Espanha da França;
b) a formação montanhosa no sudeste da Europa, próximo ao Mar Cáspio;
c) as principais planícies do continente.

3. Observe o mapa físico da Ásia, na página 80, e responda.

a) Qual é a maior planície do continente asiático?
b) Onde se verificam as maiores altitudes do continente?

CAPÍTULO 8 — Hidrografia

Os recursos hídricos europeus e asiáticos

Europa e Ásia possuem grandes rios que drenam seus territórios. Além de servirem ao abastecimento, os rios são fundamentais para o desenvolvimento da agricultura, a geração de energia e o transporte. Os rios asiáticos estão entre os maiores do mundo e são historicamente reconhecidos pela concentração populacional em suas margens. Na Europa, embora, em geral de menores extensões, os rios estão bem distribuídos pelo continente e se interligam por vários canais. Na imagem a seguir, observe uma paisagem europeia na qual podemos reconhecer a importância do Rio Sena para Paris, na França.

Paisagem urbana de Paris com vista do Rio Sena. Paris, França, 2018.

Além dos rios, na Ásia e na Europa se formaram numerosas regiões lacustres. Na Europa, destacam-se os lagos da Finlândia, na qual 7% do território é ocupado por aproximadamente 180 mil lagos, e, na Planície Russa, os lagos Ladoga e Onega. O Mar Cáspio, que separa o sudeste da Europa da Ásia, é o maior lago do mundo, com cerca de 371 000 km². Na Ásia, o Mar de Aral, que já foi o quarto maior lago do mundo, encontra-se atualmente intensamente reduzido e poluído, em função da retirada de águas para irrigação dos rios que o abastecem.

Rios europeus e asiáticos

Pelas planícies e planaltos europeus escoam rios que podem ser utilizados para a navegação, como o Volga, que atravessa o território da Rússia e é o mais extenso rio europeu, com cerca de 3 690 km.

Além do Volga, destacam-se o Rio Danúbio, que banha terras da Alemanha, Áustria, Hungria, Eslováquia, Croácia, Sérvia, Bulgária, Romênia, Moldávia e Ucrânia; o Reno, que nasce nos Alpes e serve de divisa entre a França e a Alemanha; o Sena, que banha Paris e tem sua foz no Canal da Mancha; o Tâmisa, na cidade de Londres; e o Tejo, que atravessa a Península Ibérica (Portugal e Espanha).

Vista panorâmica do Rio Volga. Volgogrado, Rússia, 2017.

Na Ásia destacam-se os rios Tigre e Eufrates, que banham a Planície da Mesopotâmia e deságuam no Golfo Pérsico; o Rio Mekong, no Sudeste Asiático; e os rios Yangtse (Rio Azul) e Huang-he (Rio Amarelo), na China. No sul da Ásia, a Índia se destaca pela presença de importantes rios em seu território, como o Indo, o Ganges e o Bramaputra, que nascem do degelo do Himalaia e banham o norte, o noroeste e o nordeste da região, respectivamente. Esses rios correm pela Planície Indo-Gangética, área na qual se formou uma grande densidade demográfica. As águas desses rios fertilizam o solo após as cheias e são utilizadas para irrigação de cultivos, como fonte de alimentos e via de transporte.

Confluência dos rios Zanskar e Indo. Leh, Índia, 2017.

Peregrinos mergulham no Rio Ganges. Varanasi, Índia, 2018.

A cidade sagrada de Benares, centro da religião e da cultura hinduísta, está sempre repleta de pessoas. Às margens do Ganges há alguns pontos com escadarias que facilitam o acesso da população ao rio.

Viver

Sagrado para os hindus, o Rio Ganges está morrendo

Lixo acumulado nas margens do Rio Ganges. Varanasi, Índia, 2016.

Fonte de abastecimento para 400 milhões de pessoas e adorado por um bilhão de hindus, o Rio Ganges está morrendo, apesar de décadas de esforços do governo para salvá-lo. Conhecido como "Mãe Ganga", o rio nasce cristalino no alto da Cordilheira do Himalaia, mas o despejo de poluentes e o uso descontrolado das águas o transformam numa lama tóxica ao longo de sua jornada por grandes cidades e centros industriais.

Milhares de indianos mergulham e oferecem imagens de deuses diariamente no rio sagrado, na crença de que a tradição irá absolver os seus pecados, e a água ainda é usada para consumo humano e na produção agrícola ao longo dos 2 525 quilômetros de extensão. Um dos adoradores do rio é o sacerdote hindu Lokesh Sharma, de 19 anos. Morador de Devprayag, uma pequena cidade montanhosa onde dois rios convergem para formar o Ganges, ele representa a quarta geração de sua família a comandar orações e entregas de oferendas na margem do rio, que engarrafam um pouco da água e mergulham nas corredeiras.

– Eu nunca pensei em sair daqui – comentou Sharma, em entrevista à Reuters. – Devprayag é um paraíso para mim. Eu me sinto abençoado por ter nascido perto da Mãe Ganga.

Embaixo de pontes na cidade industrial de Kanpur, a cor da água do Ganges é cinza escuro. Despejos industriais e esgoto são jogados nas águas por tubulações abertas, e nuvens de espuma se formam sobre a superfície. Em outro trecho, onde trabalhadores de curtumes transportam tambores cheios de produtos químicos, o rio fica vermelho.

Para tentar reverter este quadro, o governo do primeiro-ministro da Índia, Narendra Modi, prometeu a construção de usinas de tratamento e a remoção dos curtumes para longe, mas o plano de limpeza, orçado em US$ 3 bilhões, está longe de ser posto em prática. A estimativa é que menos de um quarto dos 4,8 bilhões de litros de esgoto despejados diariamente no Ganges seja tratado.

O estado lamentável do Ganges é mais sentido em Varanasi, a mais antiga e sagrada das cidades hindus. Religiosos praticam ioga, peregrinos buscam purificação espiritual e famílias cremam seus parentes mortos na beira do rio, espalhando as cinzas nas águas para que as almas sigam para o paraíso e escapem do ciclo do renascimento.

[...]

Sagrado para os hindus, o Rio Ganges está morrendo. *O Globo*, 14 jul. 2017. Disponível em: <https://oglobo.globo.com/sociedade/sustentabilidade/sagrado-para-os-hindus-rio-ganges-esta-morrendo-21591200>. Acesso em: ago. 2018.

1. Por que o Rio Ganges é adorado pelos hindus?
2. Segundo o texto, quais seriam as causas da morte do Rio Ganges?
3. Quais medidas serão tomadas pelo governo indiano para solucionar o problema?
4. Busque outras informações a respeito do Ganges. Verifique se o governo indiano cumpriu a promessa de resolver o problema da poluição. Anote as informações e discuta-as com os colegas.
5. Na Índia é lamentável o estado do Rio Ganges. No Brasil, embora diferente dessa situação, também temos a necessidade de combate à poluição de muitos rios. Qual a situação dos rios mais próximos à sua moradia? Comente.

Rios e economia

Na Europa, as regiões em torno dos vales dos rios, como os do Reno, do Pó (Itália) e do Ródano (França e Suíça), são áreas densamente povoadas. Essas regiões se destacam pela urbanização, atividade agrícola, industrial e pela mineração. O Reno é considerado o rio mais importante da Europa, pois atravessa a região mais industrializada do continente, como o Vale do Rio Ruhr, onde se encontra a megalópole Reno-Ruhr, que abriga mais de 10 milhões de habitantes, na Alemanha. O Rio Reno nasce na Suíça, serve de divisa entre a França e a Alemanha e deságua no Mar do Norte, na Holanda.

Em algumas regiões o Rio Ródano é utilizado para irrigação agrícola. Vista da ponte Saint-Bénézet. Avignon, França, 2016.

As margens dos lagos, frequentemente férteis, têm sido muito utilizadas para a agricultura. Além dos rios, os lagos com grandes dimensões são importantes vias para o transporte de mercadoria, sendo utilizados também para o fornecimento de água às cidades e para a irrigação dos cultivos.

No continente asiático, na região do Oriente Médio, a atividade agrícola é mais dinâmica na Planície da Mesopotâmia, entre os rios Tigre e Eufrates, região também conhecida como **Crescente Fértil**. Nas margens desses rios e nas áreas próximas, o solo é rico em nutrientes em razão das cheias, quando recebe sedimentos e matéria orgânica. São cultivados frutas, arroz, trigo e cana-de-açúcar por meio da técnica de irrigação. Na região mediterrânea destacam-se culturas comerciais, como a da oliveira (no Líbano e na Síria), a do fumo e do figo (na Turquia) e da tâmara (no Iraque).

Nos locais áridos, predominantes no Oriente Médio, rios como o Tigre e o Eufrates podem ser considerados tão relevantes quanto o petróleo, a grande riqueza natural da região. Por ser muito escassa, a água é um recurso natural bastante valioso para o Oriente Médio. O controle desse recurso já é motivo de tensões na região. Atualmente, Israel, Síria, Jordânia e Palestina, por exemplo, divergem sobre o uso dos aquíferos e rios da Bacia do Rio Jordão. Alguns países do Oriente Médio precisam importar água ou até mesmo dessalinizar a água do mar para atender ao consumo da população, bem como do comércio e da indústria.

Os lagos também são importantes para o fornecimento de água às cidades. Punkaharju, Finlândia, 2018.

No Sudeste Asiático, a agricultura e o extrativismo constituem a base da economia. Os países da região utilizam o plantio chamado de "jardinagem". Esse tipo de cultivo, que necessita de muitos cuidados manuais, é viabilizado pela abundante mão de obra local. Além disso, o predomínio do clima tropical, quente e úmido, as terras baixas e a irrigação proporcionada pelos rios favorecem o cultivo de arroz. Na parte continental, o rio que mais se destaca é o Mekong, que nasce no Himalaia e drena parte da China, Myanmar, Laos, Camboja, Tailândia e Vietnã. Importante via de transporte, suas águas também são utilizados para irrigar campos de arroz. Por essas qualidades, é conhecido como "Potente Mekong".

Agricultores em campos de cultivo de arroz. Lampang, Tailândia, 2018.

Na China, os rios Yangtse e Huang-He são, respectivamente, o quinto e o sexto maiores rios do mundo em extensão. Nascem em regiões de grande altitude e, no período de verão, o degelo das montanhas e as chuvas torrenciais aumentam enormemente sua vazão. A fim de evitar as grandes enchentes, os chineses construíram, já por volta de 2200 a.C., um sistema de diques e canais para conter o excesso de água e possibilitar a ocupação humana nos respectivos vales.

No Leste Asiático, a China é a maior produtora mundial de arroz, cultivado nos vales inundáveis do Rio Huang-He. Aliás, o arroz é a base alimentar de sua imensa população. Ao longo do Vale do Rio Yangtse estendem-se solos férteis, chamados **loess**, ocupados por culturas de trigo, cereal do qual o país é também o maior produtor mundial. No que se refere à distribuição da população e às atividades econômicas, a organização espacial do país recebe forte influência da rede hidrográfica dos rios Yangtse e Huang-He. Esses extensos e volumosos rios na parte leste foram fundamentais para a formação da antiga civilização chinesa, há cerca de 5 mil anos, e até hoje condicionam o desenvolvimento das atividades de plantio e criação.

Campos de arroz em terraços. Lim Mong, Vietnã, 2018.

Glossário

Loess: solo fértil de coloração amarela, formado por sedimentos transportados e depositados pelo vento.

87

1. Cite alguns dos principais rios da Europa e da Ásia.

2. Justifique a elevada concentração populacional nos vales de rios da Europa.

3. Leia a notícia a seguir e responda às questões.

> Até algumas décadas atrás, os rios alemães estavam extremamente contaminados com resíduos tóxicos industriais. Quem sentia o mau cheiro e via a péssima qualidade da água não poderia imaginar que, alguns anos mais tarde, seria possível nadar e ver peixes em rios que cortam cidades industriais e onde circulam muitas embarcações.
>
> A criação do Ministério do Meio Ambiente, em 1986, foi crucial para acabar com o círculo vicioso de poluição dos rios alemães. Leis duras foram estabelecidas, forçando empresas do ramo industrial a implementar alternativas ecológicas.
>
> Mas, para mobilizar as autoridades a tomarem as medidas cabíveis, foram necessários muitos protestos – boa parte organizada pelo Greenpeace – e até desastres naturais, como o incêndio numa empresa química de Basileia que matou peixes ao longo de 400 quilômetros no rio Reno.
>
> A indústria passou a tratar os resíduos industriais e a implementar processos de produção que respeitam o meio ambiente. Uma das principais medidas para frear a poluição da água foi a construção de inúmeras estações de tratamento, onde o esgoto é tratado com a ajuda de bactérias. A água residual tratada nas Kläranlage pode até servir para o consumo humano, com alto índice de pureza.
>
> [...] Várias cidades alemãs, como Hamburgo, geram eletricidade por biogás a partir das estações de tratamento de esgoto, o que também reduz os custos operacionais das companhias de saneamento. Os contribuintes pagam altos impostos pelo serviço de tratamento do esgoto, que já estão incluídos na conta de água.
>
> Na Alemanha, paga-se pela água consumida, pela água de esgoto e também pela água da chuva que não é absorvida no terreno de casa. A cobrança é feita por lançamento de efluentes, ou seja, o contribuinte paga pela água que é direcionada ao sistema público de coleta de esgoto. Quem adota um sistema de reutilização da água da chuva pode ter descontos. [...]
>
> Karina Gomes. Na Alemanha, água de esgoto é tratada e pode ser consumida. DW, 9 nov. 2018. Disponível em: <www.dw.com/pt-br/na-alemanha-%C3%A1gua-de-esgoto-%C3%A9-tratada-e-pode-ser-consumida/a-46231356>. Acesso em: nov. 2018.

a) Que tipo de poluente era o principal elemento de contaminação das águas do Rio Reno?

b) Como foi possível recuperar a qualidade das águas desse rio?

c) Qual importante megalópole da Europa se localiza nessa região industrial?

4. Qual é a importância dos rios Indo e Ganges para a região por onde eles escoam?

5. Onde se localiza a região do Crescente Fértil na Ásia? Qual é a sua importância econômica?

6. Explique a importância dos seguintes rios para a economia agrícola da China:

a) Rio Huang-He;

b) Rio Yangtse.

7. Identifique a que rios da Eurásia as frases a seguir fazem referência.

a) Conhecido como "rio da integração internacional" por percorrer terrenos de dez países europeus e banhar quatro capitais: Viena, Budapeste, Bratislava e Belgrado. Faz integração entre as porções ocidental e oriental da Europa.

b) Localizado totalmente na Federação Russa, nasce no planalto de Valdai e deságua no Mar Cáspio. É o mais extenso rio da Europa.

c) Percorre terrenos do Vietnã, Laos e Camboja. Em suas margens é cultivado o arroz.

CAPÍTULO 9
Climas e formações vegetais

A inter-relação entre o clima e a vegetação na Eurásia

No capítulo anterior, você estudou a importância dos rios para as sociedades europeias e asiáticas. As maiores concentrações populacionais estão nos vales, que utilizam os recursos hídricos – considerados elementos fundamentais em rituais religiosos e culturais de algumas sociedades – na irrigação dos plantios, nas indústrias e no abastecimento da população.

Agora você estudará os principais climas e formações vegetais da Europa e da Ásia. No que se refere ao clima, a grande extensão territorial da Eurásia favorece a diversidade climática, além de outros fatores, como atuação de correntes marítimas, continentalidade, ventos e relevo. Esses fatores influenciam na formação e desenvolvimento de diversos tipos de vegetação nos continentes.

Deserto da Arábia. Dubai, Emirados Árabes Unidos, 2018.

Floresta tropical. Ilha Tioman, Malásia, 2018.

zoom

① Faça uma breve descrição dos aspectos que mais chamaram sua atenção nas paisagens asiáticas acima.

② Com base nos elementos observados, procure identificar qual é o clima correspondente a cada paisagem.

③ No lugar onde você mora, a paisagem se assemelha a alguma dessas? Justifique.

89

Os climas da Europa e da Ásia

Mulheres do povo nenets, nômades que vivem na região do Círculo Polar Ártico. Yamal, Rússia, 2017.

Na porção setentrional da Europa e da Ásia, na área próxima ao Círculo Polar Ártico, predomina o clima **polar**. Nessa região, o inverno é longo e muito rigoroso, com média de temperatura em torno de 18 °C negativos. No curto período de verão (cerca de dois meses), as temperaturas ficam em torno de 9 °C.

Nas regiões mais ao sul do Círculo Polar Ártico ocorre o clima **frio**, com invernos rigorosos. As águas de alguns rios, principalmente daqueles que deságuam no Oceano Glacial Ártico, chegam a congelar. É o clima dominante em grande parte da Suécia, do norte da Rússia e da Finlândia, na Europa, e na Sibéria, na Ásia.

Nas cadeias montanhosas dos continentes europeu e asiático predomina o clima **frio de montanha**: quanto maior a altitude, menores as temperaturas.

Na maior parte do território europeu predomina o clima **temperado**. Esse tipo climático tem características bem diversas, dependendo do local onde ocorre: próximo ao litoral ou no interior do continente.

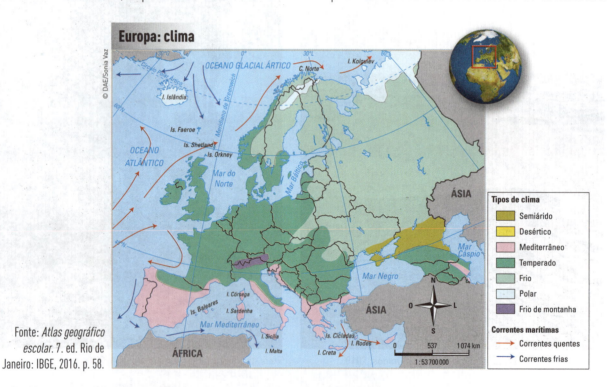

Fonte: *Atlas geográfico escolar*. 7. ed. Rio de Janeiro: IBGE, 2016. p. 58.

O clima **temperado continental** tem verões quentes e chuvosos e invernos rigorosos e secos. O índice pluviométrico é baixo, pois a influência das massas de ar oceânicas é pequena nessa área. Esse tipo de clima ocorre na maior parte do território europeu, no interior do continente.

O clima **temperado oceânico** sofre influência da **Corrente do Golfo** (corrente quente que se desloca do Caribe para o norte da Europa), que torna o ar mais úmido e eleva a temperatura. As chuvas se distribuem regularmente, com verões quentes e invernos pouco rigorosos. Ocorre principalmente na porção oeste do continente, no litoral atlântico.

Essa corrente é de grande importância para a dinâmica climática, principalmente do norte da Europa, pelo fato de ela manter a temperatura do mar da região, de forma que não permite o congelamento dos litorais.

Ao sul do continente, na região banhada pelo Mar Mediterrâneo, ocorre o clima **mediterrâneo**, com médias térmicas superiores a 20 °C. Essa região, que abrange parte da França, da Itália, da Grécia, de Portugal e da Espanha, sofre a influência dos ventos vindos do Deserto do Saara, que tornam o clima quente e seco. O clima mediterrâneo favorece o cultivo de frutas e oliveiras.

A leste, na região entre o Mar Cáspio e o Mar Negro, ocorre o clima **semiárido**, que tem verões com médias térmicas de 22 °C e invernos com médias em torno de 1 °C. O índice pluviométrico é baixo, mas as chuvas são bem distribuídas durante o ano.

Vejamos a seguir algumas particularidades climáticas da Ásia. Diferentemente da Europa, esse continente possui uma grande extensão latitudinal, o que permite ainda maior diversidade de climas, do polar, no extremo norte, ao equatorial, no sul e sudeste.

Observe o mapa a seguir.

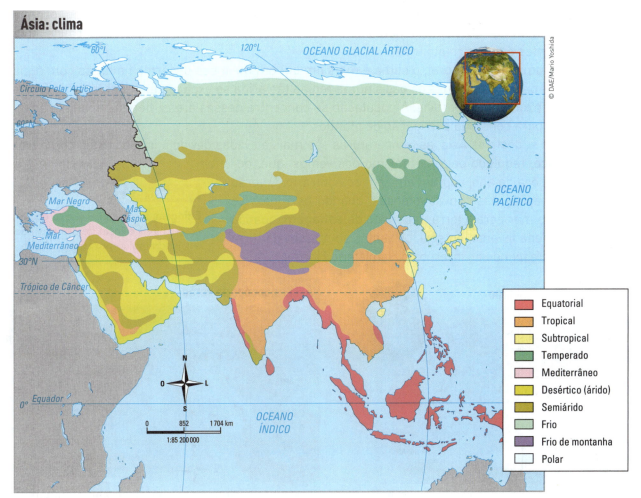

Fonte: *Atlas geográfico escolar: Ensino Fundamental do 6º ao 9º ano*. Rio de Janeiro: IBGE, 2010. p. 104.

No sudoeste russo, invernos rigorosos e verões quentes caracterizam o clima **temperado continental**. Na região nordeste da China, o clima que predomina é o **temperado oceânico**, com verões brandos e invernos amenos e secos. Há influência da maritimidade, motivo pelo qual a pluviosidade é elevada.

Diferentemente do oceânico, no clima temperado continental verifica-se amplitudes térmicas mais acentuadas, com verões muito quentes e invernos muito frios.

Oásis localizado em Fujairah, Emirados Árabes Unidos, 2016.

No continente asiático, na região do Oriente Médio, predominam os climas **árido** (ou **desértico**) e **semiárido**, marcados pela escassez de chuvas e por médias térmicas elevadas durante o ano. A característica de aridez é influenciada pela ação dos ventos secos provenientes do norte da África. Como os desertos da região são compostos de rochas expostas e areia – superfícies que aquecem e resfriam rapidamente –, um aspecto marcante dos climas áridos é a grande amplitude térmica, com dias muito quentes e noites muito frias.

Nas áreas próximas ao litoral, o clima é mais úmido; em meio aos desertos há áreas com água e vegetação: os oásis. A presença de oásis numa região tão árida se explica pela existência de águas subterrâneas próximas à superfície. A população se concentra nessas áreas, beneficiada pela água, que é utilizada para consumo e irrigação de plantios.

No sul e no sudeste da Ásia, as temperaturas são mais elevadas devido à influência do clima **tropical monçônico**, regulado pelo mecanismo dos ventos, que, dependendo da época do ano, sopram em sentido contrário. O verão corresponde à época das chuvas intensas, quando os ventos se movimentam do mar para a terra. O período de **estiagem**, quando ocorre o fenômeno inverso, ou seja, os ventos se movem da terra para o mar, corresponde ao inverno no Hemisfério Norte.

Glossário

Estiagem: fenômeno climático causado pela insuficiência de chuva em determinada região por longo período.

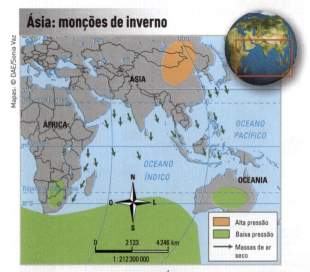
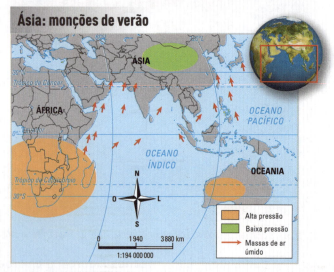

Fonte dos mapas: Vera Caldini e Leda Ísola. *Atlas geográfico Saraiva*. 4. ed. São Paulo: Saraiva, 2013. p. 171.

No Japão, no sudeste da China e no norte da Índia predomina o clima **subtropical úmido** e, em parte do território japonês, o clima **temperado**, com pluviosidade bem distribuída durante o ano, invernos amenos e verões quentes. Essa região sofre os efeitos das monções asiáticas, o que acarreta invernos mais secos.

Formações vegetais

As formações vegetais europeias estão relacionadas com a latitude, o extenso litoral, as formas de relevo e a influência da Corrente do Golfo, que, como você já sabe, impede o congelamento do litoral norte da Europa e a chegada dos ventos que sopram tanto da região polar como do Deserto do Saara.

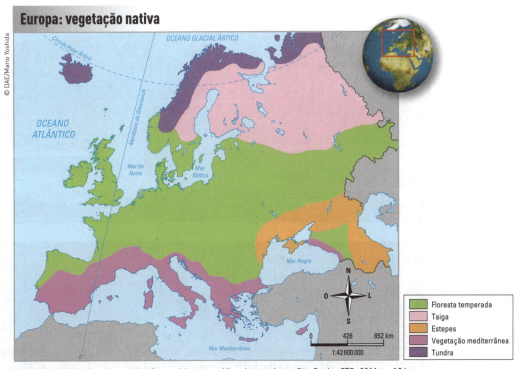

Fonte: Gisele Girardi e Jussara Vaz Rosa. *Atlas geográfico do estudante*. São Paulo: FTD, 2011. p. 124.

Na área de clima temperado, formou-se uma vegetação originalmente composta de florestas com árvores que perdem as folhas durante o outono e o inverno: a **floresta temperada**. Devido à ocupação humana, essa vegetação foi muito devastada, limitando-se atualmente a pequenas reservas.

Exemplares de faia, espécie típica das Florestas Temperadas. Mülheim an der Ruhr, Alemanha, 2017.

No clima polar surge a vegetação da **tundra**, formada de espécies rasteiras – na época de degelo serve de pastagem para os animais, especialmente a rena.

Em lugares onde ocorre o clima frio, desenvolve-se a **taiga** (uma floresta de coníferas), também conhecida como floresta boreal. Suas árvores têm folhas pontudas (aciculifoliadas), cobertas por uma membrana muito fina e cerosa, que as ajuda a conservar a umidade e o calor durante a estação fria. Essa floresta é explorada para a produção de madeira, papel e celulose.

Paisagem típica da tundra. Bjorgavegen, Noruega, 2017.

Vista aérea de floresta boreal ou taiga. Nurmes, Finlândia, 2018.

Paisagem típica do Mediterrâneo, com vegetação de maquis. Córsega, França, 2017.

A **vegetação mediterrânea** é composta de maqui, vegetação densa e espessa de árvores e arbustos entremeados de garrigue, agrupamentos de pequenos arbustos e vegetação rasteira.

Em climas semiáridos, surgem as **estepes**, formação vegetal em que predominam plantas rasteiras. As estepes recobrem um dos tipos de solo mais fértil do mundo, o *tchernozion*, base do cultivo de cereais, notadamente o trigo. A vegetação do clima frio de montanha varia de estepes a taiga, dependendo da altitude.

Assim como na Europa, no extremo norte da Ásia, em território russo, a vegetação característica é a **tundra**, típica de clima polar. Na porção centro-leste, a vegetação predominante é a **taiga**, que está adaptada a períodos frios e secos. Em áreas de maior altitude, nas regiões montanhosas da Ásia, ocorrem a taiga e a tundra, como vimos na Europa.

Observe no mapa a seguir como a variedade climática da Ásia, associada aos tipos de solos e relevo, levou à formação de uma diversidade de vegetações.

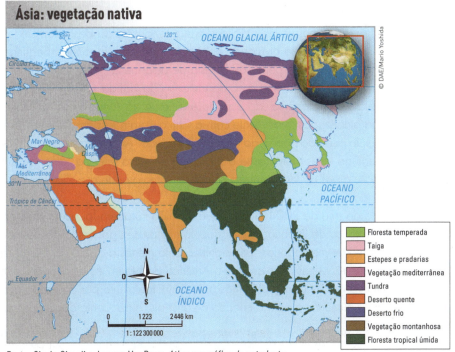

Fonte: Gisele Girardi e Jussara Vaz Rosa. *Atlas geográfico do estudante.* São Paulo: FTD, 2011. p. 124.

As **pradarias** concentram-se no sul da Rússia, noroeste da Mongólia e na região de fronteira entre China e Coreia do Norte. No Oriente Médio, na costa voltada para o Mar Mediterrâneo, a vegetação é a **mediterrânea**.

As **estepes**, características de regiões transitórias entre deserto e floresta tropical, são encontradas em países como Paquistão e Índia. As **florestas tropicais** e **equatoriais** ocorrem no sudeste do continente asiático, graças ao clima quente e úmido dessa região.

Pradarias do vale do Rio Orkhon. Caracórum, Mongólia, 2017.

Área de estepe no Parque Nacional de Ranthambhore. Rajastão, Índia, 2016.

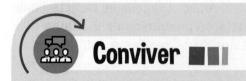

Conviver

Leia o texto e siga as instruções.

Europa, a grande vilã global das florestas?

A Europa vem liderando os países industrializados na condução do desmatamento global. Isso é o que atesta um relatório independente divulgado hoje pela Comissão Europeia. Segundo o estudo, o consumo de bens europeu levou a uma perda de floresta de pelo menos nove milhões de hectares entre 1990 e 2008. Esse número representa uma área do tamanho da Irlanda.

As coberturas florestais da Amazônia, do Sudeste Asiático e da África foram as mais afetadas. As principais economias industrializadas, juntamente com a China, foram responsáveis por cerca de um terço de todo o desmatamento ocorrido no mundo no mesmo período. A crescente demanda da Europa por carne, produtos derivados do leite, biomassa e biocombustíveis para energia, além de outros produtos que necessitam de grandes áreas de terra também colocaram uma grande pressão sobre os ecossistemas florestais em todo o mundo.

A análise detalhada do ano de 2004 mostrou que a União Europeia foi quem mais contribuiu para a destruição florestal por causa de importações, com pelo menos dez por cento do desmatamento mundial ligado ao seu consumo de mercadorias. Isso significa pelo menos o dobro do que contribuiu o leste asiático (China e Japão), e três vezes mais do que a América do Norte. As tendências globais sugerem que este número continuará a crescer nos próximos anos, principalmente por causa do aumento da demanda por alimentos para humanos e para a criação de animais, e por conta dos planos para aumentar o consumo de biocombustíveis.

"O mundo tem comido vastas áreas de florestas do planeta para alimentar um consumismo insaciável por carne, energia e madeira. O estudo mostra que essa pegada florestal vai continuar a crescer. É hora de a Europa e outros países assumirem suas responsabilidades pela herança florestal do planeta, e adotarem políticas para zerar o desmatamento", afirmou Marcio Astrini, da campanha Amazônia do Greenpeace Brasil.

Enquanto o relatório mostra que regiões industrializadas têm uma responsabilidade significativa para o desmatamento global por conta da demanda crescente por bens de consumo, a maior parte do desmatamento é vista ocorrendo dentro dos países ou regiões onde as mercadorias são produzidas – e não consumidas. O relatório identifica dois principais vetores do desmatamento – o consumo de animais e as indústrias de rações animais e de óleo vegetal para a alimentação e combustível. [...]

Nathália Clark. Europa, a grande vilã global das florestas? Greenpeace, 2 jul. 2013. Disponível em: <www.greenpeace.org/archive-brasil/pt/Blog/europa-a-grande-vil-global-das-florestas/blog/45818>. Acesso em: ago. 2018.

Agora que você sabe que os níveis de desmatamento da vegetação europeia são altos, vamos pesquisar.

Organizem-se em grupos. Cada grupo ficará encarregado de apresentar características de um dos tipos de formação vegetal original do continente europeu. É importante que sejam considerados os aspectos a seguir.

- Porte da vegetação: arbórea, arbustiva ou rasteira. Apresentação de grande ou pequena variedade de espécies vegetais.
- Zona climática em que está localizada.
- Área que recobria originalmente e a ação antrópica.
- Semelhança que essa vegetação apresenta com a vegetação natural do município onde você vive.

A apresentação poderá ser feita oralmente, por meio de maquetes e/ou exposição de fotografias e desenhos.

Atividades

1 Que tipos climáticos predominam no continente europeu e onde eles ocorrem?

2 No continente europeu desenvolve-se uma diversidade de formações vegetais. Escolha uma delas e descreva as características e área de ocorrência. Ilustre-a por meio de fotografia ou desenho.

3 Explique como a Corrente do Golfo influencia as características climáticas do continente europeu.

4 De que forma o Deserto do Saara influencia o clima de países como Portugal, Espanha, França, Itália e Grécia?

5 Leia o texto a seguir e registre suas conclusões em relação ao tema.

O último século das florestas tropicais?

[...] Em 2001, o Earth Observatory da NASA lançou a seguinte advertência: "Se a taxa atual de desmatamento continuar, as florestas tropicais desaparecerão dentro de 100 anos, provocando efeitos desconhecidos sobre o clima global e eliminando a maioria das espécies vegetais e animais no planeta". Em 2003, Peter J. Bryant confirmava esse prognóstico. A prosseguir essa taxa, escrevia então, "a Tailândia não terá mais florestas em 25 anos". Infelizmente, como se vê, essa taxa de desmatamento não apenas continuou, mas se acelerou nos últimos 16 anos e, de fato, as florestas primárias da Tailândia – que ainda em 1950 recobriam 70% de seu território – já desapareceram praticamente por completo, o que levou as grandes madeireiras a se voltarem para as florestas de Myanmar.

A causa primeira do declínio atual das florestas tropicais é obviamente o avanço da fronteira agropecuária, impulsionado pela globalização do capitalismo e por uma rede muito interconectada de megacorporações que controlam toda a cadeia alimentar, dos insumos ao consumo final. Mas outra causa desse declínio começa a surgir no horizonte. Ela é sistêmica, isto é, decorre do sistema climático e da maior vulnerabilidade das florestas degradadas: aquecimento, secas, aumento das bordas, ressecamento por exposição aos ventos, maior insolação e maior combustibilidade das florestas fragmentadas, perda de espécies funcionais à sua conservação etc. Não por acaso, um inventário em 21 países publicado em 2015 mostra que "a maior parte das 40 mil espécies de árvores tropicais podem ser agora consideradas como globalmente ameaçadas de extinção".

Luiz Marques. O último século das florestas tropicais? *Jornal da Unicamp*, 7 ago. 2017. Disponível em: <www.unicamp.br/unicamp/ju/artigos/luiz-marques/o-ultimo-seculo-das-florestas-tropicais>. Acesso em: nov. 2018.

a) Em que região da Ásia há florestas tropicais como as do Brasil?

b) Quais são as causas do desmatamento das florestas tropicais apontadas no texto?

c) Em sua opinião, o que é preciso fazer para reduzir as taxas de desmatamento no mundo?

6 Observe o mapa e responda:

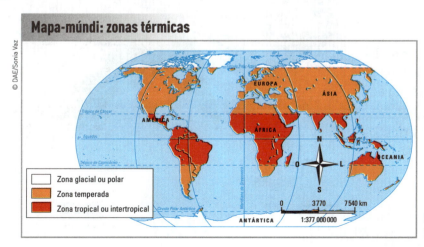

a) Em relação aos continentes estudados neste capítulo, indique as zonas climáticas em que estão localizados, respectivamente, Europa e Ásia.

b) Em que localização da Ásia implica nas características naturais do continente?

Fonte: *Atlas geográfico escolar*. 7. ed. Rio de Janeiro: IBGE, 2016. p. 58.

Retomar

1. Reproduza os quadros a seguir e complete-os com base nos estudos desta unidade.

   a) Europa

Principais rios	Climas	Vegetações

   b) Ásia

Principais rios	Climas	Vegetações

2. Classifique as imagens com base no que você estudou sobre estrutura geológica.

   a) Cáucaso

   Panorama da montanha de Ushba, no Cáucaso. Suanécia, Geórgia, 2015.

   b) Alpes Escandinavos

   Montanhas cobertas de neve. Volda, Noruega, 2018.

3. Observe o mapa a seguir e, com o auxílio de um mapa político, faça o que se pede.

   a) Quais países asiáticos estão localizados na região do Crescente Fértil?

   b) Explique por que a região recebe essa denominação e qual é sua importância econômica.

   c) Qual é o clima predominante nessa região?

   d) Qual foi a importância dos rios Tigre e Eufrates para as primeiras civilizações que viveram na região?

   e) Pesquise as condições de poluição e utilização das águas dos rios Tigre e Eufrates na atualidade.

   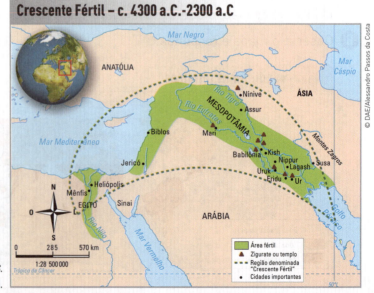

   Fonte: Jeremy Black. *World history atlas*. Londres: Dorling Kindersley, 2008. p. 220.

4) Observe a imagem a seguir e, com base no que ela representa, caracterize o clima e a vegetação de montanha.

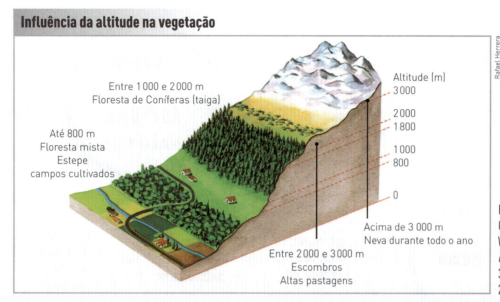

Influência da altitude na vegetação

Fonte: Andreas Bresinsky, Christian Körner, Joachim W. Kadereit et al. *Tratado de botânica de Strasburger*. 36. ed. Porto Alegre: Artmed, 2012. p. 1075.

5) Explique o mecanismo do clima tropical de monções.

6) Analise o mapa a seguir, que representa o nível de densidade populacional da Ásia, e faça o que se pede.

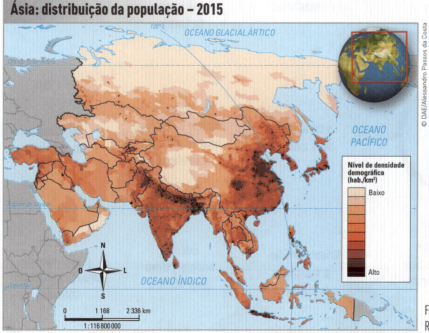

Ásia: distribuição da população – 2015

Fonte: *Atlas geográfico escolar*. 7. ed. Rio de Janeiro: IBGE, 2016. p. 70.

- Compare os mapas de densidade demográfica e de clima da Ásia (página 91). A quais conclusões é possível chegar quando se observa a distribuição da população no território e os tipos climáticos do continente?

Visualização

A seguir, apresentamos um mapa conceitual do tema estudado nesta unidade. Trata-se de uma representação gráfica que organiza o conteúdo, composto de uma estrutura que relaciona os principais conceitos e as palavras-chave. Essa ferramenta serve como resumo e instrumento de compreensão dos textos, além de possibilitar consultas futuras.

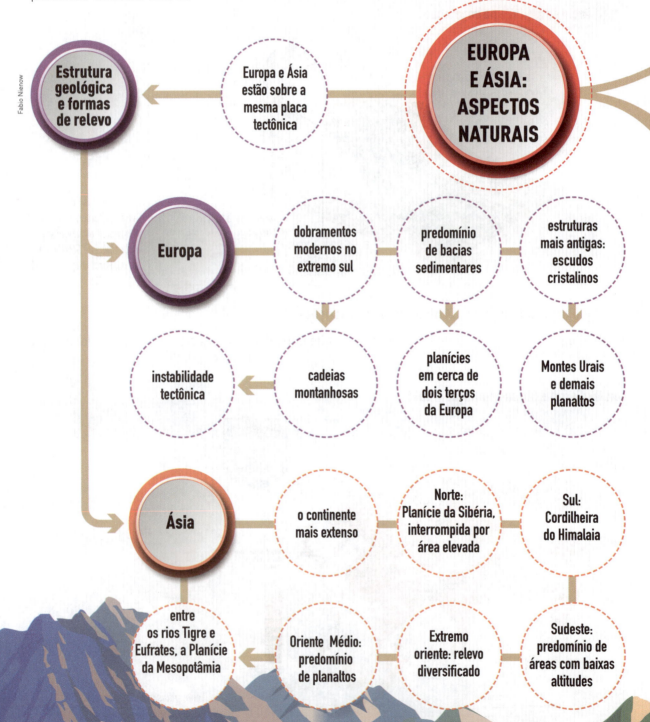

EUROPA E ÁSIA: ASPECTOS NATURAIS

- Europa e Ásia estão sobre a mesma placa tectônica → Estrutura geológica e formas de relevo

Europa
- dobramentos modernos no extremo sul → cadeias montanhosas → instabilidade tectônica
- predomínio de bacias sedimentares → planícies em cerca de dois terços da Europa
- estruturas mais antigas: escudos cristalinos → Montes Urais e demais planaltos

Ásia
- o continente mais extenso
- Norte: Planície da Sibéria, interrompida por área elevada
- Sul: Cordilheira do Himalaia
- Oriente Médio: predomínio de planaltos → entre os rios Tigre e Eufrates, a Planície da Mesopotâmia
- Extremo oriente: relevo diversificado
- Sudeste: predomínio de áreas com baixas altitudes

Fabio Nienow

100

UNIDADE 4

> **Antever**

1 Troque ideias com o professor e os colegas e responda: O que as imagens apresentadas retratam sobre a Europa?

2 As fotografias 1 e 3 expressam manifestações mais recentes no continente europeu. Escolha uma delas para pesquisar e escreva um pequeno texto sobre as características do processo retratado.

3 A fotografia 2 retrata um fato histórico muito importante para o continente europeu e o mundo. Identifique esse fato e aponte algumas consequências desse acontecimento para a Europa.

A Europa é considerada o berço da cultura ocidental. Também foi o continente das guerras, das disputas e revoluções, do desenvolvimento industrial, do capitalismo, da integração econômica, da diversidade e da liberdade. Atualmente, abriga o maior conjunto de países industrializados do mundo e ainda exerce uma grande influência política e cultural em várias partes do planeta.

População se manifesta a favor da independência da Catalunha. Barcelona, Espanha, 2017. Alemães celebram a queda do Muro de Berlim e a reunificação do país. Berlim, Alemanha, 1989. Britânicos em marcha por votação sobre a saída do Reino Unido da União Europeia. Londres, Reino Unido, 2018.

Europa

CAPÍTULO 10

Localização e regionalização

Localização e regionalização do continente europeu

No estudo da Unidade 3, você pôde identificar e relacionar os aspectos físicos do continente europeu, como a estrutura geológica, o relevo, a hidrografia e as paisagens climatobotânicas. A partir desse capítulo, você compreenderá como está organizado o espaço geográfico europeu em relação aos aspectos políticos, sociais e econômicos. Vamos iniciar com o reconhecimento do espaço europeu no mundo. Com 10 349 915 km² de extensão, a **Europa** tem uma área menor do que a de quase todos os outros continentes, ocupando apenas 7% das terras emersas do planeta. É maior apenas do que a Oceania.

A linha do Meridiano de Greenwich (0°), que separa o mundo em Hemisfério Ocidental (oeste) e Hemisfério Oriental (leste), atravessa o continente europeu. No mapa-múndi, essa linha imaginária passa em Greenwich, nos arredores de Londres, no Reino Unido.

Mapa-múndi: Europa

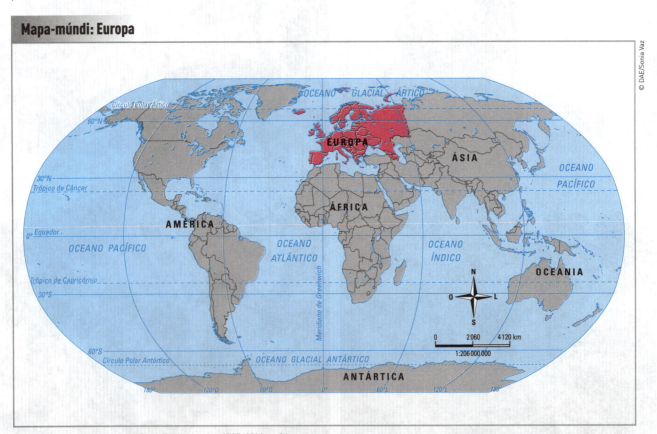

Fonte: *Atlas geográfico escolar*. 7. ed. Rio de Janeiro: IBGE, 2016. p. 34.

A Europa é formada por 51 países e marcada por grande diversidade de paisagens e culturas. A Rússia e a Turquia, que também fazem parte da Europa, têm a maior parte de suas terras situada no continente asiático.

Observe no mapa a seguir como o continente europeu está politicamente organizado em países. Note que, exceto alguns, a maior parte deles, possui pequena extensão territorial.

Fonte: *Atlas geográfico escolar*. 7.ed. Rio de Janeiro: IBGE, 2016. p.43.

A Rússia é o maior país do mundo em extensão territorial, ocupando quase metade da Europa e cerca de um terço da Ásia.

A maioria da população russa se concentra na porção europeia, onde estão localizadas as cidades importantes do país, como Moscou e São Petersburgo.

Vista aérea da Praça Vermelha e do centro histórico. Moscou, Rússia, 2018.

105

Como você já tem conhecimento, a Europa é uma península do continente asiático – uma extensão de terra ligada à Ásia. Estendendo-se de norte a sul, há uma longa cadeia de montanhas, os Montes Urais, que servem de limite natural entre Europa e Ásia. Ao sul dos Montes Urais, o Mar Cáspio também marca a fronteira entre os dois continentes, seguido pelas montanhas do Cáucaso e pelo Mar Negro.

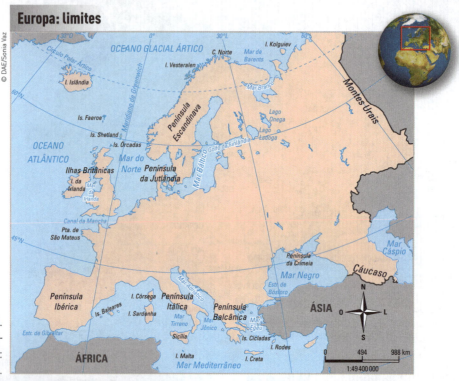

Fonte: Marcello Martinelli. *Atlas geográfico: natureza e espaço da sociedade*. São Paulo: Editora do Brasil, 2006. p. 46.

O continente europeu tem um amplo litoral, extremamente recortado, com muitos **golfos**, penínsulas, mares e outras feições geográficas. Tal fato favorece a utilização do transporte marítimo e facilita a construção de portos.

A Europa destaca-se quanto aos aspectos históricos, principalmente por ter sido berço de povos significativos para a cultura ocidental, como os gregos e os romanos. Além disso, outros povos europeus colonizaram vastas extensões territoriais na América, Ásia, África e Oceania, sobretudo para explorar as riquezas naturais dessas terras. Com isso, difundiram também sua cultura pelo mundo, muitas vezes impondo-a de diferentes formas.

Glossário

Golfo: grande enseada maior e mais fechada do que uma baía – a entrada estreita se alarga para o interior e é por ela que o mar penetra no continente.

Imagem de satélite mostra a Península Escandinava, com seu litoral recortado, golfos e o Mar Báltico. Fotografia de 2002.

Cartografia em foco

Observe o mapa abaixo e, com o auxílio dos mapas anteriores e de um atlas, faça o que se pede.

Fonte: Adaptado de Marcello Martinelli. *Atlas geográfico: natureza e espaço da sociedade.* São Paulo: Editora do Brasil, 2006. p. 46.

1. Escreva o nome dos limites entre os continentes europeu e asiático.

2. Ao norte, a oeste e ao sul, são as águas que marcam os limites do continente europeu. Escreva o nome desses limites.

3. No mapa, as penínsulas estão numeradas.
   a) Identifique cada uma delas.
   b) Que países se localizam em cada uma dessas penínsulas?

4. Cite o nome da ligação marítima natural entre o Mar Mediterrâneo e o Oceano Atlântico e pesquise sua importância econômica para o continente europeu.

5. O fato de o litoral europeu ser bastante recortado oferece algumas vantagens econômicas ao continente. Cite e explique uma dessas vantagens.

107

Formas de regionalizar o espaço europeu

Europa: político – 1914

Em consequência das grandes mudanças que ocorreram no continente europeu durante sua formação política, econômica e social, foram adotadas várias regionalizações espaciais ao longo do tempo. Antes da Primeira Guerra Mundial (1914-1918) esse espaço estava dividido em vários impérios, como mostra o mapa ao lado.

Fonte: José Jobson de A. Arruda. *Atlas histórico básico*. 17. ed. São Paulo: Ática, 2011. p. 27.

Europa: político – 1922

As derrotas da Alemanha e do Império Austro-Húngaro na Primeira Guerra Mundial resultaram em uma nova regionalização do espaço europeu, com o surgimento de países e a devolução aos franceses de territórios que estavam sob domínio dos alemães antes do conflito. Entre os novos países destacam-se Finlândia, Letônia, Estônia e Tchecoslováquia, além do surgimento da Turquia. O mapa ao lado mostra a nova organização do espaço geográfico europeu após a Primeira Guerra. Perceba que nesse período o antigo Império Russo foi extinto e formou a União das Repúblicas Socialistas Soviéticas, com território europeu reduzido.

Fonte: José Jobson de A. Arruda. *Atlas histórico básico*. 17. ed. São Paulo: Ática, 2011. p. 27.

Após a Segunda Guerra Mundial (1939-1945), com a polarização do mundo em dois blocos distintos – países capitalistas, alinhados aos Estados Unidos, e países socialistas, alinhados à União das Repúblicas Socialistas Soviéticas (URSS) –, a Europa ficou dividida em duas partes. Os integrantes do bloco capitalista passaram a ser identificados como países da **Europa Ocidental** (ou do oeste) e os do bloco socialista, como países da **Europa Oriental** (ou do leste). Essa é uma das formas de regionalizar o continente europeu, utilizada sobretudo no período da Guerra Fria.

O mapa a seguir representa essa regionalização.

Fonte: Reinaldo Scalzaretto e Demétrio Magnoli. *Atlas: geopolítica*. São Paulo: Scipione, 1998. p. 23.

Essa divisão em Ocidente e Oriente não é recente e remonta à Roma Antiga, quando o imperador Diocleciano dividiu o império em duas partes: ocidental e oriental, mas com o império romano unificado. O objetivo era evitar conflitos nos territórios dominados.

Outra regionalização da Europa, elaborada no final do século XX, pode ser feita com base no critério econômico, considerando as áreas industriais do continente. Observe-a no mapa ao lado.

Fonte: Internacional Monetary Fund. (IMF). *Classifications of Countries based on their level of development: how it is done and it could be done*, 2011. Disponível em: <www.imf.org/external/pubs/ft/wp/2011/wp1131.pdf>. Acesso em: out. 2018.

A expansão colonial da Europa em diversas partes do mundo

Ao longo da história, as potências europeias colonizaram boa parte do mundo, como América Latina, África e Oceania.

A colonização europeia na América Latina e África teve início no final do século XV e, nesse primeiro momento, destacaram-se Portugal e Espanha, que foram pioneiros nas grandes navegações em busca de novos territórios além-mar.

Para evitar conflitos maiores nas conquistas e organizar o sistema colonial inicial, os dois reinos utilizaram, no Tratado de Tordesilhas, a noção de divisão do mundo em ocidente e oriente. O acordo, estabelecido em 1494, previa a criação de uma linha imaginária que se estendia 370 léguas a oeste de Cabo Verde, na África, para servir de limite entre as terras portuguesas e espanholas. Assim, todo território descoberto na parte oriental desse limite ficaria sob domínio de Portugal, enquanto as terras na parte ocidental pertenceriam à Espanha. O mapa abaixo mostra essa divisão e a influência portuguesa e espanhola – ou seja, europeia – na América Latina, Ásia e África, estabelecida a partir das grandes navegações.

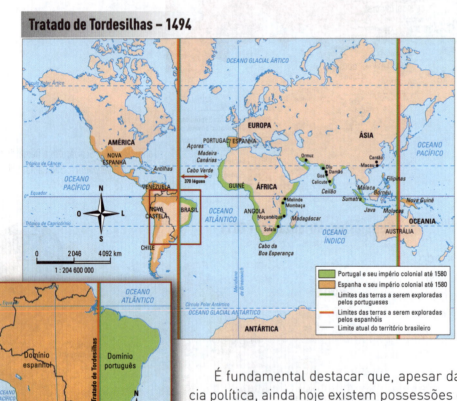

Fontes: Cláudio Vicentino. *Atlas histórico: geral e do Brasil*. São Paulo: Scipione, 2011. p. 101; José Jobson de A. Arruda. *Atlas histórico básico*. 17. ed. São Paulo: Ática, 2011. p. 20.

É fundamental destacar que, apesar das lutas pela independência política, ainda hoje existem possessões europeias na América Latina. Uma delas é a Guiana Francesa, localizada a nordeste do continente sul-americano. Outra relevante possessão, esta inglesa, são as Ilhas Malvinas (Falklands), que servem de entreposto estratégico no Atlântico Sul.

A influência europeia se expandiu nos séculos XIX e XX sobre outras faixas territoriais, com destaque para o interior da África, grande parte da Ásia e da Oceania. A crescente industrialização de alguns países europeus os levou a buscar territórios para lhes fornecer matérias-primas, transformando-os em mercados consumidores. Assim, a partir do final do século XIX, com a chamada "Era dos Impérios", os continentes africano e asiático, bem como a Oceania, foram partilhados entre as principais potências da Europa.

De olho no legado

Encontro de duas culturas: América e Europa

Discute-se a legitimidade da expressão descobrimento para o encontro de novas terras e populações no expansionismo dos séculos XIV e XV. O novo horizonte histórico resultante é marco na História, configurando o começo dos tempos modernos. Importa destacar o encontro de culturas diferentes, como se dá com a chegada do europeu à América. Do convívio dessas culturas resultou o processo de mútuas influências. Se o europeu impôs mais os seus padrões, também absorveu traços culturais dos índios. O Novo Mundo é visto a princípio mais como Geografia do que como História. Só a ciência social moderna compreende o problema, apontando-lhe solução.

A palavra descobrimento, empregada com relação a continentes e países, é um equívoco e deve ser evitada. Só se descobre uma terra sem habitantes; se ela é ocupada por homens, não importa em que estágio cultural se encontrem, já existe e não é descoberta. Apenas se estabelece seu contato com outro povo. A expressão descobrimento implica em uma ideia imperialista, de encontro de algo não conhecido; visto por outro que proclama sua existência, incorporando-o ao seu domínio, passa a ser sua dependente.

[...]

Com as viagens incentivadas e feitas sobretudo pelos portugueses, desde o início do século XV, tem vigor o expansionismo, que requer organização e principalmente audácia para vencer os enganos da geografia antiga ou os preconceitos populares de águas ferventes, povoadas por monstros fantásticos, destruidores de embarcações, pela ousadia de enfrentar o desconhecido. Os feitos de fenícios, italianos ou nórdicos seriam repetidos e até ultrapassados pelos portugueses; eles se organizaram para sua execução, formando uma verdadeira escola de marinhagem. Portugal estava fatalizado para esse trabalho, por sua posição no extremo da Europa: a vizinhança de Castela impedia-lhe crescer no continente, era preciso avançar pelos mares. O precário comércio entre o sul e o norte, as cidades italianas e as da Liga Hanseática, quando feitas pelo mar, tinham de passar pela costa portuguesa, no uso de seus portos para reabastecimento ou descanso, origem de segmentos voltados para o comércio.

[...]

O conquistador não vinha para catequizar, converter ao cristianismo, mas para obter riquezas. O eldorado seria o depósito, sobretudo de ouro e prata, de pedras preciosas. A falta desses, como se deu com os primeiros visitantes, caso de Colombo e seus companheiros, apelava-se para submeter seus povos, reduzindo-os à escravidão. Em contato com astecas, maias e incas, foi possível ao espanhol realizar saques vultosos, que inundaram de ouro e prata a Europa ocidental, provocando ali a revolução dos preços, objeto de muito estudo valioso.

[...]

Francisco Iglésias. Encontro de duas culturas: América e Europa. *Estudos Avançados*. São Paulo, v. 6, n. 14, Abr. 1992, p. 23-37. Disponível em: <www.scielo.br/scielo.php?script=sci_arttext&pid=S0103-40141992000100003>. Acesso em: nov. 2018.

1. Justifique a afirmação citada no texto: "A palavra descobrimento, empregada com relação a continentes e países, é um equívoco e deve ser evitada".

2. Cite fatores que levaram os portugueses a serem os principais atores da expansão europeia no século XV.

3. Qual era o objetivo do conquistador europeu em terras americanas?

Atividades

1. Explique como estava regionalizado o continente europeu no período da Guerra Fria (1945-1989).

2. Analise o mapa abaixo, que representa os territórios colonizados pelas potências europeias no século XIX, e responda às questões.

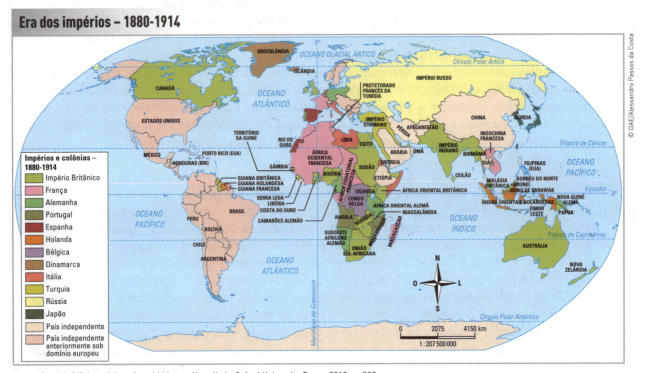

Fonte: Patrick O'Brien. *Atlas of world history*. Nova York: Oxford University Press, 2010. p. 208.

a) Qual potência europeia tinha o maior número de territórios coloniais nesse momento de expansão neocolonial?

b) Quais territórios na África eram colonizados por Portugal?

c) Quais países tinham possessões na América do Sul?

3. Observe as imagens a seguir. Elas fazem referência a dois monumentos que são considerados símbolos de duas cidades europeias.

Torre Eiffel. Paris, 2018.

Coliseu. Roma, 2018.

a) Em quais países estão localizados esses monumentos?

b) Identifique nos mapas da página 109 a que região do continente esses países pertencem, segundo os critérios: político, da ordem bipolar e, econômico, referente ao nível de desenvolvimento industrial.

CAPÍTULO 11

União Europeia

História da formação e países-membros

No continente europeu se destacam dois grandes blocos ou associações: a União Europeia e a Comunidade dos Estados Independentes (CEI), formada pela maioria das ex-repúblicas soviéticas.

A União Europeia é o bloco econômico de maior importância mundial. Vejamos como ele se formou. Em 1952, foi fundada a **Comunidade Europeia do Carvão e do Aço** (Ceca), que estabelecia a livre circulação de carvão, ferro e aço entre os países-membros. Embora restrita à siderurgia, essa medida deu início ao processo de integração dos países europeus. Fizeram parte dessa comunidade Alemanha Ocidental, França, Itália, Bélgica, Holanda e Luxemburgo.

Com o resultado positivo da integração econômica, os seis países ampliaram as medidas e criaram, em 1957, a **Comunidade Econômica Europeia** (CEE) ou **Mercado Comum Europeu** (MCE). Os objetivos dessa integração eram eliminar as taxas alfandegárias e assegurar a livre circulação de bens e pessoas entre os países europeus que assinaram o tratado, fortalecendo o bloco.

Aos poucos outros países foram aderindo ao bloco: Reino Unido, Irlanda e Dinamarca, em 1973; Grécia, em 1981; Espanha e Portugal, em 1986; Áustria, Suécia e Finlândia, em 1995. Estava formada a **Europa dos Quinze**, que, desde 1992, com a assinatura do **Tratado de Maastricht**, passou a se denominar **União Europeia** (UE), consolidando a livre circulação de mercadorias, serviços, pessoas e capitais.

Sede da União Europeia. Bruxelas, Bélgica, 2018.

Em 2004, aderiram ao bloco econômico Chipre, Eslováquia, Eslovênia, Estônia, Hungria, Letônia, Lituânia, Malta, Polônia e República Tcheca. Com exceção de Malta e Chipre, os demais países se mantiveram socialistas durante décadas e tiveram de moldar suas economias, implementando a economia de mercado para atender às exigências do comando da União Europeia. Em 2007, a Bulgária e a Romênia passaram a fazer parte do bloco e, em 2013, foi a vez da Croácia. Observe a ampliação da União Europeia no mapa abaixo.

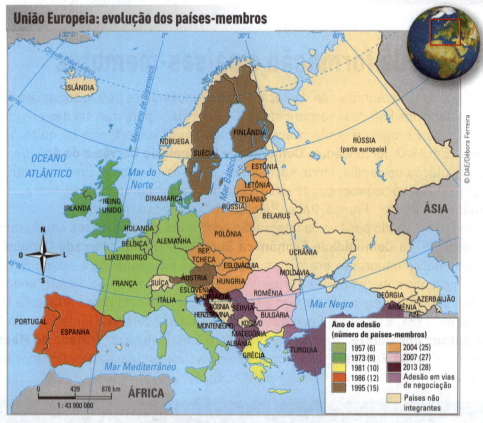

Fontes: Graça M. L. Ferreira. *Atlas geográfico: espaço mundial*. São Paulo: Moderna, 2010. p. 91; União Europeia. Disponível em: <https://europa.eu/european-union/about-eu/countries_pt>. Acesso em: out. 2018.

Entre os objetivos da União Europeia, podemos destacar:
- o progresso econômico da região, para aperfeiçoar a infraestrutura (transportes, comunicação, energia) e garantir políticas comuns aos setores agrícola, pesqueiro e de pesquisa nuclear;
- o desenvolvimento social de todos os países-membros, para eliminar a desigualdade entre eles e combater o desemprego;
- um sistema único de defesa para todos os países-membros e o estabelecimento de normas de proteção ambiental comuns para combater a poluição;
- a adoção de uma moeda única, o euro, para fortalecer a integração dos países-membros e diminuir a hegemonia da moeda americana.

A integração dos países da União Europeia tem sido gradual, assim como ocorreu com a implantação da moeda única, utilizada, atualmente, por 19 países.

O processo de implantação do euro teve duas etapas principais. De 1999 a 2001 foram fixadas as taxas de conversão do euro entre os países participantes, e as bolsas de valores passaram a operar com essa moeda. Assim, qualquer compra ou pagamento podia ser feito em euro ou na moeda local.

Em 2002, as pessoas começaram a utilizar a nova moeda diariamente, para todas as transações comerciais. Os turistas passaram a ter a oportunidade de viajar pela Europa levando apenas o euro, o que evitava a troca de moeda a cada país visitado.

Nem todos os países que formam a União Europeia o adotaram. Alguns preferiram manter sua moeda, como a Suécia e o Reino Unido, país que recentemente optou por sair do bloco.

Em 2009, uma grave crise econômica e financeira atingiu a União Europeia, causada pelo descontrole das contas públicas em países da zona do euro, em particular Portugal, Irlanda, Itália, Grécia e Espanha. Muito do endividamento público dessas nações está relacionado às políticas de bem-estar social adotadas a partir da Segunda Guerra Mundial. Essas políticas colocam o Estado como agente da promoção e defensor social, garantindo serviços públicos e proteção à população. Foram criados inúmeros benefícios sociais, tais como redução da jornada de trabalho e seguro-desemprego, que garantiram melhorias nas condições de vida da população, sobretudo nos países da União Europeia. No entanto, para resolver a crise financeira, decorrente sobretudo de especulações mal orientadas (investimentos pesados no mercado norte-americano, que entrou em crise em 2008), os governos optaram por cortar partes desses benefícios. Observe na tabela abaixo a dívida desses e de alguns outros países europeus em 2017.

País	Dívida em relação ao PIB (2017)
Grécia	176,1%
Itália	131,2%
Portugal	124,8%
Bélgica	103,4%
França	98,5%
Espanha	98,1%
Chipre	96,1%

Fonte: Eurostat. Disponível em: <https://ec.europa.eu/eurostat/tgm/table.do?tab=table&init=1&language=en&pcode=sdg_17_40&plugin=1>. Acesso em: nov. 2018.

Em 2012, a União Europeia viveu uma grave crise no mercado de trabalho, com elevadas taxas de desemprego na zona do euro, sobretudo na Grécia e na Espanha.

Em 2016, Grécia, Itália, Portugal, Chipre e Bélgica tinham um endividamento maior do que todo o seu PIB. Em momentos anteriores, a União Europeia injetou bilhões de dólares na economia grega para tentar conter a crise. A escassez de crédito nas instituições financeiras deixou as empresas com pouco dinheiro para investir, o que levou à demissão de trabalhadores, aumentando o número de desempregados.

Além disso, a inflação aumentou, o que elevou o preço dos produtos. Com o baixo poder de compra da população, o mercado vendeu menos e a economia ficou paralisada.

População grega se manifesta contra as medidas de austeridade impostas ao país. Atenas, Grécia, 2015.

Ampliar

A União Europeia e a zona do euro, de Maria de Fátima Previdelli (LCTE).

O livro discute as contradições da União Europeia, que em alguns momentos é um bloco de integração e em outros é altamente excludente.

União Europeia
https://europa.eu/european-union/index_en

Site oficial da União Europeia, com diversas informações sobre o bloco.

Viver

Dez anos após início de crise, União Europeia afirma que recuperação se confirmou, mas ainda há o que fazer

Dez anos depois de o banco francês BNP Paribas reconhecer sua exposição ao chamado *subprime* nos Estados Unidos (as hipotecas de alto risco), a União Europeia afirma que a recuperação da maior recessão de suas seis décadas de história está garantida, embora reconheça que ainda há muito o que fazer. [...]

A avaliação positiva do momento atual, no entanto, não impede que a União Europeia reconheça que ainda há muito a ser feito. [...]

Um dos exemplos do que ainda precisa ser feito é a situação da Grécia. Em maio, o país fechou um acordo com credores que prevê novas medidas de austeridade para garantir acesso a mais uma parcela do plano de resgate após meses de negociações. Apesar do acerto, avança a avaliação de que a Grécia não tem como pagar sua dívida. O país europeu vive há sete anos com ajuda de recursos externos garantida graças a políticas que elevaram impostos, reduziram aposentadorias e aumentaram a pobreza. Mesmo entre os países europeus que conseguiram retomar um ritmo mais forte de crescimento da economia, como é o caso da Espanha, o desemprego ainda é uma realidade. O país tem taxa de desemprego de 17,1%. Além disso, a União Europeia precisa lidar com mais um obstáculo: a saída do Reino Unido.

"Graças à resposta política determinada à crise, a economia da UE está agora em recuperação firme e a união econômica e monetária mais sólida do que antes. É preciso aproveitar esta evolução, concluir a união financeira, reformar as nossas economias para promover a convergência, a inclusão e a resiliência, e manter a sustentabilidade das finanças públicas. Ao fazê-lo, temos de manter uma abordagem equilibrada, na qual a redução e a partilha dos riscos sejam indissociáveis e a unidade do mercado único seja preservada", diz o vice-presidente Valdis Dombrovskis, responsável pelo euro e pelo diálogo social.

Já o comissário de assuntos econômicos e financeiros, Pierre Moscovici, defendeu a conclusão da união econômica e monetária:

"Dez anos após o início da crise mundial, a recuperação da economia europeia confirmou-se e tem vindo a aumentar. Temos de aproveitar esta dinâmica positiva para concluir a reforma da nossa união econômica e monetária. Nem todos os legados do passado se corrigem automaticamente. Temos assistido ao aparecimento de maiores divergências sociais e econômicas dentro dos estados-membros e entre eles. É essencial que o nosso trabalho futuro contribua para a convergência real e sustentada das nossas economias".

Entre as ações necessárias para conter os efeitos da crise, o documento cita as medidas para regular o setor financeiro e melhorar a governança econômica, a criação de um sistema de proteção da área do euro e a continuidade das reformas estruturais.

"Devido a essas medidas, a união econômica e monetária da Europa foi substancialmente reformulada e a economia europeia – especialmente a economia da zona do euro – voltou à forma. A retomada na Europa é duradoura e o desemprego tem diminuído com regularidade", ressalta o texto, que destaca que apenas a Grécia, dos oito países que tiveram que recorrer à socorro financeiro, ainda se encontra nessa situação. E apenas três estados-membros têm déficit público hoje superior a 3% do Produto Interno Bruto (PIB), que é o limite estabelecido pelo Pacto de Estabilidade. No auge da crise, 24 países passavam desse teto. Já o Plano de Investimento Juncker, lançado em 2014, já destinou mais de € 225 milhões aos países-membros. [...]

Dez anos após início de crise, União Europeia afirma que recuperação se confirmou, mas ainda há o que fazer.
Época Negócios, 10 ago. 2017. Disponível em: <https://epocanegocios.globo.com/Mundo/noticia/2017/08/dez-anos-apos-inicio-de-crise-uniao-europeia-afirma-que-recuperacao-se-confirmou-mas-ainda-ha-o-que-fazer.html>. Acesso em: ago. 2018.

1. De acordo com o texto, após dez anos de crise na União Europeia, que avaliação é feita?
2. Como estão a situação da Grécia e da Espanha e o que precisa ser feito para melhorar a economia desses países?
3. Para o comissário de assuntos econômicos e financeiros, Pierre Moscovici, quais são as próximas etapas para a estabilização na União Europeia?
4. A Comissão da União Europeia elaborou um documento sobre a crise, com algumas propostas para conter seus efeitos. Quais são essas propostas?

União Europeia no contexto do Brexit e das relações internacionais

Em meio à turbulência da crise econômica, em 2016, o **Reino Unido** promoveu um plebiscito visando referendar a permanência ou não na União Europeia. Esse referendo ficou conhecido como **Brexit** (Br – Britain + *exit* – saída). Um primeiro referendo havia ocorrido em 1973, quando a população decidiu pela permanência no bloco. Entretanto, o Reino Unido jamais participou de dois projetos considerados de suma importância para o pleno funcionamento do bloco: a adoção da moeda única e a livre circulação de pessoas no bloco.

Há vários anos os governantes e parte da população do Reino Unido manifestam seu descontentamento com as políticas adotadas pela União Europeia, as quais, segundo afirmam, contrariam os interesses do Reino Unido. Tal descontentamento cresceu com a crise econômica da UE, a partir de 2009, com claras repercussões na Inglaterra.

Apoiadores do Brexit comemoram o referendo para que o Reino Unido saísse da UE. Londres, Reino Unido, 2016.

Prometido desde 2013, o referendo foi feito em 2016, e o resultado, bastante apertado, foi favorável à saída do Reino Unido do referido bloco econômico. O infográfico a seguir mostra como foi a votação no referendo, externando que os países que fazem parte do Reino Unido estavam bastante divididos.

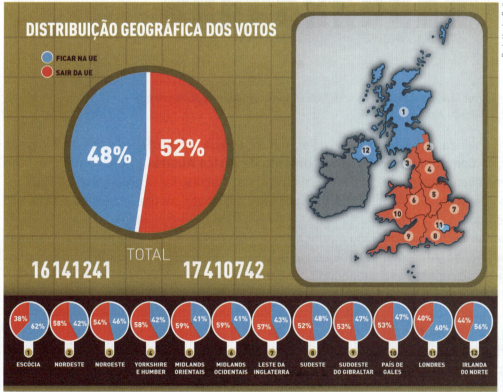

Fonte: Expansión. "*Reino Unido vota por el Brexit y desata un Viernes Negro en los mercados*" (24/06/2016). Disponível em: <www.expansion.com/economia/2016/06/23/576ba4c0e2704ea3418b4637.html>. Acesso em: out. 2018.

117

O primeiro desdobramento desse resultado foi a queda da libra esterlina (moeda do Reino Unido) nas bolsas de valores do mundo. Na sequência, o mercado imobiliário sofreu uma importante queda, forçando o governo britânico a diminuir as taxas de juros e a fazer empréstimos para evitar a evasão de divisas. O resultado acarretou a renúncia do primeiro-ministro à época, David Cameron, e os atuais dirigentes políticos passaram a coordenar o processo de desligamento do Reino Unido da União Europeia, tendo concordado, em 2017, em pagar 45 bilhões de euros pela consolidação de tal saída. Em contrapartida, a UE perdeu a ajuda financeira do Reino Unido e, associado a isso, há um forte temor de que outros países sigam o mesmo caminho do Reino Unido, decidindo abandonar o bloco econômico.

Apesar da crise econômica e do distanciamento do Reino Unido, a União Europeia continua tendo um papel importante no contexto mundial. Recentemente, a UE elevou suas tarifas sobre produtos estadunidenses, provocando uma guerra comercial e demonstrando o poder do bloco na economia global. Em resposta, o governo dos Estados Unidos ameaçou elevar as taxas sobre os carros que importa do bloco.

Ao mesmo tempo, a UE procura expandir suas relações comerciais com outros blocos econômicos. O gráfico abaixo apresenta a evolução nas relações entre a UE e o **Mercosul** entre 2007 e 2013. É possível verificar que nesse período houve aumento tanto das exportações quanto das importações nos dois blocos.

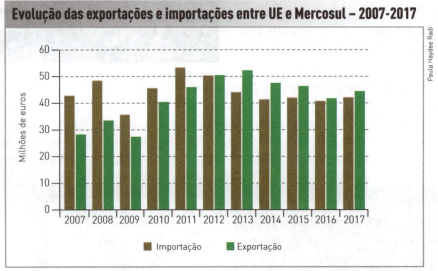

Fonte: European Comission. Disponível em: <http://trade.ec.europa.eu/doclib/docs/2006/september/tradoc_113488.pdf>. Acesso em: out. 2018.

No que se refere à África, a UE procura ampliar sua influência. Em 2016, assinou com alguns países que compõem a **Comunidade de Desenvolvimento da África Austral** (SADC, em inglês) um acordo que visa estabelecer uma integração econômica entre as partes. Tal acordo envolveu Botsuana, Lesoto, Moçambique, Namíbia, África do Sul e Suazilândia. Espera-se que esse seja o primeiro passo para outros acordos.

A União Europeia também tem ampliado a relação econômica com a China, uma das economias que mais crescem no mundo. Atualmente, o bloco é o principal parceiro comercial da China, consumindo produtos chineses e repassando alta tecnologia para esse país.

O temor da Europa é que a China faça investimentos de aquisição no continente. Um exemplo é a compra de partes do porto da cidade grega de Pireu pelos chineses, um dos mais movimentados eixos de tráfego marítimo do mundo.

Esse temor da Europa faz sentido, visto que o governo chinês tem ameaçado muitos mercados com seus investimentos. Um exemplo é a resistência do governo estadunidense aos produtos chineses, fato que vem ocupando espaço na mídia desde 2018.

1 Cite dois objetivos para a criação da União Europeia.

2 Que país deixou a União Europeia em 2016? Quais foram as razões e as consequências iniciais para o bloco?

3 Leia o trecho do texto a seguir, que apresenta os investimentos da União Europeia na América Latina em anos mais recentes, e, depois, responda às questões.

> A União Europeia (UE) é o maior investidor estrangeiro da América Latina, superando China, Rússia e Índia juntas, ao destinar 10% do dinheiro investido pelo bloco no exterior aos países da região. [...] a UE destina à região um investimento superior aos 500 milhões de euros [...].
>
> [...] Brasil e México são responsáveis por 60% desse valor, segundo o levantamento da universidade espanhola. [...]

Estudo indica que UE lidera investimentos na América Latina. *Exame*, 18 jul. 2016.
Disponível em: <https://exame.abril.com.br/economia/estudo-indica-que-ue-lidera-investimentos-na-america-latina/>. Acesso em: nov. 2018.

a) Que países são superados pela União Europeia em relação ao volume de investimentos na América Latina?

b) Quais países latino-americanos são os mais beneficiados com os investimentos da União Europeia? Qual é a importância desses investimos para esses países?

4 Analise o mapa a seguir, sobre os índices de desemprego na Europa em 2016, e faça o que se pede.

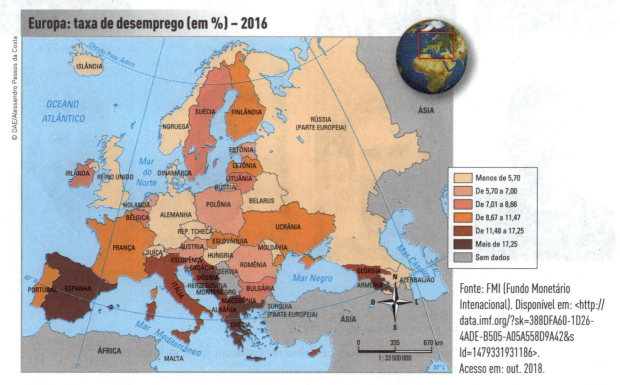

a) Relacione os dados do mapa com a situação econômica de alguns países do continente no período.

b) Aponte os países europeus que tiveram os maiores índices de desemprego naquele ano.

c) Entre os países cujos dados são apresentados, cite dois com os menores índices de desemprego no período analisado.

d) Que instabilidade econômica o desemprego gerou na União Europeia?

CAPÍTULO 12
Dinâmica demográfica e sociedade

Aspectos populacionais

Embora de menor população e extensão territorial que os demais continentes, a Europa apresenta características sociais e culturais bem peculiares. Observe as fotografias a seguir.

Senhora alemã, 2016.

Homem grego, 2018.

Mulher dinamarquesa, 2016.

Jovem francesa, 2016.

Homem italiano, 2015.

Criança ucraniana, 2017.

Jovem croata, 2016.

Senhor espanhol, 2016.

zoom
1. O que as imagens representam?
2. Quais são os possíveis desdobramentos dessa grande diversidade étnica e cultural do continente europeu?

O continente europeu tem uma população de, aproximadamente, 745 milhões de habitantes (dados de 2017), distribuídos em uma área de mais de 10 milhões de quilômetros quadrados. Os países mais populosos são a Rússia, com cerca de 146 milhões de habitantes, e a Alemanha, com aproximadamente 83 milhões de habitantes.

Dinâmica demográfica na Europa

Ao estudarmos a demografia do continente europeu constatamos que a população se distribui de forma bastante irregular pelo território. Observe o mapa a seguir.

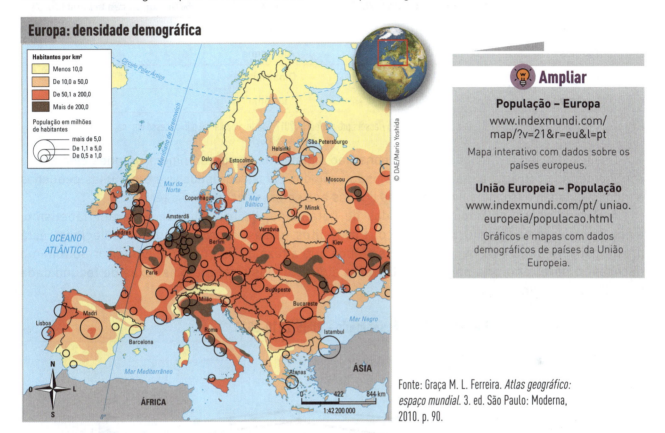

Fonte: Graça M. L. Ferreira. *Atlas geográfico: espaço mundial*. 3. ed. São Paulo: Moderna, 2010. p. 90.

Ampliar

População – Europa
www.indexmundi.com/map/?v=21&r=eu&l=pt
Mapa interativo com dados sobre os países europeus.

União Europeia – População
www.indexmundi.com/pt/uniao.europeia/populacao.html
Gráficos e mapas com dados demográficos de países da União Europeia.

As cidades mais populosas do continente são Istambul (13 milhões de habitantes), Moscou (11 milhões de habitantes) e Londres (8 milhões de habitantes). As áreas mais povoadas são os vales do Rio Reno, na Alemanha, e do Rio Pó, na Itália.

Outras áreas densamente povoadas são as regiões de Londres e Paris; as áreas com menor densidade demográfica estão localizadas próximas às grandes cadeias montanhosas e ao norte do continente, onde as baixas temperaturas desfavorecem a ocupação humana.

Consumidores na Oxford Circus, uma das principais áreas comerciais de Londres. Londres, Reino Unido, 2018.

A Revolução Industrial trouxe o crescimento urbano do continente, e desde então a maior parte da população europeia vive nas cidades (74% em 2017). Observe na tabela abaixo a porcentagem de população urbana em alguns países em 2017.

País	% de população urbana (2017)	País	% de população urbana (2017)
Mônaco	100	Reino Unido	83
Bélgica	98	Alemanha	76
Islândia	94	Dinamarca	88
Ucrânia	70	Letônia	67

Fonte: World Population Data Sheet – 2017. Disponível em: <https://assets.prb.org/pdf17/2017_World_Population.pdf>. Acesso em: nov. 2018.

Os elevados índices de população urbana não significam que predominem grandes cidades no continente. Ao contrário, a maior parte da população dos países europeus vive em muitas pequenas e médias cidades e trabalha em atividades ligadas aos setores secundário e terciário.

A Europa apresenta índices reduzidos de natalidade, de mortalidade e de analfabetismo, além de baixo crescimento demográfico. Em muitos países, o crescimento populacional está próximo a zero ou já está negativo. Isso significa que a taxa de fecundidade é inferior ao mínimo necessário para renovar a população. Observe alguns dados referentes às taxas de fecundidade no gráfico a seguir.

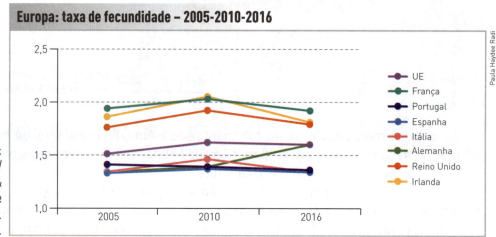

Fonte: Eurostat. Disponível em: <https://ec.europa.eu/eurostat/tgm/table.do?tab=table&init=1&language=en&pcode=tps00199&plugin=1>. Acesso em: out. 2018.

Agora observe, no gráfico a seguir, a evolução das taxas de natalidade e de mortalidade no continente.

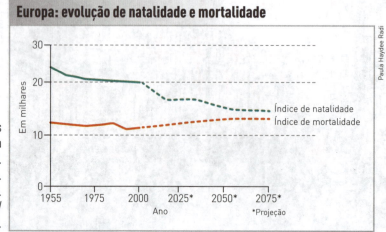

Fonte: Organização das Nações Unidas para a Educação, a Ciência e a Cultura (Unesco). *Correio da Unesco*, 2004. Disponível em: <www.unesco.org/new/pt/unesco-courier/archives>. Acesso em: abr. 2015.

Na última década, a França, que historicamente tinha um índice de natalidade maior do que outros países da Europa, começou a apresentar queda de natalidade. As justificativas para isso são a crise de 2009, cujos efeitos ainda repercutem na sociedade europeia, e a diminuição de políticas estatais de incentivo à natalidade. Portugal e Espanha continuam apresentando um índice bastante pequeno de natalidade, com taxas de fecundidade entre as menores do continente – 1,4 e 1,3 filho por mulher, respectivamente, em 2017.

O aumento da população urbana está entre os fatores que explicam a baixa taxa de fecundidade no continente, pois o ritmo de vida na cidade tem levado à redução do número de filhos. Além disso, podemos citar o alto custo de manter uma família numerosa, a participação da mulher no mercado de trabalho, os casamentos tardios e o planejamento familiar. Tais fatores têm contribuído para a Europa apresentar um crescimento vegetativo muito baixo.

Observe no gráfico abaixo a taxa de crescimento populacional da Europa comparada à de outros continentes nos períodos de 1965 e 2010, e a projeção para 2050.

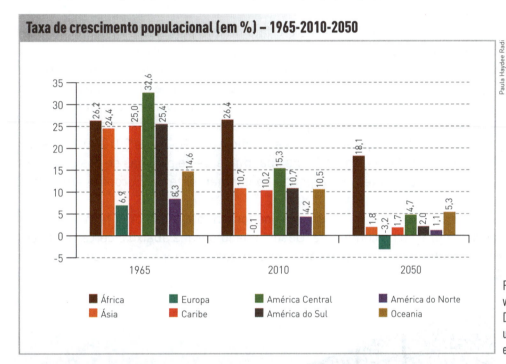

Fonte: Nações Unidas. Perspectivas da População Mundial 2017. Disponível em: <https://population.un.org/wpp/DataQuery/>. Acesso em: out. 2018.

Diferentemente dos demais continentes, a Europa caracteriza-se por ter uma população predominantemente adulta, com elevada expectativa de vida e reduzido número de jovens, resultado da baixa taxa de natalidade. A pirâmide etária ao lado representa esse perfil da população europeia.

A queda na taxa de natalidade na Europa ocorre gradativamente há décadas, e suas consequências já são notadas: não há renovação natural da população e há menos pessoas em idade produtiva, o que é uma ameaça ao crescimento econômico e à garantia dos direitos previdenciários aos idosos.

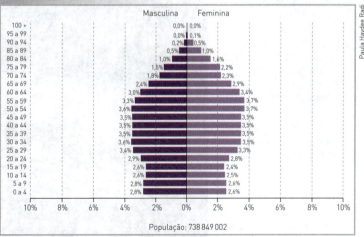

Fonte: PopulationPyramid.net. Disponível em: <www.populationpyramid.net/pt/europa/2016>. Acesso em: out. 2018.

Fluxos migratórios e xenofobia na Europa

A fim de tentar minimizar os problemas de um número baixo de população economicamente ativa, alguns países incentivaram a entrada de imigrantes para trabalhar em diversos setores da economia. Em geral, migrantes provenientes da África, Ásia e América Latina assumiram trabalhos que exigiam menor qualificação: operários da construção civil, garçons, trabalhadores do setor de limpeza etc.

Também houve deslocamento dentro do próprio continente europeu: com a desestruturação do socialismo, as populações do Leste Europeu dirigiram-se à Alemanha, França e Itália em busca de melhores condições de vida.

Desde o início da década de 2010, o mundo está passando por graves problemas ligados à migração em direção aos países desenvolvidos, e a Europa vive um quadro especial, pois tem recebido milhares de pessoas devido a guerras (na Síria, Afeganistão, Eritreia e Nigéria), à instabilidade política na Líbia e, também, porque muitos refugiados se deslocam para o continente ao não encontrar asilo em outros países da África e Ásia.

Um dos problemas enfrentados por muitos países é o fato de que parcelas da população local veem no imigrante uma ameaça a seu emprego e à cultura de seu país. Assim, crescem na Europa os movimentos nacionalistas e o sentimento de xenofobia, que se manifesta de diferentes formas. São práticas de discriminação e racismo contra povos de diferentes culturas e etnias que abrangem desde a criação de leis de deportação de indivíduos considerados indesejáveis no país à realização de manifestações populares e ataques contra os imigrantes. Um exemplo disso foi a deportação de romenos e búlgaros ciganos realizada pelo governo francês no início da década de 2010. Em Dresden (Alemanha) houve uma grande manifestação, em 2016, na qual milhares de pessoas se posicionaram contra os mulçumanos. Cenas desse tipo têm se repetido constantemente na Europa e em outras partes do globo.

Para tentar evitar conflitos com a população, os governos tomam atitudes como fechar as fronteiras e estabelecer cotas de imigração no continente. Observe na fotografia abaixo o cercamento em Evros, uma região da Grécia na fronteira com a Turquia, que impede a migração na região entre a Europa e o Oriente Médio.

Ampliar

Imigrantes e muçulmanos na Europa (1990-2010)

http://veja.abril.com.br/multimidia/infograficos/imigrantes-e-muculmanos-naeuropa-de-1990-a-2010

Infográfico animado sobre a imigração na Europa.

A cerca de 12 km de extensão foi construída em 2012 para impedir que os refugiados passassem pela fronteira entre Grécia e Turquia. Evros, Grécia, 2015.

Outros países são separados por muros, como a fronteira entre a Espanha e o Marrocos (muros de Ceuta e Melilla) e, na Irlanda do Norte, muro que separa a capital Belfast, com rivalidade entre católicos e protestantes.

Por outro lado, muitos grupos apoiam a livre circulação de pessoas pelo mundo (e pela Europa) em uma clara demonstração de respeito às minorias e compreensão às diferenças culturais. Desse modo, organizam-se em manifestações para defender os imigrantes e refugiados contra os ataques dos grupos extremistas.

Londrinos reúnem-se em protesto contra o aumento de ataques racistas. Londres, Reino Unido, 2018.

Alguns países europeus têm manifestado preocupação com os imigrantes. Barrar ou expulsar estrangeiros não soluciona o problema e acaba por aumentar a entrada ilegal de pessoas no continente. Além disso os países europeus precisam de imigrantes, visto que a população está envelhecendo e a taxa de natalidade se mantém baixa.

Em 2018, o governo da Alemanha, a fim de enfrentar a escassez de mão de obra em alguns setores da economia, aprovou uma nova lei de imigração para atrair novos trabalhadores qualificados de fora da União Europeia.

É preciso esforços dos governos dos países europeus para integrar os imigrantes à sociedade local, oferecendo escolas, valorizando a interculturalidade e o respeito às diversas religiões.

A Europa, assim como qualquer outro continente, também precisa de mão de obra qualificada, composta de profissionais como médicos, engenheiros, professores, entre outros. É o que se chama de "fuga de cérebros", deslocamento que se dá geralmente dos países emergentes em direção a esse continente.

 Ampliar

Mediterrâneo, Itália/França/EUA/Alemanha/Catar, 2015. Direção: Jonas Capinando, 107 min.

Esse filme relata a saga de imigrantes africanos que buscam melhores condições de vida na Europa.

Angela Merkel, chanceler da Alemanha, um dos principais países da União Europeia a acolher refugiados. Salzburgo, Áustria, 2018.

125

Viver

Fluxo de migrantes diminui em 2016, mas número de mortos no mar cresce

Embora tenha havido uma queda significativa no fluxo de migrantes e refugiados na região do Mediterrâneo, 2016 marcou um novo recorde de mortos e desaparecidos em travessias pelo mar.

No total, mais de 5 000 pessoas se afogaram e não conseguiram completar sua jornada em busca de asilo na Europa, segundo dados do Acnur (Alto Comissariado das Nações Unidas para Refugiados). Outros 361 mil migrantes desembarcaram no continente ao longo do ano. [...]

Segundo o Acnur disse à *Folha* por *e-mail*, "as táticas dos contrabandistas de pessoas estão mudando, com o embarque de milhares de pessoas ao mesmo tempo". Além disso, o uso de embarcações frágeis, como botes infláveis, aumenta os riscos de naufrágio, especialmente quando há mau tempo. "Isso acaba tornando o trabalho dos socorristas mais difícil", afirma o órgão. [...]

Contribui para agravar a crise humanitária no Mediterrâneo a impossibilidade de se estabelecer responsáveis pela situação. Até hoje, nenhuma das mortes em alto-mar resultou em investigações contra autoridades ou contrabandistas.

Parte da redução do fluxo migratório no Mediterrâneo em 2016 se deve ao acordo assinado em março entre a União Europeia (UE) e o governo da Turquia. O pacto cria limites à entrada de refugiados vindos do país em troca do repasse de € 6 bilhões (R$ 21 bilhões) para Ancara.

As travessias nas rotas da região oriental do Mediterrâneo caíram de 840 mil em 2015 para 173 mil em 2016.

O acordo com a Turquia é estratégico para controlar as travessias pelo mar. Campos da ONU no país abrigam mais de 2 milhões de refugiados da guerra civil na Síria, muitos dos quais saem da Turquia em direção à Europa em busca de segurança. Os sírios correspondem a 23% de todos os estrangeiros que desembarcaram no continente durante o ano.

Se as autoridades europeias conseguiram, por meio do acordo com a Turquia, controlar o fluxo de refugiados no Mediterrâneo oriental, a crise parece se concentrar agora nas rotas da área central do mar.

Entre 2015 e 2016, as viagens pelo Mediterrâneo central cresceram de aproximadamente 150 mil para 180 mil, e o número de mortos subiu de 2 800 para mais de 4 400. Segundo o Acnur, essas rotas são "mais perigosas" que as que conectam a Turquia à Europa.

A maior parte dos viajantes do Mediterrâneo central foge da violência em países da África subsaariana, como Nigéria e Eritreia. Muitos desses migrantes iniciam sua travessia marítima pela Líbia, país que vive há seis anos uma guerra civil e, na prática, não possui governo capaz de estabelecer controles costeiros.

Nesse sentido, parece inviável para a UE negociar com a Líbia um acordo migratório similar ao firmado com a Turquia. Prevenir naufrágios e conter o contrabando de pessoas na região são, portanto, desafios enormes. [...]

<small>Daniela Avelar. Fluxo de imigrantes diminui em 2016, mas número de mortos no mar cresce. *Folha de S.Paulo*, 1º jan. 2017. Folhapress.
Disponível em: <www1.folha.uol.com.br/mundo/2017/01/1846162-fluxo-de-migrantes-diminui-em-2016-mas-numero-de-mortos-no-mar-cresce.shtml>. Acesso em: ago. 2018.</small>

1 Após a leitura, debata com os colegas as questões a seguir.
  a) O que explica o número tão elevado de mortes na travessia irregular pelo Mar Mediterrâneo?
  b) Quais ações adotadas pela UE resultaram na diminuição do fluxo migratório no chamado Mediterrâneo oriental?
  c) Quais são as dificuldades para encontrar uma solução para as migrações pelo Mediterrâneo central?

2 Em duplas, organizem um mural na sala de aula com notícias recentes sobre a imigração na Europa.

3 Muitas pessoas provenientes, sobretudo, de outros países da América Latina, imigraram no Brasil nos últimos anos. Essa situação ocorre na cidade ou no estado em que você mora? Qual é a procedência dos imigrantes e por que ingressaram no Brasil? Pesquise.

Desenvolvimento social e econômico europeu

A Europa ocidental tem um parque industrial bastante diversificado, que abrange as indústrias aeronáutica, naval, automobilística, eletroeletrônica, química, siderúrgica, têxtil e alimentícia, entre outras. Elas utilizam tecnologia avançada e produzem artigos com precisão e qualidade. Os principais centros industriais do continente são Alemanha, França, Reino Unido e Itália, que, ao lado dos Estados Unidos, Canadá e Japão, formam o **G7**, grupo dos países mais ricos e com o mais alto nível de industrialização do mundo.

Outro setor que traz grandes benefícios à economia do continente é o turismo. A Europa é o maior polo turístico do mundo, sendo França, Espanha e Itália países que recebem anualmente milhões de turistas.

A Europa contava com sete países entre os dez com melhor IDH do mundo em 2017. Observe na tabela abaixo a classificação de alguns países com maiores IDH naquele ano.

Índice Desenvolvimento Humano muito alto		
Ranking IDH global	País	IDH 2017
1	Noruega	0,953
2	Suíça	0,944
3	Austrália	0,939
4	Irlanda	0,938
5	Alemanha	0,936
6	Islândia	0,935
7	Hong Kong (China)	0,933
7	Suécia	0,933
9	Cingapura	0,932
10	Holanda	0,931

Fonte: Programa das Nações Unidas para o Desenvolvimento (Pnud). Disponível em: <http://hdr.undp.org/sites/default/files/2018_human_development_statistical_update.pdf>. Acesso em: nov. 2018.

Embora esses países tenham excelentes condições de vida, nem todos os seus habitantes usufruem delas. Existem muitos europeus que vivem em situação de pobreza, devido ao desemprego. Há também diferenças internas, como na Itália, onde o norte é industrializado e rico, e o sul agrícola, com menor desenvolvimento industrial e maiores focos de desigualdade social.

Segundo dados da Oxfam, uma organização não governamental (ONG), os índices de desigualdade social estavam alarmantes no ano de 2015. O relatório elaborado pela ONG revelou que aproximadamente 123 milhões de pessoas viviam em risco de pobreza no Velho Mundo. Essa desigualdade é bastante diversificada, mas países como Grécia e Bulgária têm os piores índices de desigualdade. A desigualdade ocorre também entre os gêneros: Alemanha, Áustria e República Tcheca apresentam as maiores disparidades entre os salários de homens e mulheres.

Idoso em situação de rua na Bulgária. Dez anos depois de ingressar na UE, o país ainda é o mais pobre do bloco. Sófia, Bulgária, 2017.

1. Observe o mapa abaixo:

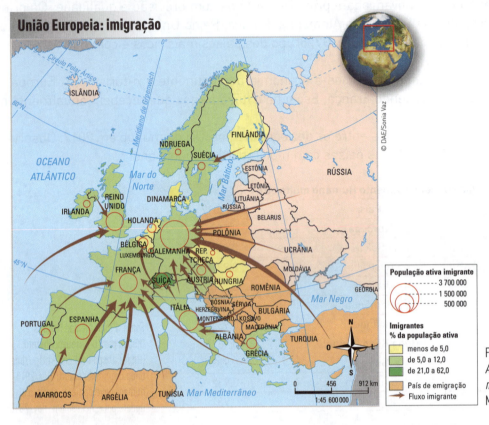

Fonte: Graça M. L. Ferreira. *Atlas geográfico: espaço mundial.* 3. ed. São Paulo: Moderna, 2010. p. 91.

O mapa que você acabou de observar é dinâmico, pois representa o fluxo populacional que ocorre no espaço geográfico. Para interpretá-lo, é necessária a identificação dos pontos de partida e de chegada do que está em movimento. De acordo com essas informações e as indicadas na legenda, o que é possível concluir sobre a imigração na União Europeia?

2. Com base nas fotografias a seguir elabore um texto sobre a atual composição etária da população europeia e sua relação com a disponibilidade de mão de obra no futuro, caso essa tendência seja mantida.

Na Europa a taxa de fecundidade é inferior ao mínimo necessário para renovar a população. Londres, Reino Unido, 2017.

A Europa caracteriza-se por ter uma população predominantemente adulta e elevada expectativa de vida. Veneza, Itália, 2016.

3 Observe o gráfico a seguir e responda às questões.

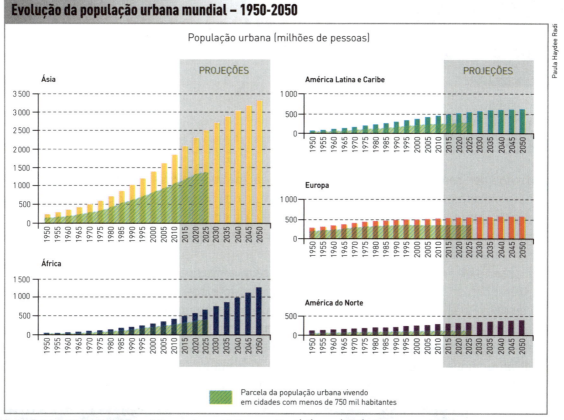

Fonte: PopulationPyramid.net. Disponível em: <www.populationpyramid.net/pt/europa/2016/>. Acesso em: out. 2018.

a) Segundo os dados dos gráficos, qual é a tendência da população mundial para as próximas décadas?

b) No período de 1950 a 2015, a Europa teve um processo evolutivo particular em relação à urbanização. Em que o continente difere da maioria, em especial da Ásia, nesse período?

4 Observe o gráfico abaixo:

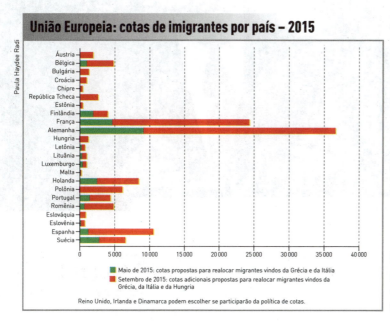

a) Quais são os três países que mais podem receber migrantes de acordo com a tabela de cotas?

b) Comparando as informações sobre as cotas de imigrantes entre os países da Europa ocidental e os da Europa oriental, a quais conclusões se pode chegar?

Fonte: Elaborado com base em: BBC. "Os países que mais recebem refugiados sírios" 12 set. 2015. Disponível em: <www.bbc.com/portuguese/noticias/2015/09/150910_vizinhos_refugiados_lk>. Acesso em: nov. 2018.

CAPÍTULO 13
Rússia: economia e geopolítica

Aspectos gerais

Já estudamos nos capítulos anteriores aspectos relacionados à Rússia, como o fato de o país ser um dos atores principais da geopolítica mundial, possuir o território mais extenso do mundo, ocupando porções da Europa e da Ásia, e a maior população do continente europeu. No que diz respeito às atuais condições do meio físico-natural, você já tem conhecimento dos principais componentes da natureza desse imenso território.

Devido à grande extensão e as diversidades regionais, a Rússia, ou Federação Russa, pode ser dividida em três porções: a Rússia europeia, que está a oeste dos Montes Urais; a Sibéria, que se prolonga ao leste; a Rússia oriental, na porção sudeste e a faixa na costa do Oceano Pacífico.

A Rússia, que já foi um império governado por **czares**, palco de guerras e revoluções, república socialista da União Soviética, polo de poder político-ideológico e militar na Guerra Fria, é, atualmente, líder da CEI (Comunidade dos Estados Independentes) e compõe o Brics, com Brasil, Índia, África do Sul e China, como uma das economias emergentes do mundo.

Glossário

czar: título utilizado pelos soberanos russos, no período de duração do Império Russo, entre 1547 e 1917.

Vladimir Putin, presidente da Federação Russa, em visita ao presidente francês. Paris, França, 2017.

Atualmente a Rússia encontra-se numa fase de recuperação econômica, após anos de instabilidade provocadas pela transição do socialismo, seguida da crise iniciada em 2008 nos Estados Unidos, que se alastrou pelo mundo. Vladimir Putin, que governa a Rússia desde 2000, com cargos alternados de presidente e primeiro-ministro, conseguiu recolocar o país entre as principais potências mundiais. Em seu governo, as forças armadas russas têm atuado no sentido de recuperar a supremacia do país na Eurásia.

A Revolução Russa e o socialismo soviético

No final do século XIX, o então Império Russo passava por uma grande turbulência social e política, devido ao alto grau de exploração a que os mais pobres eram submetidos. Em 1905, numa manifestação de operários contra o governo, em frente ao Palácio de Inverno do Czar Nicolau, em São Petersburgo, os soldados do exército russo atiraram no povo, matando mais de mil trabalhadores, no que ficou conhecido como Domingo Sangrento.

Esse episódio foi abafado pelo governo. Entretanto, foi um ensaio para a grande Revolução Socialista de 1917, que implantou o socialismo.

A **Revolução Russa**, como é conhecida, teve início em março de 1917, com uma série de greves em Petrogrado (atual São Petersburgo) e ampla adesão de setores militares insatisfeitos. O resultado foi a derrubada do regime czarista, com a tomada do poder pelos bolcheviques, que eram apoiados pelos conselhos de trabalhadores (sovietes).

Lênin em discurso para o povo russo. Moscou, Rússia, 1919.

Após a tomada do poder pelos bolcheviques, a Rússia se retirou da Primeira Guerra Mundial, assinando um acordo (o Tratado de Brest-Litovsk) com as Potências Centrais, que significou a perda de importantes territórios naquele momento, tais como Finlândia, Ucrânia, Belarus, Polônia, Países Bálticos (Estônia, Letônia e Lituânia) e Geórgia. Lênin, líder da Revolução Russa e primeiro governante da Rússia socialista, chamou esse acordo de "Tratado de paz vergonhosa", pois a Rússia se desfez de áreas ricas em carvão mineral e com grande potencial industrial.

Mulheres em manifestação na capital do Império Russo, já no contexto da Revolução Bolchevique. Petrogrado (atual São Petersburgo), Império Russo, 1917.

A Revolução de 1917 foi seguida por uma grave guerra civil, com duração de quatro anos e a vitória do Exército Vermelho (bolcheviques) sobre o Exército Branco (grupo que defendia a volta do sistema anterior, apoiado por tropas britânicas, estadunidenses e japonesas).

Durante muito tempo houve uma alarmante estagnação econômica. A proposta de saída dessa crise foi a criação da **Nova Política Econômica** (NEP), em 1921, caracterizada como um arranjo do planejamento estatal, aumento da industrialização e das práticas agrícolas.

Em 1922, foi criada a **União das Repúblicas Socialistas Soviéticas** (URSS), que agrupava inicialmente a Rússia, a Ucrânia e a Belarus; e, a partir de 1928, começaram a ser desenvolvidos os **Planos Quinquenais**, que substituíram a NEP como instrumento de promoção do crescimento industrial e agrícola. O objetivo da criação da URSS era manter unidos os territórios que compuseram o antigo Império Russo.

Como você sabe, as políticas de planejamento centralizado continuaram a ser desenvolvidas na URSS e, após a Segunda Guerra Mundial (1939-1945), enquanto ocorria o declínio das potências até então dominantes (principalmente Inglaterra), os Estados Unidos e a União Soviética emergiam como potências mundiais.

As duas nações procuravam exercer influência sobre os demais países, expandindo, cada qual, seu sistema econômico. Enquanto a União Soviética tentava aumentar sua área de influência com a implantação do socialismo, os Estados Unidos tentavam conter esse avanço financiando os países mais atingidos pela guerra.

Parada militar por ocasião do 51º aniversário da Grande Revolução Socialista de Outubro. Moscou, URSS (atual Rússia), 1968.

Nesse período, os governos soviético e estadunidense promoveram uma forte **corrida armamentista**, isto é, produziam armas e veículos de guerra cada vez mais sofisticados, expondo suas conquistas tecnológicas para o mundo numa clara demonstração de força e poderio militar. Ambas as nações utilizaram um modelo desenvolvimentista, centrado na economia. Como já é de seu conhecimento, essa tensão ficou conhecida como **Guerra Fria** (1945-1989), período marcado também por muita espionagem e propaganda política.

Os países do Leste Europeu (também chamados países da Europa Oriental) aliaram-se à União Soviética. Foi uma aliança feita mais pela imposição militar socialista do que voluntariamente, pois o governo soviético desejava expandir seu domínio. Durante todo o período da Guerra Fria, esses países se mantiveram socialistas, em geral governados por um partido único.

Essa rivalidade levou o primeiro-ministro inglês Winston Churchill a afirmar, em 1946, que a Europa estava dividida por uma "cortina de ferro", constatando que o capitalismo e o socialismo separavam o continente em dois lados: o ocidental e o oriental. O mapa ao lado retrata esse momento histórico e político.

A Guerra Fria produziu uma divisão político-ideológica do mundo e a criação de duas alianças militares. De um lado estavam os países aliados aos Estados Unidos, que criaram, em 1949, a **Organização do Tratado do Atlântico Norte** (Otan), com sede em Bruxelas, na Bélgica. Da Otan faziam parte os seguintes países: Estados Unidos, Canadá e 14 países europeus – Reino Unido, França, República Federal da Alemanha (Alemanha Ocidental), Itália, Holanda, Bélgica, Luxemburgo, Noruega, Islândia, Dinamarca, Espanha, Portugal, Grécia e Turquia. O objetivo inicial dessa organização, que se baseava no princípio de solidariedade mútua entre seus membros, era a proteção contra a ameaça soviética.

Fontes: José Jobson de A. Arruda. *Atlas histórico básico*. 17. ed. São Paulo: Ática, 2011. p. 32; Cláudio Vicentino. *Atlas histórico geral e do Brasil*. 1. ed. São Paulo: Scipione, 2011. p. 149.

Em 1955, o bloco socialista criou o **Pacto de Varsóvia**, uma entidade da qual faziam parte União Soviética, República Democrática Alemã (Alemanha Oriental), Hungria, Polônia, Tchecoslováquia, Romênia e Bulgária. Tanto a Otan quanto o Pacto de Varsóvia consideravam qualquer agressão ao território de um de seus países-membros uma agressão ao território de todos. O Pacto de Varsóvia era um instrumento de defesa da União Soviética contra os governos opositores ao regime socialista. Com o tempo, passou também a ser usado para conter as atitudes contrárias ao socialismo nos territórios que estavam sob sua influência.

Visão geral da sede da Otan. Bruxelas, Bélgica, 2018.

Com o fim da Guerra Fria (final da década de 1980) e, consequentemente, das ameaças à soberania estadunidense e capitalista, redefiniu-se o papel da Otan, que passou a ser a base política de segurança de toda a Europa, definindo ações relacionadas ao combate do terrorismo. Antigos rivais passaram a fazer parte da organização: República Tcheca, Hungria, Polônia, Bulgária, Estônia, Eslováquia, Eslovênia, Letônia, Lituânia e Romênia. Em 2009, Albânia e Croácia também ingressaram na Otan. A Rússia participa de decisões relacionadas ao combate do terrorismo e da propagação de armas de destruição em massa.

Da economia planificada à abertura do mercado

Como vimos, a União das Repúblicas Socialistas Soviéticas (URSS) formou-se em 1922, quando a Rússia, primeiro país do mundo a implantar o sistema socialista, em 1917, anexou duas nações vizinhas, Ucrânia e Belarus. Com o tempo foram sendo anexados outros territórios, até se configurar um conglomerado de 15 repúblicas. Essa anexação passou a ser fundamentada na política expansionista e ditatorial de seu líder, Joseph Stalin.

A União Soviética abarcou não apenas um vasto território mas sobretudo uma população com grandes diferenças étnico-culturais – mais de 120 nacionalidades, com predominância de russos, ucranianos e bielorrussos. Em comum, esses povos tinham somente o regime socialista.

Apesar de todas as repúblicas terem adotado o socialismo, que definia um único partido político e uma economia **planificada**, elas tinham entre si grande diversidade étnica, religiosa, linguística e cultural, o que resultou na formação de várias **minorias nacionais**, responsáveis em grande parte pelos conflitos que atingiram e ainda atingem a região.

Glossário

Minoria nacional: grupo étnico minoritário em uma comunidade etnicamente heterogênea.

Planificado: planejado, estabelecido de acordo com um plano.

Tanques soviéticos nas ruas de Praga em operação contra as reformas da Primavera de Praga. Praga, Tchecoslováquia, 1968.

Em 1945, União Soviética, Estados Unidos e Grã-Bretanha venceram os países do Eixo (Alemanha, Itália e Japão), pondo fim à Segunda Guerra Mundial. Os Estados Unidos, com o objetivo de garantir o alinhamento das nações da Europa Ocidental e impulsionar o capitalismo, investiram grandes recursos financeiros na reconstrução delas. Enquanto isso, a União Soviética também gastava muitos recursos com a Guerra Fria, mantendo a corrida armamentista e espacial, além de financiar países aliados. No período, a União Soviética crescia em termos tecnológicos e se fortalecia militarmente. A indústria era beneficiada pelos recursos do subsolo, principalmente o carvão, o que contribuía para o fortalecimento da indústria de base (termoelétrica e siderúrgica, por exemplo).

O processo de constituição do socialismo no Leste Europeu, sob controle soviético, não ocorreu da mesma forma em todos os países, mas as forças soviéticas de ocupação estavam presentes em todos eles – exceto na Iugoslávia e na Albânia –, assim como o regime de partido único e o alinhamento ao Pacto de Varsóvia. Durante a Guerra Fria, a União Soviética investiu pouco no sistema de consumo e abastecimento do país. A isso se somava um governo burocrático, que privilegiava membros do Partido Comunista em detrimento da população, levando a uma crise. Da mesma forma, no Leste Europeu, as tensões cresciam e a insatisfação e os conflitos se intensificavam.

Mikhail Gorbatchev discursa em uma cerimônia oficial. Vladivostok, URSS (atual Rússia), 1986.

A partir de 1985, no governo de Mikhail Gorbatchev, a União Soviética passou por um período de grandes transformações, por meio das políticas da **glasnost** e da **perestroika**.

A *glasnost* significou uma política de abertura e transparência em relação aos problemas políticos internos, como a corrupção, a burocracia e a má administração do Estado. A *perestroika* foi um plano de reorganização econômica lançado por Gorbatchev para reestruturar e equilibrar o sistema econômico da União Soviética, abrindo a economia para o capital estrangeiro e permitindo a propriedade particular no país.

Com essas medidas, a União Soviética começou a traçar um novo cenário nacional e internacional. Algumas de suas repercussões foram a organização de diferentes movimentos:
- de apoio aos regimes socialistas;
- favoráveis a reformas profundas na Rússia (a maior das repúblicas que compunha a URSS);
- contrários às reformas, constituídos principalmente por conservadores.

Gorbatchev não teve o apoio de todos. Forças opostas reagiram, enfraqueceram seu governo e promoveram um golpe. Em meio às reformas, o então presidente da República Russa, Bóris Iéltsin, destacou-se na defesa da independência das repúblicas soviéticas.

O período de crise e insatisfação popular já trazia ideias separatistas, que se concretizaram no governo de Iéltsin. As primeiras repúblicas a se separarem da União Soviética foram Estônia, Letônia e Lituânia, formando novos países, que se declararam independentes.

Russos se aglomeram em frente a restaurante recém-inaugurado de famosa franquia de *fast food* estadunidense em Moscou, 1990. O momento simboliza os reflexos da *perestroika* no país.

135

A formação da CEI

As 15 ex-repúblicas da União Soviética tornaram-se países independentes em 1991, consolidando a desagregação da URSS. Ao perceberem que precisavam se unir para se desenvolver economicamente, fortalecer as relações comerciais entre as ex-repúblicas e afirmar seu processo de independência, Rússia, Ucrânia e Belarus assinaram, em dezembro de 1991, um documento que formalizava a ideia de criação da **Comunidade dos Estados Independentes** (CEI).

Dos 15 países que se formaram das antigas repúblicas soviéticas, 12 faziam parte da CEI em seu início. As nações bálticas – Letônia, Estônia e Lituânia – não ingressaram nessa comunidade.

Em 2009, a Geórgia, que fazia parte da CEI desde seu início, pediu seu desligamento do grupo, motivada por divergências políticas devido ao apoio dado pela Rússia à Abecásia e à Ossétia do Sul, duas regiões da Geórgia que lutam por independência. Observe o mapa a seguir.

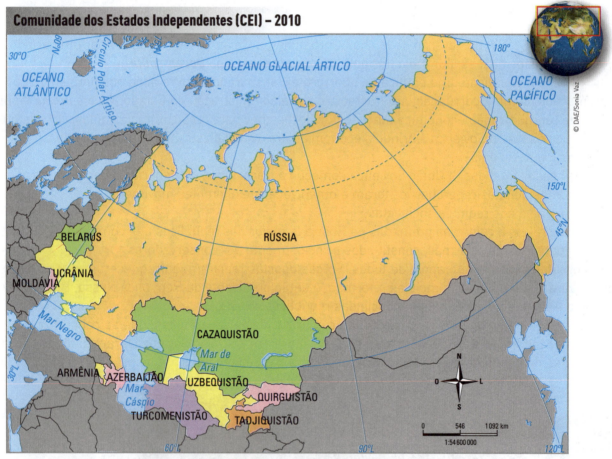

Fontes: *Atlas geográfico escolar. Ensino Fundamental do 6º ao 9º ano*. Rio de Janeiro: IBGE, 2010. p. 119; Commonwealth of Independent States. Disponível em: <www.cisstat.com/eng/index.htm>. Acesso em: out. 2018.

Em 2017, sentindo a necessidade de reorganizar o grupo, o governo russo, que lidera o bloco, defendeu que a CEI deveria passar por uma renovação nas estruturas, a fim de melhorar os sistemas de combate ao terrorismo na região. Além disso, o combate ao narcotráfico e à imigração ilegal foram fatores apresentados para que os governantes da CEI debatessem formas de corrigir possíveis falhas administrativas no grupo.

Apesar da dissolução do bloco soviético e de um pequeno período em que a Rússia passou por profundas reestruturações internas, esse país ainda exerce influência política, econômica e militar na Eurásia e em outras partes do globo.

A Rússia na geopolítica mundial: separatismos e conflitos étnicos

No decorrer da década de 1990, houve um enfrentamento militar envolvendo a Rússia e a Chechênia, que havia declarado sua independência em 1991. A Chechênia é uma província, de maioria muçulmana, que se localiza na região montanhosa do Cáucaso, entre os mares Negro e Cáspio. Em 1994, ocorreu uma intervenção russa na Chechênia, cujo objetivo era restaurar o domínio de Moscou sobre a região, pois havia o temor de que essa perspectiva separatista se espalhasse para outras regiões da antiga União Soviética. Essa guerra durou até 1996, com um saldo de, aproximadamente, 40 mil mortes.

Cidade destruída em conflito da Chechênia. Grozny, República da Chechênia (Rússia), 1995.

Apesar da assinatura do tratado de paz em 1997, com a promessa da Rússia de auxiliar na reconstrução da Chechênia, em 1999 as disputas recomeçaram, com as seguintes características:
- atentados a bomba de rebeldes chechenos em várias localidades na Rússia, com um saldo de, aproximadamente, 300 mortes;
- invasão da capital da Chechênia (Grozny) pelo exército russo e expulsão dos rebeldes para as montanhas;
- extrapolação do conflito para outro território (sequestros de aviões na Turquia pelos defensores da causa chechena);
- morte de civis, além de soldados de ambas as partes;
- invasão, em 2002, por 50 rebeldes chechenos, de um teatro em Moscou, no qual estavam 700 pessoas assistindo a um espetáculo. Os rebeldes exigiam que a Rússia retirasse suas tropas da Chechênia. O resultado foi a morte de 115 reféns e de todos os rebeldes;
- invasão de rebeldes chechenos, em 2004, a uma escola na cidade de Beslan, na Ossétia do Norte (República Russa), tornando reféns 1 200 pessoas, entre pais, professores e crianças. Os rebeldes exigiam que o exército russo saísse do território da Chechênia. O resultado foi a morte de 334 civis, sendo 186 crianças.

Em momentos mais recentes, a Rússia tem participado de outros conflitos, tais como a Guerra da Ucrânia e a Guerra da Síria, para defender seus interesses nessas regiões. O texto a seguir discute alguns aspectos da Guerra da Ucrânia, que se arrasta desde 2013.

Conviver

Entenda a guerra que matou 10 mil pessoas em apenas dois anos

O conflito armado no leste da Ucrânia, que em março completará três anos, matou quase 10 mil pessoas, das quais 2 mil eram civis. Os números alarmantes foram divulgados no começo deste mês em um relatório da ONU sobre o tema que avaliou a situação entre 2014 e 2016.

[...]

Atualmente, os grupos armados mantêm o controle das autoproclamadas repúblicas de Donetsk e Lugansk, que ficam no leste da Ucrânia e fazem fronteira com a Rússia. No entanto, não avançam e nem retrocedem em suas conquistas.

[...]

Angelo Segrillo, autor do livro *Os Russos*, da editora Contexto, e professor de história da Universidade de São Paulo (USP), explica que para entender o que acontece na Ucrânia é necessário pensar no conceito de multinacionalidade.

[...]

Para colocar fim ao conflito, a Ucrânia, apoiada pelos Estados Unidos e União Europeia, quer recuperar a autonomia do governo nas áreas dominadas pelos separatistas, mesmo com concessões de maior autonomia para Donetsk e Lugansk. Além disso, pede a retirada das tropas russas de seu território.

Já os rebeldes pró-Rússia, apoiados pelo governo de Vladmir Putin, reivindicam o reconhecimento das repúblicas populares enquanto países, o não desarmamento das forças separatistas e a saída dos soldados ucranianos da região.

Em setembro de 2014, meses depois que os confrontos começaram, as forças do governo da Ucrânia e os separatistas decidiram interromper a violência e libertar os prisioneiros.

[...]

Logo depois, em fevereiro do mesmo ano, os presidentes da Rússia, Ucrânia, Alemanha e França se reuniram em Minsk, Belarus, e anunciaram o "Acordo de Minsk". As negociações pediam uma zona desmilitarizada, para a retirada em segurança dos civis, e uma maior autonomia para os separatistas pró-Rússia.

Entretanto, mostrou o relatório da ONU, essas tratativas falharam e, segundo revelaram as investigações, os dois lados "continuam utilizando armas proibidas e não tomam suficientes precauções para evitar a destruição de serviços básicos como escolas, creches e hospitais".

Além das 10 mil mortes, o conflito já deixou quase 30 mil feridos ao longo dos anos. A população civil é a maior vítima.

De acordo com a ONU, residentes das áreas de conflito vivem hoje sob ameaça permanente de minas terrestres e os rastros de explosivos deixados no campo contaminaram áreas usadas para a agricultura. [...]

Clara Cerioni. Abril Comunicações S. A. Entenda a guerra que matou 10 mil pessoas em apenas dois anos. Exame, 19 dez. 2016. Disponível em: <https://exame.abril.com.br/mundo/entenda-a-guerra-que-matou-10-mil-pessoas-em-apenas-dois-anos>. Acesso em: ago. 2018.

Após a leitura converse com os colegas sobre as questões a seguir.

1. Quais são as demandas dos ucranianos e dos rebeldes pró-Rússia para colocar fim ao conflito?
2. O que a ONU alerta em seu relatório sobre esse conflito?

Para finalizar essa discussão, em grupo, organizem um mural de notícias sobre os conflitos em que a Rússia se envolveu após o fim do bloco socialista. Pesquisem os conflitos da Chechênia, da Ucrânia, da Síria, entre outros, e montem uma linha do tempo das guerras que envolvem a Rússia.

Na atualidade, a Rússia tem exercido um importante papel na geopolítica mundial, pois conseguiu recuperar seu prestígio, abalado com o final da Guerra Fria.

Apesar de uma intensa privatização ocorrida na década de 1990, a chegada de Vladimir Putin ao poder, em 2000, contribuiu para a recuperação russa. Hoje em dia, empresas estratégicas do setor de petróleo e gás são novamente coordenadas pelo governo, visando gerar recursos para a recolocação do país no cenário geopolítico mundial.

Além disso, desde o início da década de 2010, o governo investe pesado no setor militar com compras de armas, modernização das forças armadas e investimento em tecnologias de guerra. A Rússia está atrás apenas dos Estados Unidos e China em termos de investimentos nesse setor. O gráfico abaixo compara o poderio militar da Rússia, Estados Unidos e China em 2015.

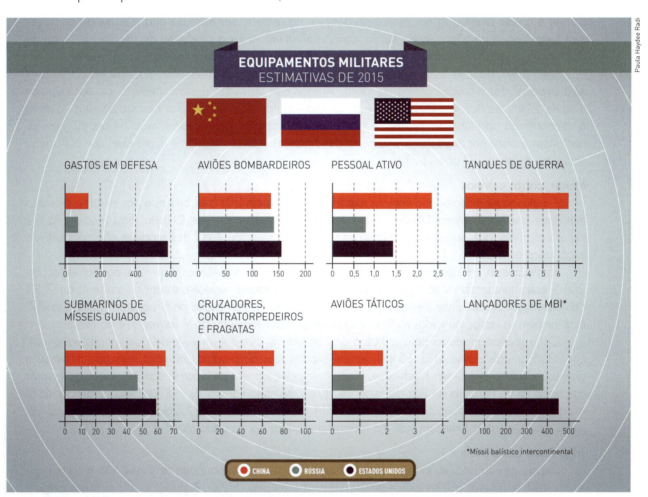

Fonte: Elaborado com base em: *The Economist*, 24 jun. 2016. Disponível em: <www.economist.com/graphic-detail/2015/02/17/arms-audit>. Acesso em: out. 2018.

Um setor de alta tecnologia que tem crescido muito na Rússia é o espacial. Muitos investimentos têm sido feitos na construção de foguetes e módulos para pesquisas no espaço.

Em grande parte, isso ocorre devido ao aumento das exportações e da alta do preço do gás e do petróleo no mercado internacional, levando o governo a destinar mais verbas para o projeto espacial. Com muita frequência o país tem enviado tripulações ao espaço.

Em 2018 astronautas russos estabeleceram um novo recorde de caminhada fora da Estação Espacial Internacional (EEI). Dois astronautas da Rússia permaneceram 8 horas e 13 minutos fora da Estação para fixar uma antena de comunicação.

Atualmente quem leva o astronauta americano para o espaço é a Rússia. O país também está testando uma nova geração de naves, que deverá voar de modo automático em 2024.

De olho no legado

O que a Rússia exporta além de petróleo e gás

[...] Petróleo e gás: benção ou maldição?

O petróleo e o gás compõem as principais exportações da Rússia há décadas, e a razão para tal é lógica: o país dispõe das maiores reservas de gás natural do mundo (24% das reservas globais) e da sexta maior reserva de petróleo (6,1% das reservas globais). No entanto, a extrema dependência do petróleo e do gás cria problemas para Moscou.

Em primeiro lugar, o Estado fica vulnerável às flutuações nos preços de *commodities*. De acordo com os relatórios do REC, em 2016 as exportações caíram 17% (US$ 58 bilhões) em relação a 2015 devido à queda acentuada nos preços do petróleo no primeiro semestre do ano. Depois de os países da Opep, com a participação da Rússia, concordarem em limitar a produção de petróleo, o preço da *commodity* aumentou novamente – motivo pelo qual pode-se esperar receitas mais volumosas em 2017.

Além disso, dada a crescente popularidade de fontes alternativas de energia, não está claro qual será o papel dos hidrocarbonetos no futuro. Apesar das previsões desfavoráveis, o presidente russo Vladímir Pútin ressaltou, em 2016, que é prematuro esperar o fim da era dos hidrocarbonetos. Quanto à dependência da Rússia em petróleo e gás, o governo admite não ser ideal, mas, de acordo com especialistas (como, por exemplo, o ex-ministro das Finanças, Aleksêi Kúdrin), é improvável que a situação mude nos próximos 10 anos. [...]

Metais, carros e armas

A segunda maior categoria entre as exportações russas em 2016 é composta por metais e produtos metálicos, que representam 10% de todas as remessas do país ao exterior. O metal mais vendido da Rússia é o alumínio, que, segundo as estatísticas do REC, representou 4,6% dos produtos não combustíveis exportados em 2016. [...]

Paralelamente, a Rússia exporta também produtos acabados, sobretudo máquinas e equipamentos. Em 2016, esses itens (em primeiro lugar, motores, seguidos de reatores nucleares e carros) representaram 7,3% das exportações totais. Entre eles estão não apenas os veículos fabricados pela fabricante russa AvtoVAZ, mas também os carros montados na Rússia sob licença – por exemplo, da Volkswagen e da Renault.

Outro grande mercado para a Rússia é o de armas, que sobrevive desde os tempos soviéticos. Em 2016, o país obteve US$ 15 bilhões em exportações de produtos militares, segundo informou o primeiro-ministro russo Dmítri Medvedev. Nos últimos cinco anos, de acordo com relatórios do Instituto Internacional de Pesquisa da Paz de Estocolmo (Sipri, na sigla em inglês), a Rússia foi o segundo maior exportador de armas do mundo, depois dos EUA, com uma fatia de 23% das exportações mundiais. Juntos, os dois países fornecem mais da metade das armas no mercado mundial.

Trigo como carro-chefe

Depois de máquinas e equipamentos, os principais itens de exportação da Rússia são produtos químicos (6%), e gêneros alimentícios e matérias-primas agrícolas (5,2%). A previsão dos políticos alegam que, como resultado da "guerra de sanções", a agricultura nacional cresceu, e o país irá ampliar suas exportações de alimentos.

O trigo é uma das principais esperanças desse plano. O chefe da pasta da Agricultura, Aleksandr Tkatchev, destacou recentemente que, nos últimos anos, a Rússia se tornou um dos principais fornecedores mundiais do grão. [...]

Oleg Egorov. O que a Rússia exporta além de petróleo e gás. Russia Beyond, 8 set. 2017. Disponível em: <https://br.rbth.com/economia/79102-russia-exporta-petroleo-gas>. Acesso em: nov. 2018.

1. Quais são os dois principais itens de exportação da Rússia? Por que a dependência deles cria problemas para Moscou?

2. Qual item de exportação "sobrevive" desde os tempos soviéticos? Relacione essa pauta de exportação com a história do país.

1. O que foi a Revolução Russa de 1917 e que mudanças ela trouxe ao país?

2. Apresente o contexto econômico, social e político da criação da "Nova Política Econômica" na Rússia, ressaltando o ano de criação, as causas e as principais características dessa medida.

3. Estabeleça semelhanças e diferenças entre a "Nova Política Econômica" e os "Planos Quinquenais".

4. Qual era o papel geopolítico da União Soviética durante a Guerra Fria?

5. Qual era o interesse da URSS em manter o Pacto de Varsóvia durante o período da Guerra Fria?

6. Explique o que foram a *glasnost* e a *perestroika* e quais foram as consequências da implantação dessas políticas na União Soviética.

7. Quais países pertencem à Comunidade dos Estados Independentes (CEI) e quais foram os motivos de sua criação?

8. Quais foram as primeiras repúblicas a se separar da URSS?

9. Com base no gráfico da página 139, que compara o poderio militar dos Estados Unidos, China e Rússia, responda:

   a) De acordo com gráfico, que país mais gasta com defesa?

   b) Em quais categorias de "*hardware* militar" a Rússia se destaca?

   c) Em quais categorias de "*hardware* militar" a China é a principal representante?

10. Escreva os principais acontecimentos que envolvem a relação conflituosa entre a Rússia e a Chechênia.

11. Qual é a justificativa para o governo russo não admitir a independência da Chechênia?

12. Qual foi o papel cumprido na corrida armamentista pela União das Repúblicas Socialistas Soviéticas (URSS)?

13. Leia o texto a seguir e, depois, responda às questões.

    A Rússia ainda luta para superar os efeitos provocados pela última recessão econômica e, assim, retomar um padrão de crescimento mais acelerado. A economia do país encolheu por dois anos seguidos, em 2015 e 2016, e, desde então, apresenta uma recuperação bastante tímida.

    A expectativa é que a economia russa cresça apenas 1,7% neste ano, segundo projeção do Fundo Monetário Internacional (FMI). No ano passado, a expansão do Produto Interno Bruto (PIB) foi de 1,5%.

    A recessão e o tímido crescimento esperado para o país podem ser explicados por duas razões: pela queda nos preços do petróleo nos últimos anos e pelo embargo adotado pelos Estados Unidos e pela União Europeia depois que o governo russo anexou a Crimeia em 2014. [...]

    Luiz Guilherme Gerbelli. Rússia tenta acelerar crescimento econômico após anos de recessão. G1, 18 jun. 2018. Disponível em: <https://g1.globo.com/economia/noticia/russia-tenta-acelerar-crescimento-economico-apos-anos-de-recessao.ghtml>. Acesso em: nov. 2018.

    a) Que indicadores citados no texto confirmam a ascensão da Rússia na economia mundial?

    b) Por que colapsos nos preços globais do petróleo desestabilizaram a economia russa?

Retomar

1 Compare o mapa político atual do Leste Europeu com o mapa "Europa: Guerra Fria" (página 133) e anote as transformações verificadas na configuração territorial dos países.

Fonte: *Atlas geográfico escolar*. 7. ed. Rio de Janeiro: IBGE, 2016. p. 43.

2 Com que objetivo as potências europeias se expandiram por outros territórios a partir do século XIX?

3 Sobre a União Europeia, organize um quadro com os nomes dos países que deram origem ao bloco e que ingressaram nos anos seguintes.

	Países
Europa dos Seis	
1973	
1981	
1986	
1995	
2004	
2007	
2013	

4) Analise a charge a seguir e faça um comentário sobre o que ela representa.

5) Descreva a relação econômica entre a União Europeia e a China.

6) Retome o gráfico da página 122 "Europa: evolução da natalidade e mortalidade" e comente a tendência da composição da população europeia no futuro.

7) Observe a charge e explique a que situação da União Europeia ela se refere.

8) Em meados da década de 1980, o líder soviético Mikhail Gorbatchev iniciou mudanças de ordem política e econômica na antiga União Soviética que objetivavam reestruturar o país. Cite o nome das reformas implantadas por ele e explique no que consistiam.

143

Visualização

A seguir, apresentamos um mapa conceitual do tema estudado nesta unidade. Trata-se de uma representação gráfica que organiza o conteúdo, composto de uma estrutura que relaciona os principais conceitos e as palavras-chave. Essa ferramenta serve como resumo e instrumento de compreensão dos textos, além de possibilitar consultas futuras.

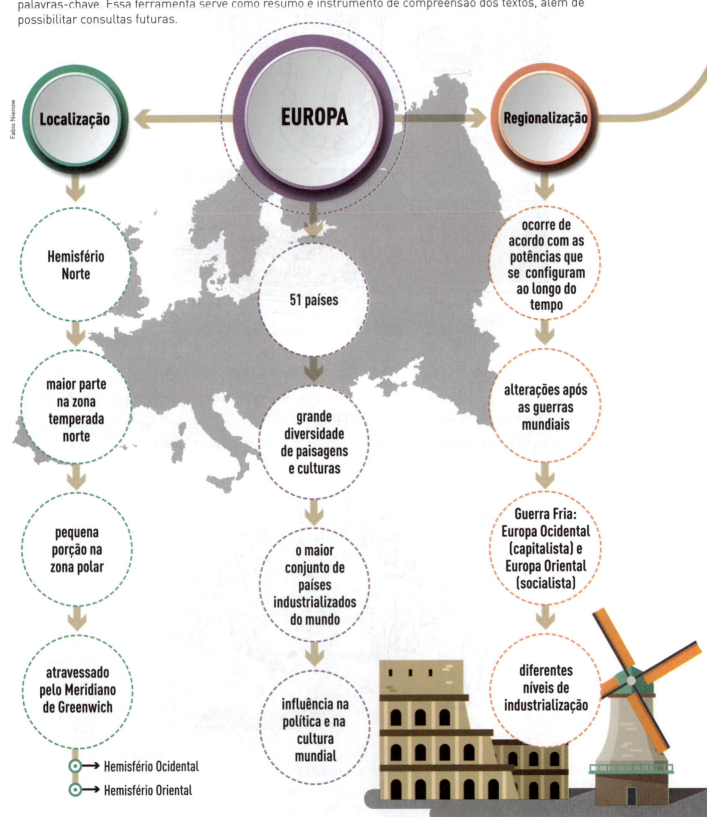

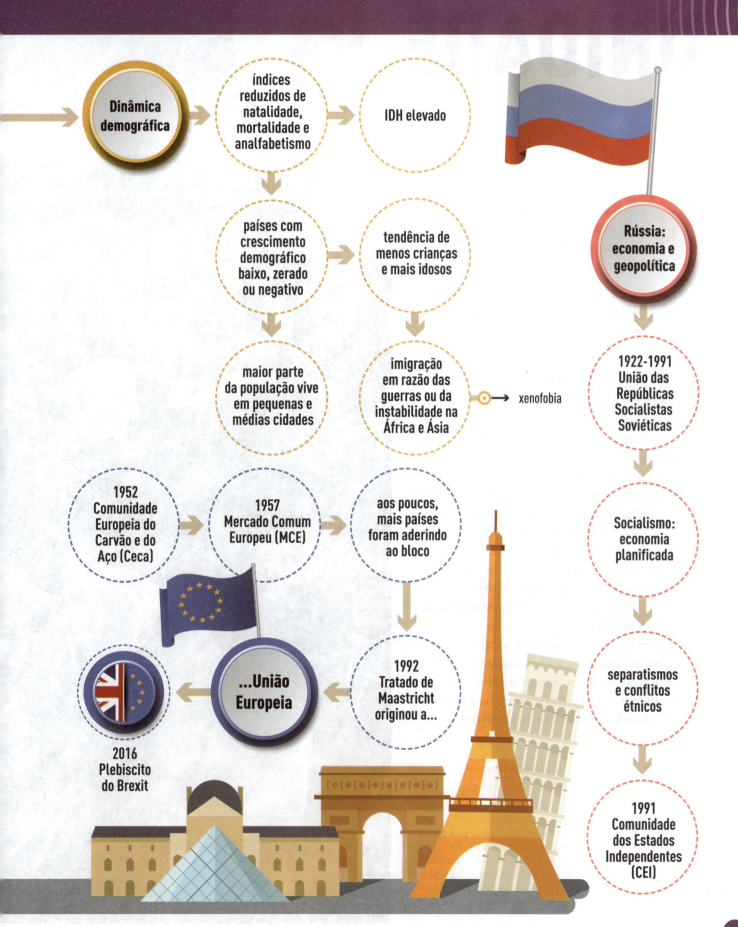

UNIDADE 5

Antever

1 Como a superpopulação e o envelhecimento da população podem afetar o desenvolvimento econômico dos países asiáticos?

2 De que forma os crescentes avanços tecnológicos podem atingir a população deste continente?

3 Que aspectos populacionais são evidenciados pelas imagens?

No maior continente do mundo há grande diversidade de aspectos naturais, sociais, econômicos e culturais; por isso, para estudar esse espaço geográfico, é importante compreender sua regionalização. Com uma população numerosa, cada vez mais envelhecida em vários países e apresentando grande desigualdade social em tantos outros, o desafio do continente é buscar o desenvolvimento econômico e melhorar a qualidade de vida das pessoas sem perder o respeito pelas tradições.

Cada região da Ásia é marcada por características específicas, inclusive quanto à dinâmica populacional, e por isso as influências culturais externas – cada vez mais comuns no atual mundo globalizado – são facilmente identificadas.

Tráfego caótico de veículos e pedestres nas ruas de Gurgaon, Índia, 2016; Festival xintoísta Sanja Matsuri. Tóquio, Japão, 2018; Cúpula da Rocha, lugar sagrado para os muçulmanos, no Monte do Templo. Jerusalém, Israel, 2017.

Ásia

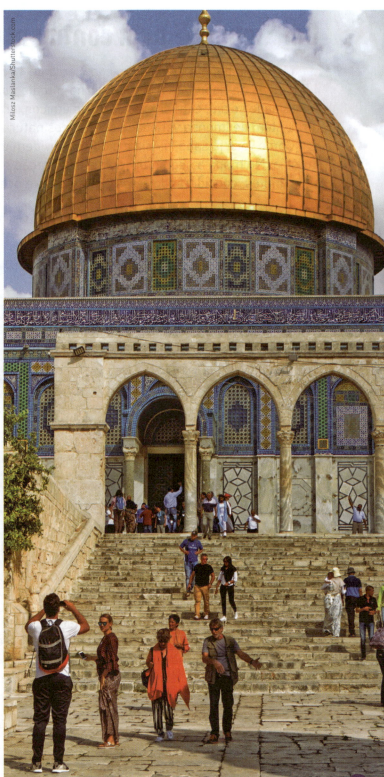

CAPÍTULO 14

Localização e regionalização

Um "mundo" num continente

Maior continente do planeta, com cerca de 44,5 milhões de km², e uma população estimada em 4,5 bilhões de habitantes, o que o torna o mais populoso do mundo, a Ásia se destaca pela ampla diversidade social, com diversos grupos étnicos, grande parte separatista, e intenso dinamismo cultural, além de imensa variedade de espaços naturais.

Como você já sabe, a Ásia e a Europa dividem um imenso bloco de terras contínuas chamado de Eurásia. No mapa a seguir, observe a localização e a abrangência do continente asiático, bem como seus limites, considerando áreas continentais e oceanos.

Mapa-múndi: Ásia

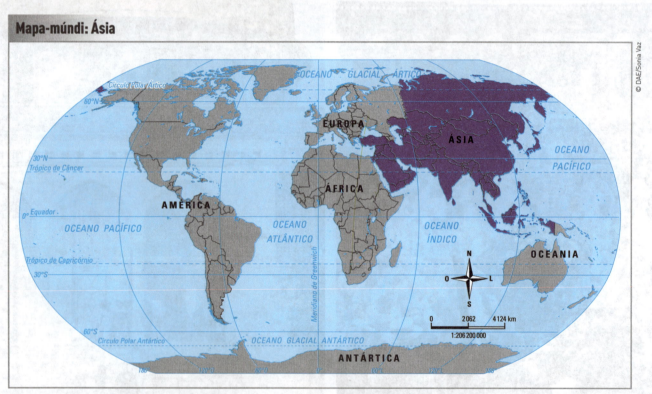

Fonte: *Atlas geográfico escolar*. 7. ed. Rio de Janeiro: IBGE, 2016. p. 34.

Como você pôde perceber ao observar a Ásia no mapa, o continente localiza-se quase totalmente no Hemisfério Oriental, a leste do Meridiano de Greenwich, e a maior parte de suas terras está localizada ao norte da Linha do Equador.

A maior extensão territorial do continente, suas diferenças e complexidades tornam necessário estabelecer uma regionalização para melhor compreendê-lo.

Com grande variação latitudinal, esse continente apresenta-se nas zonas térmicas Polar ou Glacial Ártica, Temperada Norte e Tropical.

Essa regionalização, ou divisão regional da Ásia, foi feita com base em critérios sociais, culturais e econômicos, ou seja, as regiões foram definidas de acordo com as semelhanças culturais, religiosas, étnicas e econômicas dos países. Desse modo, a Ásia ficou dividida em cinco regiões: Oriente Médio, Sul da Ásia, Sudeste Asiático, Extremo Oriente e países da ex-União Soviética (ou Ásia Setentrional). Essa divisão pode ser verificada no mapa.

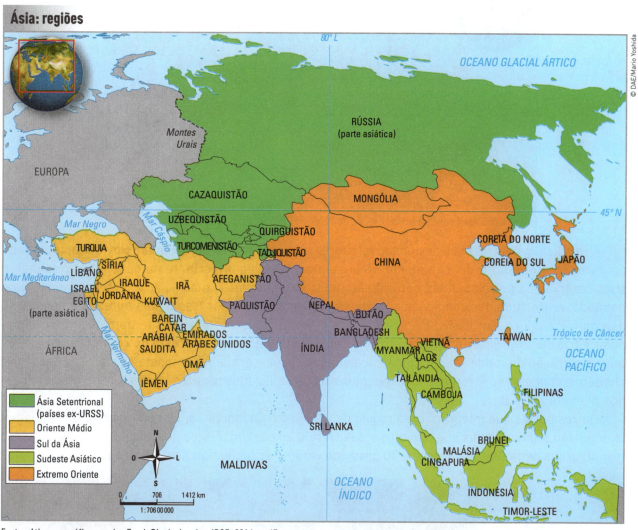

Fonte: *Atlas geográfico escolar*. 7. ed. Rio de Janeiro: IBGE, 2016. p. 47.

zoom

1. Quais oceanos banham o continente asiático:
   a) ao norte;
   b) ao sul;
   c) a leste.

2. Quais continentes localizam-se respectivamente a oeste, sudoeste e sudeste do continente asiático?

3. Qual é a maior região asiática?

4. Qual região asiática localiza-se, quase que totalmente, em área tropical? Explique.

5. Que região asiática você tem maior interesse em conhecer? Por quê?

Países da ex-União Soviética

Fonte: Cláudio Vicentino. *Atlas histórico: geral e do Brasil*. São Paulo: Scipione, 2011. p. 149.

A Rússia é o país de maior extensão territorial entre os **países da ex-União Soviética**, localizado na parte central e norte do continente. Representa uma área importante na geopolítica mundial, e suas reservas de petróleo e gás natural são muito expressivas. A maior parte do território é pouco habitada, em virtude das condições climáticas desfavoráveis, e por isso o país apresenta densidade demográfica pouco expressiva (cerca de 8,2 hab./km²). Na enorme extensão dominada pelo clima polar e frio desenvolve-se a **tundra**, em solo sempre congelado, e a **floresta de coníferas**, explorada para a extração de madeira e produção de celulose. A hidrografia é composta de rios extensos, que chegam a congelar no inverno; esses mesmos rios são utilizados para a geração de energia na região dos planaltos ao sul.

Outros países que integram essa região da Ásia são o Cazaquistão, Turcomenistão, Uzbequistão, Quirguistão e Tadjiquistão, que não têm acesso direto ao oceano. A área desses países chega a registrar 40 graus negativos no inverno e 30 graus no verão, oscilação típica de áreas desérticas.

Lago nos Montes Urais. Rússia, 2017.

Oriente Médio

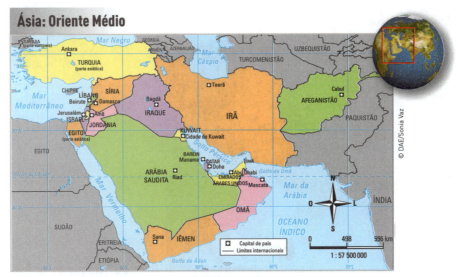

Fonte: Atlas geográfico escolar. 7. ed. Rio de Janeiro: IBGE, 2016. p. 49.

O **Oriente Médio**, localizado no sudoeste da Ásia, é composto de 15 países: Arábia Saudita, Iêmen, Omã, Emirados Árabes Unidos, Catar, Barein, Kuwait, Iraque, Irã, Turquia, Síria, Líbano, Jordânia, Afeganistão e Israel.

Atravessada pelo Trópico de Câncer, a região se estende do extremo leste do Mar Mediterrâneo até o Golfo Pérsico, incluindo os mares Negro e Cáspio ao norte, o Mar Vermelho a oeste e o Mar Arábico ao sul.

Com aproximadamente 270 milhões de habitantes, o Oriente Médio tem extrema importância histórica para o mundo, visto que antigas civilizações se desenvolveram na região, como os sumérios, assírios e babilônios.

Na Unidade 7, ao estudar o Oriente Médio, você notará que um dos fatores que marcam muito essa região asiática são as relações diplomáticas conflitantes entre alguns países, além de intolerância religiosa, sobretudo entre muçulmanos e judeus e entre diferentes ramos do próprio islamismo.

Um dos conflitos mais antigos na região ocorre entre judeus e palestinos, que se tornaram intensos a partir do momento em que a ONU dividiu a Palestina e criou um território para os judeus (Israel) e outro para os árabes (Palestina), em 1948.

O Oriente Médio também chama a atenção da Ásia e do mundo pelo fato de ser a região com maior produção de petróleo e gás natural do mundo.

A maior parte da região é desértica, com dias muito quentes e noites frias. Devido a essas condições climáticas, a região é pobre em recursos hídricos, com destaque apenas para os rios Tigre e Eufrates, que atravessam o Iraque. Assim, a água se torna um recurso raro e estratégico para a região; alguns países têm investido pesadamente em usinas de dessalinização.

Plataforma de perfuração terrestre de gás ou petróleo. Omã, 2017.

Sul da Ásia

Fonte: *Atlas geográfico escolar*. 7. ed. Rio de Janeiro: IBGE, 2016. p. 47.

Também conhecido como Ásia Meridional ou subcontinente indiano, o **Sul da Ásia** está localizado entre a Cordilheira do Himalaia, ao norte, e o oceano Índico, ao sul, tendo a sudoeste o Mar Arábico.

O país mais industrializado e influente da região é a Índia; com 1,3 bilhão de habitantes (2016), em breve se tornará o país mais populoso do mundo, devido a seu elevado crescimento vegetativo. Também chama a atenção a desigual distribuição de renda no país, o que ajuda a explicar o alto índice de pobreza de grande parte da população.

A Cordilheira do Himalaia, conhecida como o "teto do mundo" porque nela se erguem as montanhas mais elevadas do planeta, abriga as nascentes de rios de grande extensão, com destaque para os rios Indo e Ganges.

Como você já estudou na Unidade 3, o Rio Ganges é considerado sagrado pelos hindus, sendo também uma importante fonte de abastecimento de água para a população.

O clima predominante na região é o de monções, caracterizado por ventos que sopram do continente para o mar no inverno, época de seca, e do mar para o continente no verão, época de muita chuva e, consequentemente, grandes enchentes.

Além da Índia, estão localizados no sul da Ásia outros seis países: Paquistão, Maldivas, Nepal, Butão, Bangladesh e Sri Lanka.

Alpinista escala picos da Cordilheira do Himalaia. Lobuche, Nepal, 2017.

Sudeste Asiático

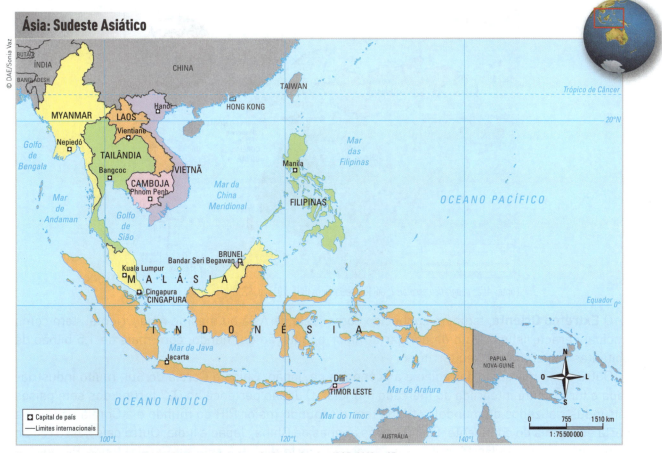

Fonte: Atlas geográfico escolar: *Ensino Fundamental do 6º ao 9º*. Rio de Janeiro: IBGE, 2010 p. 97.

O **Sudeste Asiático** está localizado entre a Cordilheira do Himalaia ao norte, o Oceano Índico ao sul e o Oceano Pacífico a leste. A região também está sujeita ao regime das monções, a exemplo dos países do sul da Ásia. O Sudeste Asiático concentra cerca de 400 milhões de pessoas, dos quais 70% vivem na zona rural.

Os países que integram o Sudeste da Ásia são os que dividem a Península da Indochina – Tailândia, Camboja, Laos, Myanmar e Vietnã –, além daqueles que compõem a região denominada de Insulíndia: Indonésia, Timor Leste, Filipinas e Brunei.

O crescimento acelerado das áreas urbanas dos países dessa região, bem como da maior parte do continente asiático, acarreta um problema comum: deficiência de moradias e dos serviços de saúde e saneamento.

O cultivo de arroz é uma prática comum nos países do Sudeste da Ásia. Sapa, Vietnã, 2018.

Extremo Oriente

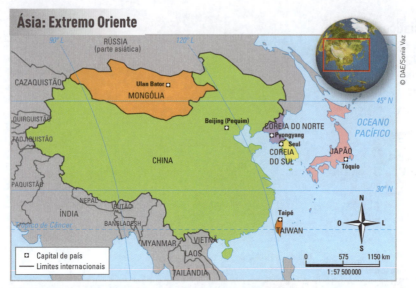

Fonte: *Atlas geográfico escolar.* 7. ed. Rio de Janeiro: IBGE, 2016. p. 47.

O **Extremo Oriente**, também conhecido como leste da Ásia ou mesmo Ásia Oriental, tem como principal característica o fato de abrigar a maior população do mundo, com mais de 1,5 bilhão de habitantes dispersos por seu território.

Outro traço marcante da região é a economia de Japão, China e Coreia do Sul, muito industrializada e fortemente integrada ao mercado mundial. O Japão pertence ao G-7 (grupo dos sete países mais industrializados do mundo), a China tem o segundo maior PIB do mundo e a Coreia do Sul é a quarta economia do continente, ficando atrás apenas de China, Japão e Índia. Outro país dessa região asiática é a Coreia do Norte, que ocupa a metade norte da Península da Coreia, tendo Pyongyang como capital e maior cidade do país. Oficialmente, a Coreia do Norte se descreve como um Estado socialista autossuficiente, no entanto, vários analistas classificam o governo do país como um regime autoritário, particularmente em virtude do intenso culto de personalidades em torno de Kim Il-sung e sua família. Na unidade 6, retomaremos o estudo desse país, em especial, no que se refere à tensão geopolítica que o cerca em escala regional e global.

No que diz respeito aos aspectos naturais, o Extremo Oriente apresenta uma diversidade grande de paisagens, desde áreas montanhosas com vulcões ativos, no Japão, até o imenso Deserto de Gobi, na China.

Monte Fuji, o ponto mais elevado do arquipélago japonês. Shizuoka, Japão, 2018.

Por conta de sua localização no chamado **Círculo** ou **Anel de Fogo do Pacífico**, muitos territórios dessa região são ilhas vulcânicas, ou seja, surgiram em decorrência de vulcões que atuam na área de choque de placas tectônicas. É o caso do Japão, com vários vulcões ainda ativos e constantes abalos sísmicos, o que levou o país a desenvolver técnicas de engenharia para absorver o impacto dos tremores a fim de preservar as estruturas das grandes construções.

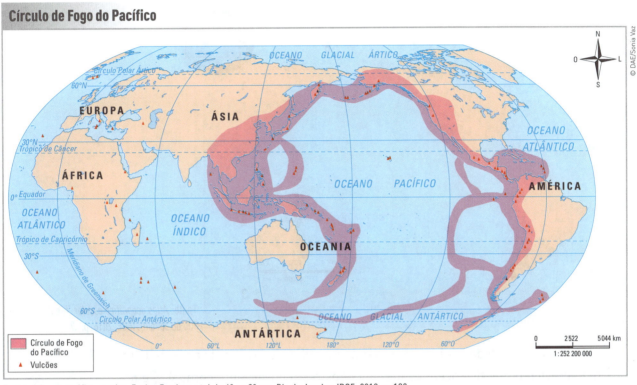

Fonte: *Atlas geográfico escolar: Ensino Fundamental do 6º ao 9º ano.* Rio de Janeiro: IBGE, 2010. p. 103.

Estrutura de isolamento sísmico, comum nas edificações japonesas. Tóquio, Japão, 2011.

❶ Por estarem na região do Círculo de Fogo do Pacífico, que característica geológica têm em comum os países do Extremo Oriente?

❷ Em sua opinião, todos os países localizados no Círculo de Fogo do Pacífico têm condições (econômicas e tecnológicas) para lidar com esses fenômenos? Justifique.

 Ampliar

Seterra
https://online.seterra.com/pt/vgp/3033
Esse *site* disponibiliza um jogo interativo em que é preciso acertar a localização dos países do Sudeste Asiático.

155

1 A Ásia tem 44,5 milhões de km², que correspondem a cerca de 30,2% das terras emersas do globo. Observe o mapa a seguir e faça o que se pede.

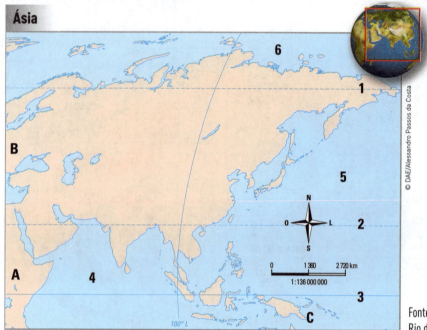

Fonte: *Atlas geográfico escolar*. 7. ed. Rio de Janeiro: IBGE, 2016. p. 47.

a) Escreva o nome das linhas imaginárias identificadas respectivamente como 1, 2 e 3.

b) Escreva o nome dos oceanos identificados respectivamente como 4, 5 e 6.

c) Escreva o nome dos continentes identificados respectivamente como A, B e C.

2 Justifique a afirmação: a Ásia é um continente de intensa diversidade étnica.

3 Cite as regiões do continente asiático e uma característica física de cada uma.

4 Relacione a densidade demográfica da Rússia com as características naturais de seu território.

5 Explique por que alguns países do Oriente Médio têm investido em técnicas de dessalinização.

6 Leia o trecho da notícia e faça o que se pede a seguir.

    Em meio à destruição causada pelo terremoto seguido de tsunami que atingiu a costa leste do Japão sexta-feira, o maior da história do país, prédios continuam em pé apesar do forte tremor. O que explica isso são as altas tecnologias de engenharia civil desenvolvidas há anos pelos japoneses para minimizar os prejuízos e mortes causados pelos desastres naturais. [...]

    Os estudos sobre construções resistentes a terremotos começaram fora do Japão na década de 70. Dois pesquisadores, Robert Park e Thomas Paulay, iniciaram estudos na Nova Zelândia sobre como desenvolver elementos de construção, como o pilar e a laje, mais resistentes aos abalos sísmicos. Depois do terremoto de Kobe, em 1995, que matou cerca de 6,5 mil pessoas, os japoneses passaram a investir mais em novas tecnologias na construção civil. [...]

Claudia Tozetto. *Alta tecnologia faz prédios resistentes a terremotos*. Último segundo, 12 mar. 2011. Disponível em: <https://ultimosegundo.ig.com.br/mundo/alta-tecnologia-faz-predios-resistentes-a-terremotos/n1238156416631.html>. Acesso em: nov. 2018.

a) Que região asiática está mais sujeita à influência direta dos fenômenos naturais que ocorrem no Círculo de Fogo?

b) Em termos tecnológicos, como o Japão trata esse problema?

7 Liste as principais atividades econômicas:

a) dos países da ex-União Soviética;

b) do Oriente Médio;

c) do Extremo Oriente;

d) do Sudeste Asiático;

e) do Sul da Ásia.

8 Em grupo, analisem o mapa abaixo e conversem com os colegas sobre como vive a população do continente, apontando os fatores de desigualdade entre o IDH dos diferentes países.

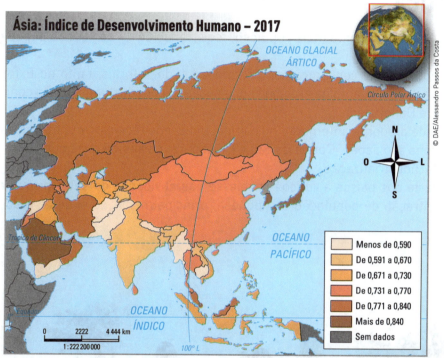

Fontes: PNUD. Disponível em: <hdr.undp.org/en/conten/human_development_indices_indicators_2018_statistical_update>. Acesso em: nov. 2018; *Atlas geográfico escolar*. 7. ed. Rio de Janeiro: IBGE, 2016. p. 34.

9 O Japão, um dos países do Extremo Oriente, pertence ao G-7 (grupo dos sete países mais industrializados do mundo). Pesquise e registre quais são os outros países que integram esse grupo seleto de nações.

10 A China tem o segundo maior PIB do mundo e a Coreia do Sul é a quarta economia do continente asiático. Pesquise e registre a comercialização de, pelo menos, dois produtos que caracterizam as relações econômicas desses países no cenário do mundo globalizado.

11 Copie e complete o quadro com os aspectos climáticos das regiões asiáticas.

Região	Clima
Área Setentrional	
Oriente Médio	
Sul da Ásia	
Sudeste Asiático	
Extremo Oriente	

157

CAPÍTULO 15
Dinâmica demográfica e social

População asiática

Como você já sabe, a Ásia é o continente mais populoso, registrando cerca de 60% da população mundial.

A maior parte dessa população se concentra nas proximidades dos litorais, tanto no Extremo Oriente, sobretudo na China e Japão, quanto nas regiões sul e sudeste, com destaque para a concentração populacional da Índia e Bangladesh.

A população asiática reside predominantemente no campo, utilizando técnicas muito simples de cultivo e pastoreio. As exceções são Japão, Coreia do Sul e Cingapura, países de forte concentração urbana, com nível elevado de industrialização.

A economia da maior parte dos países asiáticos baseia-se nas atividades do setor primário, o que explica a grande concentração de população camponesa, principalmente no sudeste e sul do continente.

A dependência de atividades primárias, como a agropecuária, mantém uma grande parcela da população asiática residindo no campo. Amravati, Índia, 2017.

A população da Ásia está mal distribuída no espaço: concentra-se no litoral e apresenta baixa densidade demográfica no interior dos países. O Deserto de Gobi, na parte ocidental da China, o Deserto da Arábia, que engloba partes da Arábia Saudita, Síria, Jordânia, Omã e outros países do Oriente Médio, a Cordilheira do Himalaia, no norte das regiões sul e sudeste, e a floresta equatorial da Ásia configuram obstáculos naturais ao povoamento do continente.

O Deserto de Gobi, na parte ocidental da China, é uma entre tantas outras regiões da Ásia que dificultam o povoamento. Mongólia, 2017.

Porto de Aberdeen, famoso por seus restaurantes flutuantes. Hong Kong, China, 2016.

Como você já viu, a imensa população da Ásia apresenta dinamismo cultural intenso, porque no continente convivem muitas etnias, algumas pacificamente e outras em conflito.

Fluxos migratórios e refugiados

O fator econômico é o principal motor das migrações asiáticas, mas não podem ser ignorados fatores como a instabilidade política ou as catástrofes naturais. Os trabalhadores migrantes da região asiática vêm sobretudo de Bangladesh, Camboja, Laos, Nepal, Vietnã, Afeganistão e Paquistão, em direção, principalmente, à Europa, em busca de emprego e melhores condições de vida.

Em desespero, muitos se sujeitam ao tráfico de pessoas para entrar ilegalmente nos países europeus, correndo o risco de serem presos e expulsos.

A situação de pobreza de muitos países asiáticos impulsiona os fluxos migratórios de pessoas para países europeus. Daca, Bangladesh, 2017.

Outro fluxo intenso no continente asiático ocorre nos países que surgiram da ex-União Soviética, como Cazaquistão, Turcomenistão, Uzbequistão e Quirguistão, em direção à Rússia europeia. Esse movimento também constitui uma tentativa de enfrentar o desemprego e a pobreza crescentes nesses territórios.

Verificam-se ainda movimentos migratórios internos, deslocamentos que ocorrem no interior do próprio continente. Japão, Coreia do Sul e Malásia configuram países de imigração, pelos avanços econômicos que começaram há décadas e se intensificaram desde o começo do século XXI.

Há casos também de "fuga de cérebros", expressão que se refere à saída de mão de obra qualificada, principalmente da Índia e das Filipinas, como pesquisadores, cientistas, engenheiros, médicos e técnicos das mais variadas áreas, em direção à Europa, Estados Unidos e Canadá. Esses imigrantes deixam seus países de origem para buscar reconhecimento profissional e maior remuneração em nações mais ricas.

Nos últimos anos o maior fluxo de pessoas da Ásia para a Europa e América é de sírios, que desde 2011 sofrem as consequências de uma guerra civil entre tropas do governo e grupos rebeldes que desejam tomar o lugar do presidente Bashar al-Assad, que está no poder desde 2000. Esse caso da Síria aumentou muito o número de refugiados, pessoas que solicitam asilo ou refúgio político a outros países, sobretudo aos europeus.

Nos últimos anos a Guerra Civil na Síria tem sido responsável por intenso deslocamento forçado de pessoas que fogem do conflito. Idomeni, Grécia, 2015.

Desigualdade socioeconômica

As desigualdades socioeconômicas da Ásia refletem os diferentes níveis de desenvolvimento dos países. De um lado, temos países como Coreia do Sul, Japão, Israel e Cingapura, que alcançaram alto nível de desenvolvimento industrial e, consequentemente, oferecem boa qualidade de vida para as pessoas; de outro, há países com grande parcela da população vivendo abaixo da **linha de pobreza**, como Índia, Laos, Camboja, Vietnã, Myanmar e Bangladesh.

> **Glossário**
>
> **Linha de pobreza:** termo utilizado para descrever o nível de renda anual abaixo do qual uma pessoa ou família não tem condições de obter todos os recursos necessários para viver. Segundo o Banco Mundial, em 2015 esse mínimo era de US$ 1,90 por dia por pessoa.

Complexo residencial de classe média em bairro planejado. Calcutá, Índia, 2018.

A realidade de pobreza e riqueza da Índia é um retrato da desigualdade socioeconômica do continente asiático como um todo. Mumbai, Índia, 2018.

Entre os fatores responsáveis pela situação econômica de alguns países asiáticos, sobretudo do sul e sudeste do continente, destaca-se a elevada dependência da exportação de produtos primários, mantidos a preços baixos no mercado internacional.

Outro fator que explica essa situação é a elevada dívida externa desses países e a má distribuição de renda em muitos deles.

Entre os países da Ásia com menor PIB *per capita* e baixo IDH estão Bangladesh, Butão, Nepal, Paquistão, Afeganistão e Iêmen, onde mais de 50 milhões de pessoas vivem na mais absoluta pobreza.

1 A anamorfose a seguir retrata os países mais populosos do mundo. Observe a representação, considere o mapa "Ásia: regiões", da página 149, e faça o que se pede a seguir.

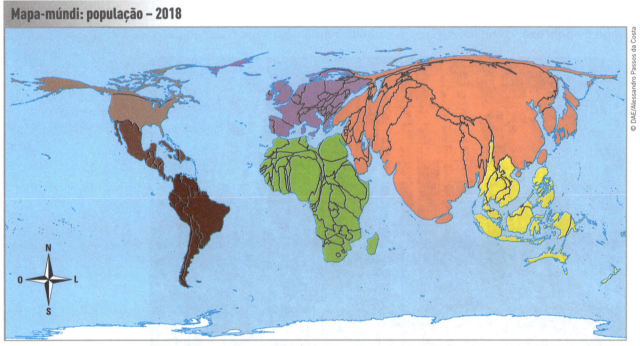

Mapa-múndi: população – 2018

Fonte: ONU. Departamento para Assuntos Econômicos e Sociais (Desa). *Perspectivas da população mundial 2017*. Disponível em: <https://population.un.org/wpp/DataQuery/>. Acesso em: out. 2018.

a) Que diferenças se observam nas representações indicadas?

b) O que podemos observar, considerando os dados apresentados pela anamorfose, em relação aos países asiáticos? Exemplifique.

2 Comente a distribuição da população asiática pelo território do continente.

3 O que significa a "fuga de cérebros" verificada em países do continente asiático?

4 Interprete a tira a seguir, que, de forma irônica, faz referência ao continente asiático. A que questões ou problemas, as personagens da tira podem estar fazendo referência?

5 A população asiática é um verdadeiro "formigueiro humano", com 4,494 bilhões de habitantes (2017). A China e a Índia são os países que mais concentram habitantes em seus territórios. A maior parte da população vive no campo, mas o índice de migração do campo para a cidade vem crescendo muito com o aumento da atividade industrial. Considerando os temas abordados, responda às seguintes perguntas:

a) Quais as causas para o crescimento demográfico tão elevado na Ásia?

b) Qual é a relação entre a atividade industrial e a migração campo-cidade?

6 A população da Ásia está concentrada no litoral do sul e extremo oriente, mais precisamente nos litorais chinês, indiano e japonês. Um território tão vasto e uma população tão grande acabaram por gerar ao longo de sua história uma grande diversidade étnica e cultural. Justifique com dois argumentos os motivos para a população asiática localizar-se nessas regiões.

7 Embora o continente asiático tenha países com alta tecnologia agrícola, com uso intensivo de maquinários, a maioria da população reside no campo, utilizando técnicas muito simples de cultivo e pastoreio. Explique a que isso se deve.

8 Com base na análise do infográfico a seguir, responda às questões.

Fonte: Elaborado com base em Refugiados na Europa: a crise em mapas e gráficos. BBC, 6 set. 2015. Disponível em: <www.bbc.com/portuguese/noticias/2015/09/150904_graficos_imigracao_europa_rm>. Acesso em: nov. 2018.

a) O que leva as pessoas a solicitar refúgio ou asilo político?

b) Que países asiáticos estão mais envolvidos nessa situação?

c) Por que a União Europeia tem se tornado o principal destino?

9 Mencione três fatores que se relacionam com a situação econômica e a desigualdade social em países do sul e do sudeste asiático.

10 Considerando a linha de pobreza, escreva o nome dos países mais pobres do continente asiático.

CAPÍTULO 16
Diversidade religiosa e territórios

Geografia e religiosidade

Por não vivermos de forma isolada, mas em sociedade, estamos em contato com as mais diversas culturas do mundo. As diferentes religiões, como parte da cultura humana, oferecem a seus seguidores normas de conduta que mantêm a vida social dentro de certos limites, influenciando a vida em comunidade. No entanto, o desconhecimento das afinidades entre as religiões e o fundamentalismo religioso são causas de intolerância e discriminação, que, em muitos casos, geram conflitos entre diferentes grupos sociais, povos e até mesmo países. Portanto, precisamos conhecer as diferentes religiões para que possamos respeitar a diversidade de crença e buscar a convivência pacífica.

Homem vende flores e velas para colocar no rio Ganges, em Varanasi, cidade sagrada da religião hindu. Varanasi, Índia, 2015.

Você já sabe que a Ásia apresenta uma rica pluralidade cultural. Agora, veremos como a ampla diversidade religiosa desse continente está relacionada aos conceitos da Geografia. O que torna o espaço geográfico um espaço sagrado? Como a religiosidade influencia na disputa e no reconhecimento de territórios nesse continente?

Para responder a esses questionamentos, é de fundamental importância reconhecer algumas características que marcam as principais religiões asiáticas, e da mesma forma compreender como as diferentes manifestações religiosas relacionam-se com os elementos (objetos) do espaço geográfico.

Grutas de Longmen, região sagrada da religião budista na China. Luoyang, China, 2018.

Berço das grandes religiões

Podemos dizer que a religião é um dos fenômenos mais importantes da cultura humana. A Ásia destaca-se por ser o berço das grandes religiões do mundo. Aí surgiram e se desenvolveram as religiões mais tradicionais e com maior número de seguidores, como o cristianismo, o islamismo e o hinduísmo. Além dessas três, destacam-se o judaísmo, o budismo, o xintoísmo, o confucionismo e o siquismo. Veja ao lado alguns símbolos ou ícones utilizados por essas religiões.

Observe no mapa abaixo a divisão espacial das religiões no continente asiático.

Ilustração dos símbolos religiosos: cristianismo, islamismo, hinduísmo, budismo, taoísmo, xintoísmo, siquismo, judaísmo, bahá'í.

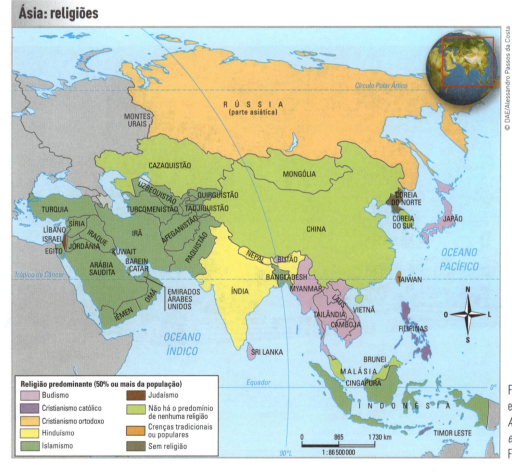

Fonte: Gisele Girardi e Jussara Vaz Rosa. *Atlas geográfico do estudante*. São Paulo: FTD, 2011. p. 141.

zoom

1. Qual religião predomina nos países do Oriente Médio?
2. Qual religião predomina na maior parte dos países do Sudeste Asiático?
3. Qual religião é predominante no território indiano?
4. Em qual país asiático concentram-se os seguidores do judaísmo?

Características das principais religiões
Judaísmo

Glossário

Hebreus: antigo povo descendente de Abraão (personagem bíblico), do qual se originaram os judeus.

Os judeus, grupo étnico originário das tribos de Israel ou **hebreus** do Antigo Oriente, seguem, em sua maioria, a religião judaica. Reconhecida como a mais antiga religião **monoteísta** da humanidade, é cronologicamente a primeira das três religiões oriundas de Abraão, ao lado do cristianismo e do islamismo.

Seus seguidores acreditam no direito à "terra prometida" (Canaã) como resultado de um pacto de aliança estabelecido entre Deus e o povo hebreu. Acreditam também que a vida é regida por normas estabelecidas por Deus e que o não cumprimento dos deveres implicará em castigos divinos. Aguardam a vinda do **Messias**, o enviado de Deus que trará aos homens a paz e a justiça.

Entre as tradições desta religião, seus seguidores, toda semana, desde a tarde de sexta-feira até a tarde de sábado, celebram o **Sabath** em família, período no qual não trabalham para que possam pensar melhor em Deus. Nas sextas-feiras à noite cantam e oram juntos ao redor da mesa de jantar. Os homens colocam na cabeça a quipá, que simboliza um sinal de respeito a Deus. Nas manhãs de sábado frequentam a **sinagoga** (local de culto da religião judaica), para orar e ouvir um trecho da **Torá** (o livro sagrado) explicado pelo **rabino**, o líder religioso.

Sinagoga no bairro judaico da cidade velha de Jerusalém. Israel, 2018.

A festa mais importante para os judeus é o **Yom Kippur**, o dia do grande perdão, celebrado no outono. Nesse dia eles fazem jejum e não trabalham para reconciliar-se com os outros e obter o perdão de Deus. Outra grande festa é a Páscoa, na primavera, que lembra o dia em que Deus libertou o povo hebreu da escravidão no Egito sob o comando de Moisés, um dos principais líderes dessa religião.

O judaísmo pode ser dividido em três grupos: ortodoxos, que consideram a Torá mas não seguem todas as leis rigidamente; os ultraortodoxos, que possuem tradições e seguem estritamente a lei sagrada; e os conservadores, que têm atitudes e interpretações de caráter reformista. O judaísmo apresenta fortes características étnicas, nas quais as ideias de nação e religião se misturam.

Cristianismo

Iniciada em meados do século I, na região do atual Estado de Israel, o cristianismo é a religião dos seguidores de **Jesus Cristo**. É atualmente a religião mais difundida no mundo, sendo predominante na Europa e na América.

Conforme a tradição cristã, Deus enviou ao mundo seu filho, Jesus, para salvar a humanidade. Jesus Cristo pregou a paz, a harmonia, a crença em um só Deus e o amor entre as pessoas. Segundo a fé cristã, Jesus, em suas peregrinações, fez milagres e reuniu discípulos e seguidores por onde passou, mas foi perseguido, preso e condenado à morte. Assim, os preceitos dessa religião são baseados na vida, morte e ressureição de Jesus Cristo. O livro sagrado dos cristãos é a **Bíblia**, composta do Antigo e do Novo Testamento, e os locais de culto são as **igrejas**.

O cristianismo abriga diferentes grupos. Entre os mais numerosos estão os católicos romanos, os ortodoxos (separados do catolicismo em 1054) e os protestantes, que surgiram com a Reforma Protestante, no século XVI. Aos domingos, os católicos se reúnem para a celebração da missa, os protestantes participam do culto e os ortodoxos celebram a divina liturgia.

Os líderes religiosos dos católicos são o **papa**, os bispos e os padres. Para os protestantes são os pastores, e para os ortodoxos são os patriarcas, os bispos e os padres. Os católicos romanos e os protestantes celebram o nascimento de Jesus no dia 25 de dezembro, já os ortodoxos o fazem no dia 7 de janeiro. A maior festa para todos os cristãos é a Páscoa, quando celebram Jesus ressuscitado por Deus e vivo para toda a eternidade.

Devotos cristãos celebram a festa do Nazareno Negro. Manila, Filipinas, 2015.

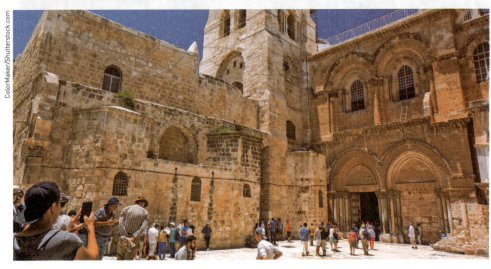

Igreja do Santo Sepulcro, onde se acredita que Jesus Cristo tenha sido sepultado. Jerusalém, Israel, 2018.

Islamismo

Fundada por **Maomé** no século VII, na região da atual Arábia Saudita, o islamismo é uma religião monoteísta que tem em Alá seu único Deus e em Maomé o legítimo profeta. Maomé nasceu em Meca no ano de 570 d.C., numa família de comerciantes. Aos 40 anos, segundo a tradição islâmica, recebeu a visita do anjo Gabriel que lhe transmitiu a existência de um único Deus (Alá) e o incumbiu de iniciar a pregação dessa doutrina monoteísta.

No início, Maomé encontrou resistência e oposição a sua pregação em sua cidade natal. Perseguido, migrou para a cidade de **Medina** no ano de 622 d.C., e esse acontecimento, conhecido como **Hégira**, serve como referência para o calendário muçulmano. A cidade de Medina é consagrada pelos muçulmanos como a "cidade do profeta".

A palavra islã significa "submeter-se" e exprime a obediência à lei e à vontade de Alá. Seus seguidores são chamados de **muçulmanos**, que significa "aquele que se subordina a Deus". O **Alcorão** é o principal livro sagrado do Islã. Nele se encontram as revelações feitas por Alá a Maomé. Outra escritura sagrada é a Suna, com os ditos e os feitos do profeta. O lugar de culto dos muçulmanos é a **mesquita**.

O islamismo tem duas vertentes, a **sunita** e a **xiita**. As obrigações com as práticas religiosas são cinco preces diárias, a oferta de parte de seus bens, o jejum no período do Ramadã e a peregrinação de todo muçulmano adulto que dispuser de meios financeiros, ao menos uma vez na vida, a Meca, a cidade sagrada. É a segunda maior religião do mundo, com menos seguidores apenas do que o cristianismo. Seus fiéis concentram-se, sobretudo, na Ásia e no norte da África.

Fiéis muçulmanos rezando na Mesquita de Istiqlal durante o mês do Ramadã. Jacarta, Indonésia, 2016.

Hinduísmo

É a terceira religião com o maior número de fiéis no mundo (depois do cristianismo e islamismo), e seus preceitos influenciam fortemente a organização da sociedade indiana. As divindades do hinduísmo são Brahma, Vishnu e Shiva, trindade que representa as forças do Universo. Sua base teórica são os **Vedas**, textos sagrados escritos pelo povo ariano no ano 1500 a.C., na região que atualmente corresponde ao Irã.

Como você já estudou, os hindus têm como prática religiosa banhar-se nas águas sagradas do **Rio Ganges**, um dos mais importantes da Índia. Alguns animais também são considerados sagrados, entre eles a vaca, que, segundo a tradição, transportava o deus Shiva. Assim, as vacas devem ser adoradas e cuidadas, até mesmo pelo fato de fornecerem leite para os humanos. Por conta disso, a Índia tem um dos maiores rebanhos bovinos do mundo, já que não é um costume consumir a carne desses animais.

Hindus durante cerimônia denominada Ganga Aarti. Haridwar, Índia, 2016.

O hinduísmo também influencia outros costumes da população indiana, e a divisão da sociedade em **castas** é uma de suas principais características. Cada casta tem suas regras, costumes, tradições, normas alimentares e até mesmo profissões definidas, assim como suas práticas religiosas. As castas se organizam da seguinte forma:

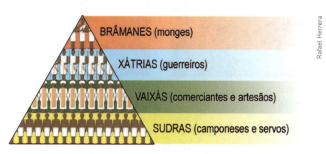

No topo da pirâmide estão os **brâmanes**, sacerdotes letrados que nasceram da cabeça de Brahma; abaixo estão os **xátrias**, os guerreiros nascidos dos braços de Brahma, e, em seguida, os **vaixás**, comerciantes que nasceram das pernas de Brahma. Nas partes inferiores da pirâmide estão os **sudras**, camponeses e servos que nasceram dos pés de Brahma. Abaixo deles, e fora da estrutura das castas, há ainda os **párias ou dalits**, encarregados das atividades mais desprezadas pela sociedade, como recolher lixo e restos mortais. São chamados também de "intocáveis".

Detalhes arquitetônicos em templo hindu. Amaravati, Índia, 2016.

Budismo

Originário da Índia, o budismo é uma crença não teísta, ou seja, não inclui a ideia de deuses ou deus. Os budistas seguem a filosofia de vida de Sidarta Gautama, o **Buda**, que viveu no nordeste da Índia entre os séculos VI e IV a.C. Buda é visto pelos adeptos como um guia espiritual, e não como um Deus. A fundamentação do budismo é alcançar o chamado estado de **nirvana** (paz de espírito) por meio de profunda meditação.

Os templos budistas surgiram após a morte de Buda, pois seus companheiros até então não tinham lugar de morada fixa. Eles viviam em peregrinação, viajando pela Índia, ensinando a doutrina budista de não apego a coisas materiais e formas de viver em harmonia com a natureza. Os primeiros templos budistas surgiram para abrigar os monges das chuvas de monções.

Estátuas e entalhes detalhados compõem o cenário de um dos mais importantes templos budistas da China. Hangzhou, China, 2016.

Monges budistas em cerimônia do Festival das Lanternas (Loy Krathong). Chiang Mai, Tailândia, 2016.

Os budistas podem fazer suas devoções nos templos ou em casa, reservando um cômodo ou quarto para colocar o oratório com a estátua de Buda, velas e incenso.

No dia 8 de abril celebra-se o nascimento de Buda com a realização da Festa das Flores. Em julho "festejam a morte" de Buda e homenageiam os espíritos dos ancestrais.

Siquismo

A palavra siquismo deriva do termo em sânscrito *sisya*, que significa "discípulo". Fundado em fins do século XV pelo Guru Nanak em Punjab, região entre o Paquistão e a Índia, o siquismo tinha por objetivo ser uma religião que fundisse o islamismo e o hinduísmo. O livro sagrado dos siques é o **Adi Granth**. Uma das ideias pregadas pela religião indica que existe um carma, uma influência na vida atual de ações das vidas anteriores.

O número de praticantes chega a 23 milhões, sendo a imensa maioria habitante da província de Punjab, na Índia. Há também comunidades adeptas do siquismo no Reino Unido, Canadá, Estados Unidos, Cingapura e Malásia.

Confucionismo

Confúcio, filósofo chinês do século VI a.C., compilou e organizou antigas tradições da sabedoria chinesa e elaborou uma doutrina que não se baseia na existência de um deus. Conhecido pelos chineses como "ensinamentos dos sábios", o confucionismo é considerado uma filosofia, uma ideologia política e um modo de vida. Entre os séculos II e XX, foi a religião oficial da China, sendo ainda hoje uma crença comum entre os orientais. Para Confúcio, a família é a base da sociedade e o culto aos antepassados constitui um princípio fundamental. Os valores pregados pelo confucionismo são: estudo, disciplina, consciência política, trabalho e respeito à moral. Esses valores são apresentados aos seguidores em rituais nos templos confucionistas. Atualmente, 24% da população chinesa declara-se adepta do confucionismo.

Monumento em homenagem a Confúcio. Pequim, China, 2017.

Xintoísmo

É uma religião genuinamente **japonesa**, de base panteísta, que cultua os antepassados e numerosas divindades, as quais atribuem valor sagrado a todos os elementos da natureza. Não tem um livro, ou escrituras, tampouco profetas, estando muito ligada à força de todos os elementos vivos como parte de uma grande busca pela harmonia do ser humano com a natureza.

Em sua concepção, tudo no Universo é divino, interligado e interdependente. Diferentemente do budismo, de origem indiana e influência primordialmente chinesa, é dominante apenas no Japão, embora sua prática não exija o abandono ou recusa de outras formas de manifestação de crença religiosa.

Torii (portal xintoísta) no santuário de Itsukushima. Miyajima, Japão, 2016.

Territórios e religiosidade

Independentemente de qual seja a religião, o que torna um espaço sagrado é a identificação e o valor atribuído a ele; assim, são espaços onde ocorrem manifestações culturais religiosas. Muitas vezes é considerado sagrado o local de nascimento ou de morte de determinado líder religioso, locais onde se ergueram templos de adoração, igrejas, mausoléus, cemitérios, além daqueles onde se fazem cultos e rituais em referência ao divino. Esses espaços sagrados podem também estar relacionados a elementos da natureza, como rios, lagos, montanhas, grutas, cachoeiras etc. Um exemplo é o Monte Kailash, no Tibete (China). Para os budistas, essa montanha é o centro do Universo; para os hindus, é a morada do deus Shiva.

Vista panorâmica da Cidade Velha de Jerusalém. Israel, 2016.

Monte Kailash, considerado um lugar sagrado para os hindus e budistas. Tibete, China, 2017.

Na Ásia, existem cidades que são consideradas sagradas, como Meca, na Arábia Saudita, e Jerusalém, em Israel.

Meca é considerada sagrada pelos muçulmanos porque foi nela que nasceu o profeta Maomé. No entanto, já era considerada sagrada anteriormente à fundação do islamismo. Nela existe uma grande mesquita que abriga em seu interior a Caaba, uma construção em forma de cubo, dentro da qual se encontra a pedra sagrada (a pedra negra). Um dos rituais islâmicos é caminhar ao redor da Caaba (dar sete voltas) para depois beijar a pedra negra.

Muçulmanos em ritual na Caaba, na Grande Mesquita de Al-Haram. Meca, Arábia Saudita, 2018.

Outra cidade sagrada é Jerusalém. O judaísmo, o cristianismo e o islamismo atribuem grande valor espiritual a essa cidade. Nela foi construído o **Templo de Salomão**, que foi um dos mais importantes reis do povo judeu. Já os cristãos peregrinam até Jerusalém porque foi nela que Jesus Cristo fez grande parte de suas pregações. Os muçulmanos, por sua vez, construíram uma mesquita sobre as antigas ruínas do Templo de Salomão, também consagrando essa cidade.

Jerusalém: divisão política e religiosa

Fontes: Elaborada com base em: Jerusalém deve ser cidade aberta, defende livro de judeus e muçulmanos. G1, 19 nov. 2009. Disponível em: <http://g1.globo.com/Noticias/Mundo/0,,MUL1384257-5602,00-JERUSALEM+DEVE+SER+CIDADAE+ABERTA+DEFENDE+MAIS+LIVRO+DE+JUDEUS+E+MUCULMANOS.html>. Acesso em: nov. 2018; *Atlas geográfico escolar*. 7. ed. Rio de Janeiro: IBGE, 2016. p. 49.

Fiéis judeus em oração no Muro das Lamentações. Jerusalém, Israel, 2018.

Na divisão feita pela ONU ao criar Israel, Jerusalém foi definida como **área internacional**, com o objetivo de atenuar a tensão política e territorial entre Israel (território judeu), Palestina e demais países vizinhos de maioria muçulmana. Mas os conflitos continuam ainda hoje, em disputa pela soberania política e territorial da cidade. Você estudará melhor esse impasse geopolítico na Unidade 7, que abordará a região do Oriente Médio e a questão árabe-israelense.

Israel: Rio Jordão

Fonte: Graça M. Lemos Ferreira. *Atlas geográfico: espaço mundial.* 3. ed. São Paulo: Moderna, 2010. p. 103.

Outro elemento do espaço geográfico considerado sagrado para judeus, cristãos e muçulmanos é o **Rio Jordão**. Além de sua importância religiosa e histórica, esse rio é estratégico para os países por onde passa, já que suas águas são muito utilizadas na agricultura. Povos antigos da região já usufruíam do Rio Jordão para atividades agropecuárias e comerciais, no qual, segundo as tradições judaicas, também teriam ocorrido eventos milagrosos. Para os cristãos, foi nesse rio que Jesus Cristo foi batizado e até hoje muitas pessoas são batizadas nele. O Jordão também é mencionado na religião islâmica, pois em suas proximidades habitavam profetas antecessores a Maomé, como Abraão e Noé.

Atualmente, o Vale do Jordão constitui um significativo trecho da fronteira entre os territórios de Israel, Jordânia e Síria. A característica principal do rio é sua progressiva salinização à medida que se aproxima do Mar Morto. Interessado no atrativo para o turismo religioso, o governo jordaniano está discutindo investimentos para evitar que ele continue a diminuir.

Em 2006, um empreendimento sírio-jordaniano represou o Rio Yarmuk, o principal afluente do sul do Jordão, o que reduziu mais de 25% o volume de água do rio. Mesmo assim, hoje em dia é uma das maiores fontes de água para o Estado de Israel. O destino do Vale do Rio Jordão é um dos pontos centrais de discórdia nas negociações de paz entre israelenses e palestinos. Para os israelenses, a posse desse vale é vital para a defesa de seu território. Diante de impasses como esses, conflitos de ordem política e territorial se mesclam à ideia de identidade e pertencimento religioso.

Peregrinos cristãos durante cerimônia de batismo coletivo no Rio Jordão. Israel, 2017.

Atividades

1 A Ásia é berço das principais religiões da humanidade. Grande parte delas surgiu da intensa busca do ser humano por respostas para sua existência. A cidade de Jerusalém é consagrada pelas três maiores religiões monoteístas do mundo. Com base em seus conhecimentos, complete o quadro com características específicas dessas três religiões.

Religião	judaísmo		islamismo
Livro sagrado	Torá	Bíblia	
Profeta			Maomé
Templos religiosos		igrejas	

2 Leia a seguir três frases afirmativas que se referem a importantes religiões praticadas no mundo. Depois, faça o que se pede.

I É uma religião monoteísta, com o maior número de seguidores no planeta, centrada na vida e nos ensinamentos de Jesus Cristo.

II Trata-se de uma religião praticada basicamente na Índia e seus arredores. É politeísta e divide a sociedade em um rígido sistema de castas.

III É a primeira religião monoteísta da história, com o menor número de fiéis. Tem Jerusalém como cidade sagrada.

a) Escreva o nome das religiões citadas, respectivamente, nos textos I, II e III.

b) Cite duas outras religiões que também são praticadas por um grande número de adeptos em território asiático e mencione uma característica para cada uma dessas religiões.

3 Anualmente, milhares de pessoas vão à cidade de Benares para se banhar no rio sagrado com o intuito de purificar o espírito. Além desse significado religioso, esse rio também oferece outro benefício para boa parte da população que vive da agricultura. Acontece que suas margens são muito férteis, principalmente após as cheias, quando recebem uma grande quantidade de limo, que fertiliza o solo.

Com base nessas informações, responda:

a) Quais são o rio e o país descritos?

b) Explique a importância religiosa e econômica desse rio para a população.

4 A Índia se destaca em relação à diversidade cultural (idioma, tradições e religião). Grande parte da população, cerca de 80%, segue os princípios religiosos do hinduísmo, que preceitua o sistema de castas (abolido oficialmente pela Constituição de 1950).

a) Explique como funciona o sistema de castas.

b) Existe relação entre as castas sociais da população indiana e a religião predominante nesse país? Justifique.

5 Leia atentamente as afirmativas abaixo.

a) Venera grande número de deuses e deusas.

b) Os praticantes dessa religião têm a missão de, pelo menos uma vez na vida, peregrinar até Meca.

c) Surgiu com base nas pregações de Jesus Cristo.

d) É praticada predominantemente na Índia.

e) Seus seguidores são chamados de muçulmanos.

Quais afirmativas apresentam características do islamismo?

6 Leia o texto a seguir e, depois, responda à questão.

[...] O poder da fé é de tal magnitude que é capaz de influir em aspectos políticos, sociais e econômicos de nações cujas autoridades, leis ou fronteiras são fortemente delimitadas por questões religiosas. [...] Jerusalém é a cidade sagrada de três grandes religiões [...]. Os três credos têm em Jerusalém marcos básicos de sua doutrina e de sua história.

Atlas geográfico mundial – Para conhecer melhor o mundo em que vivemos. Barcelona: Editorial Sol 90, 2005. v. 1 – Mundo.

O texto apresenta Jerusalém como a cidade sagrada de três religiões. Quais são elas?

175

Retomar

1. Sobre a regionalização da Ásia, relacione a coluna das letras com a coluna dos números.
   a) Ásia Setentrional
   b) Ásia Oriental
   c) Ásia Meridional
   d) Oriente Médio
   e) Sudeste Asiático

   (1) Abrange Índia, Paquistão, Nepal, Sri Lanka e Bangladesh.
   (2) Extremo Oriente, além de China, Japão e Coreia do Sul.
   (3) Apresenta baixas temperaturas em decorrência das altas latitudes. Presença de petróleo e gás natural.
   (4) Climas áridos e semiáridos. Abrange países como a Arábia Saudita, Irã e Iraque.
   (5) Compreende Indonésia, Filipinas, Laos, Camboja, Tailândia, Vietnã, Cingapura, Malásia, Brunei e Timor Leste.
   (6) São da Ásia Setentrional.

2. Escolha uma das regiões asiáticas apresentadas no Capítulo 14 e pesquise:
   a) aspectos culturais (costumes, idioma, religião);
   b) aspectos naturais (clima, relevo, vegetação).

3. A Ásia é o continente mais populoso do mundo. Quais fatores contribuíram para o aumento de sua população?

4. O aumento da população e a recente queda nas taxas de natalidade levam os governantes de muitos países asiáticos a pensar em um problema que logo será grave: a falta de mão de obra, já que a população idosa está em crescimento. Quais consequências o envelhecimento da população pode causar?

5. Compare as fotografias a seguir e depois faça o que se pede.

Cratera de Ramon, no Deserto de Negev. Israel, 2016.

Vista do vulcão Kronotsky, na Península de Kamchatka. Rússia, 2016.

Bangalôs em praia na Ilha de Kapalai. Malásia, 2016.

a) Todos os locais retratados referem-se ao espaço asiático. O que explica a grande diversidade de paisagens nesse continente?
b) Comente as diferenças de clima evidenciadas nas imagens.

6 O rio tão sagrado para o povo indiano está poluído há décadas. A falta de tratamento de esgoto, o despejo, sem qualquer cuidado, de dejetos industriais, fertilizantes e pesticidas, além dos corpos em decomposição, infectam o Rio Ganges. Pesquise e mencione consequências decorrentes dessa poluição para a saúde humana e ações para a recuperação das águas desse rio.

Edificações e barcos às margens do Rio Ganges. Varanasi, Índia, 2017.

7 Qual espaço sagrado está retratado na imagem a seguir? A qual religião ele está vinculado?

Fiéis em oração em monumento sagrado. Jerusalém, Israel, 2018.

Visualização

A seguir, apresentamos um mapa conceitual do tema estudado nesta unidade. Trata-se de uma representação gráfica que organiza o conteúdo, composto de uma estrutura que relaciona os principais conceitos e as palavras-chave. Essa ferramenta serve como resumo e instrumento de compreensão dos textos, além de possibilitar consultas futuras.

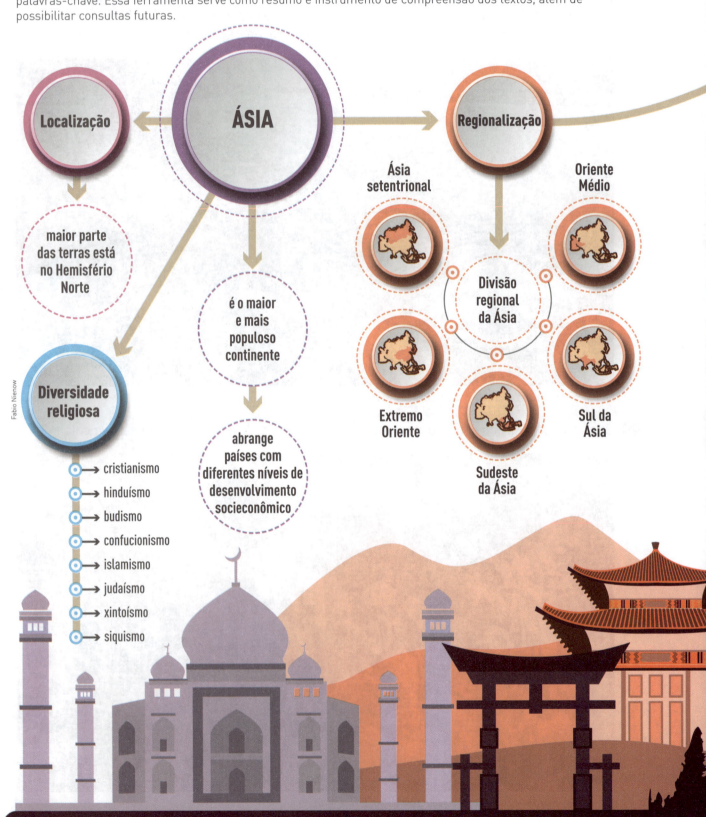

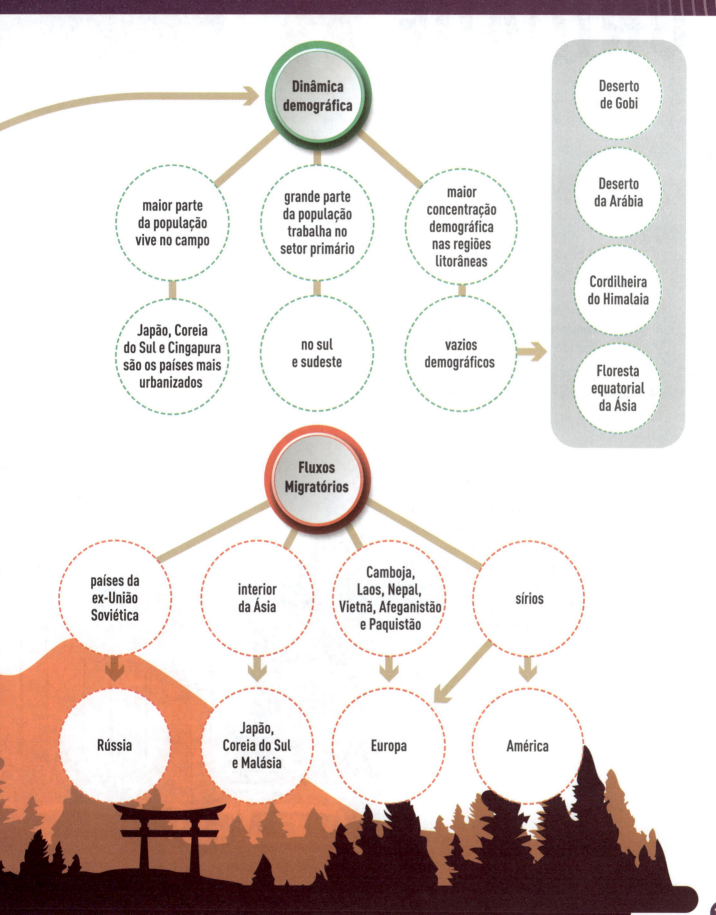

UNIDADE 6

Antever

1 O que mais chama sua atenção nas fotografias?

2 O que você conhece sobre a Índia, a China e o Japão? Anote no caderno as informações que já tem sobre esses países. Ao final da unidade, acrescente os conhecimentos que obteve no decorrer do estudo.

3 Que aspectos são evidenciados pelas imagens?

Nesta unidade, continuaremos a estudar o continente asiático, com destaque para a Índia, o Japão, a China e os Tigres Asiáticos, além do impasse geopolítico envolvendo a Coreia do Norte.

China e Japão são países asiáticos que têm se destacado no cenário econômico regional e mundial desde a segunda metade do século XX. Ambos desenvolvem tecnologias cada vez mais sofisticadas; no entanto, esses países enfrentam um grande desafio: aliar desenvolvimento socioeconômico com respeito às tradições.

Paisagem urbana em Mumbai, Índia, 2018; Shibuya, um dos principais centros comerciais e de vida noturna para os jovens de Tóquio. Japão, 2018; centro financeiro de Xangai, um dos mais importantes do mundo. China, 2018.

Ásia: países e regiões

CAPÍTULO 17 — Índia

Natureza, uso e ocupação das terras

A Índia é o sétimo maior país do mundo em extensão territorial, com 3 287 260 km². Localizado na porção sul do continente asiático, é uma grande península banhada pelo Oceano Índico e faz fronteira com outros seis países: Paquistão, China, Nepal, Butão, Bangladesh e Myanmar. Observe no mapa a seguir sua localização na Ásia.

Fonte: *Atlas geográfico escolar.* 7. ed. Rio de Janeiro: IBGE, 2016. p. 47.

Para que se compreenda a dinâmica do espaço geográfico indiano, é de fundamental importância o reconhecimento das múltiplas relações que se estabelecem entre a sociedade e a natureza nesse território. Destaca-se que a Índia é um país que apresenta profundos contrastes socioeconômicos, e suas tradições milenares coexistem com o mundo moderno da era globalizada.

Na Unidade 3, você estudou as características físicas do continente asiático e deve lembrar-se de que a Índia está localizada no sul da Ásia. O relevo dessa região é marcado pela Cordilheira do Himalaia, ao norte, e pelas planícies que se formam entre os rios Ganges e Indo. No centro-sul da Índia, destaca-se o Planalto do Decã.

Planalto do Decã. Índia, 2016.

O clima da Índia é bastante diversificado. Em função da influência da latitude e do relevo com altitudes elevadas, no norte do país as temperaturas são mais baixas. No sul, por causa da influência do clima monçônico, as temperaturas são mais elevadas. O inverno é marcado por longas estiagens e o verão, por chuvas intensas.

O verão é importante para os indianos, pois encerra o período de seca prolongada, mas também pode trazer problemas. Quando as chuvas são excessivas, destroem plantações e cidades, chegando a causar mortes. Entre abril e janeiro, com picos em maio e novembro, é comum a ocorrência de ciclones, que acarretam grande destruição.

Na Índia há grande diversidade de formações vegetais: matas de pinheiros e campos na região do Himalaia, florestas exuberantes na Planície do Ganges, e áreas desérticas a noroeste, como o Deserto de Rajastão.

A agricultura é uma atividade econômica de destaque na Índia. Atualmente, o país é a quarta potência mundial no setor agrícola, que emprega cerca de 47% da população ativa. Como você já sabe, devido a crenças religiosas do hinduísmo, grande parte da população indiana não consome carne bovina. Contudo, o país tem um dos maiores rebanhos do mundo e é o segundo maior produtor mundial de bovinos, o terceiro de ovinos e o quarto de pescado.

Maré alta em consequência do Ciclone Ockhi. Mumbai, Índia, 2017.

Mulher em reverência à vaca, animal sagrado para os hindus. Hyderabad, Índia, 2018.

Recursos naturais e desenvolvimento econômico

Mesmo detendo cerca de 10% da área cultivada do mundo, com vários produtos agrícolas, a Índia tem grande contingente de famintos; em consequência da má distribuição de renda, milhões de pessoas não conseguem acesso regular a alimentos.

A agricultura indiana é predominantemente de **subsistência**, com uso de instrumentos simples. São comuns a utilização do arado puxado por animais e o plantio manual. A **agricultura comercial** também é desenvolvida em grandes propriedades monocultoras, uma herança da época em que os ingleses colonizaram a região e produziam para o mercado externo. Os solos férteis produzem arroz, amendoim, chá, fumo, cana-de-açúcar, borracha, algodão, juta e especiarias.

Homens arando campo. Amravati, Índia, 2017.

As principais riquezas minerais da Índia são carvão, minério de ferro, manganês, mica, bauxita, cromita, tório, calcário, baritina, minério de titânio, diamantes e petróleo. Apesar de estar incluída entre os 20 maiores produtores mundiais de petróleo, a produção não é suficiente para atender à demanda interna.

Além do petróleo, a energia hidráulica e a energia nuclear complementam as fontes energéticas indianas e movimentam um setor industrial com expressiva produção. Concentradas na região de Madras, Calcutá e Mumbai, destacam-se as indústrias têxteis, alimentícias, siderúrgicas e metalúrgicas, refinarias, de maquinarias, equipamentos de transporte, cimento, alumínio, fertilizantes, produtos químicos e *softwares* para computadores.

Fonte: Graça M. Lemos Ferreira. *Atlas geográfico: espaço mundial*. 3. ed. São Paulo: Moderna, 2010. p. 101.

O governo indiano tem adotado uma política econômica agressiva e investe, principalmente, no setor de indústria pesada – indústrias siderúrgicas, metalúrgicas, cimenteiras, ferroviárias e automobilísticas.

Trabalhadores em linha de montagem de indústria automobilística. Chakan, Índia, 2018.

O setor industrial indiano tem se desenvolvido e se diversificado nas últimas décadas, o que contribuiu para elevar o PIB do país, transformando-o em uma das principais potências industriais do continente asiático e do mundo.

O crescimento econômico da Índia – que mantém relações com diversos países do mundo – pode ser verificado no aumento das importações. O país, portanto, também é um grande mercado consumidor.

A Índia conta com um avançado setor tecnológico e já lançou satélites com foguetes de fabricação própria, por exemplo. O país ainda domina a tecnologia nuclear e tem quatro centrais que produzem eletricidade. O papel de vanguarda no setor explica-se, em parte, pela tradição no ensino das Ciências Exatas. As universidades indianas formam anualmente milhares de engenheiros e programadores de computador.

Em razão do crescimento econômico verificado nos últimos anos, a Índia é considerada um país emergente. Ela integra o Brics, grupo de nações que se destaca na economia internacional. Além disso, participa do G-20, grupo das 20 maiores economias mundiais.

O país detém ainda uma das mais produtivas indústrias cinematográficas do mundo. Seus filmes costumam abordar a história do país e os costumes do povo. A cidade de Mumbai (Bombaim, até 1995) é conhecida como Bollywood, a "Hollywood indiana".

Apesar de todos esses avanços, a Índia está longe de ser socialmente justa, pois há milhões de pobres e miseráveis. A riqueza produzida concentra-se nas mãos de uma minoria, a maior parte da população fica à margem de qualquer benefício. Segundo a ONU, Índia, Paquistão e Bangladesh formam um grande bolsão de pobreza.

Atriz indiana em *set* de filmagem. Chennai, Índia, 2017.

185

Dinâmica demográfica e sociocultural

A Índia é o maior país da Ásia monçônica não somente em extensão territorial como também em população. Com mais de 1,3 bilhão de habitantes, é o segundo país mais populoso do planeta, atrás apenas da China. É chamado por alguns de "país dos bebês", pois são registrados, por dia, cerca de 50 mil nascimentos.

A população indiana é predominantemente jovem (metade dos habitantes tem menos de 25 anos) e rural. De acordo com dados de 2016, apenas 32% das pessoas moravam nas cidades. Um dos fatores responsáveis pela numerosa população absoluta é a alta taxa de natalidade. Observe e compare os dados representados nas pirâmides etárias da Índia em 1950 e 2017.

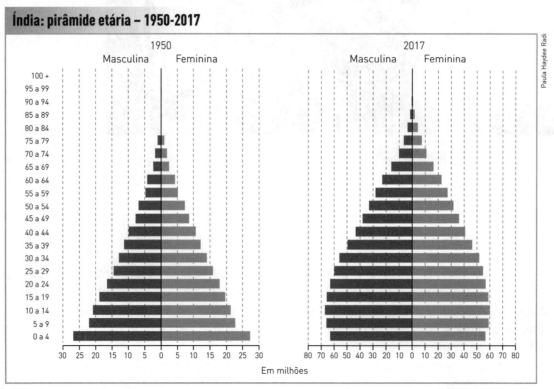

Fonte: Nações Unidas. *Perspectivas da População Mundial 2017*. Disponível em: <https://population.un.org/wpp/DataQuery/>. Acesso em: out. 2018.

Um dos fatores que explicam a taxa de natalidade elevada é o acesso limitado de grande parte da população a informações a respeito de planejamento familiar.

Há alguns anos, o governo indiano tentou, sem sucesso, adotar uma campanha antinatalista. A iniciativa não obteve adesão popular justamente por esbarrar em princípios religiosos que abominam o controle da natalidade, enraizados na consciência e na vida das pessoas.

A mobilidade social é muito restringida pelo fato de a maior parte da população acreditar na predestinação da alma, segundo a qual a pessoa deve permanecer nas condições sociais em que nasceu. Em 2016, a taxa de alfabetização de pessoas com 15 anos ou mais era de 72,2% e o índice de analfabetismo estava em torno de 30%.

Uma significativa parcela da população vive na miséria. Muitos indianos têm renda inferior a 1 dólar por dia. Cerca de 15% da população indiana é subnutrida e apenas 40% têm acesso a rede sanitária (dados de 2016).

A taxa de mortalidade infantil em 2016 foi de 40,5 mortes a cada mil nascimentos, e a expectativa de vida de um indiano era de 68 anos. O Índice de Desenvolvimento Humano (IDH) da Índia é classificado em médio: 0,609 (130º lugar no mundo em 2016).

Conviver

O que é a sociedade de castas que existe na Índia?

O mais correto é perguntar "o que eram" as castas, pois elas foram extintas por lei no fim da década de 1940, depois que a Índia tornou-se independente. As castas eram um sistema de organização social que classificava as pessoas segundo a cor da pele e o grupo em que nasciam. [...] A primeira menção escrita às castas aparece num livro sagrado hindu, as *Leis de Manu*, possivelmente escrito entre 600 a.C. e 250 a.C. "Ali, define-se casta como um grupo social hereditário, onde as pessoas só podem casar-se com pessoas do próprio grupo, e que determina também sua profissão, hábitos alimentares, vestuário e outras coisas, induzindo à formação de uma sociedade sem mobilidade social", diz o historiador Ney Vilela, da Unesp de Bauru (SP). Com o tempo, estabeleceram-se quatro castas principais e também os párias ou "intocáveis", que não pertenciam a nenhuma casta e eram os mais oprimidos do sistema (veja abaixo). [...]

Brâmanes

A casta no alto da pirâmide social indiana era formada por sacerdotes, magos, religiosos e filósofos – as pessoas encarregadas de realizar os sacrifícios e rituais sagrados. Os brâmanes representavam a autoridade espiritual e intelectual e, segundo a mitologia hinduísta, teriam nascido da boca do deus Brahma, considerado a representação da força criadora do Universo.

Xátrias

A segunda casta de maior prestígio era a dos guerreiros, que reunia pessoas com atribuições judiciárias, policiais e militares. A casta incluía ainda reis, nobres, autoridades civis, senhores feudais e responsáveis pelo poder político e militar. Segundo a mitologia hinduísta, teriam nascido do braço direito do deus Brahma.

Vaixás

Respondia pelo conjunto de atividades econômicas, incluindo funções agrícolas, artesanais, comerciais e financeiras. Entre eles, estavam os artesãos, criadores de gado, camponeses e mercadores (o líder pacifista Mohandas Gandhi pertencia a uma subcasta dos vaixás). A mitologia hinduísta afirmava que teriam nascido das coxas do deus Brahma.

Sudras

A casta inferior era formada por servos, trabalhadores braçais e empregados domésticos. Seus integrantes eram encarregados de realizar todas as atividades necessárias para garantir a sobrevivência material da comunidade. Os hinduístas acreditavam que os sudras teriam nascido dos pés do deus Brahma.

Párias

Abaixo das castas e fora dessa pirâmide social, os párias ou "intocáveis" faziam trabalhos tidos como indignos. Entre esses "sem-casta", estavam limpadores de fossas sanitárias, coveiros e carniceiros. Os hinduístas acreditavam que os "intocáveis" não teriam nascido do deus Brahma e, por isso, deviam ser discriminados.

Roberto Navarro/Abril Comunicações S.A. O que é a sociedade de castas que existe na Índia? *Superinteressante*, 4 jul. 2018. Disponível em: <https://super.abril.com.br/mundo-estranho/o-que-e-a-sociedade-de-castas-que-existe-na-india/>. Acesso em: out. 2018.

Depois de ler o texto, forme um grupo com 2 a 3 colegas e, juntos, sigam as instruções.

1. Em um cartaz, desenhem uma pirâmide que retrate a hierarquia das castas indianas.

2. Pesquisem a atual situação dos párias na Índia moderna e separem o conteúdo que encontrarem sobre o tema (reportagens, textos e fotos).

3. Busquem informações a respeito dos conflitos envolvendo o sistema de castas na Índia. Registrem suas conclusões.

Conflitos internos e movimentos separatistas

Grande produtora de especiarias nos séculos XV e XVI, a região da Índia e do Paquistão despertava o interesse dos impérios europeus da época. No início do século XVI, comerciantes de Portugal tomaram alguns portos da costa oeste da Índia. Franceses, holandeses e ingleses lutaram contra os portugueses e, depois, entre si, para controlar as rotas de comércio.

Na segunda metade do século XVIII, o imperialismo britânico tomou posse do Estado indiano e buscou integrar a maioria hindu com os muçulmanos, grupo minoritário que havia se fixado na Índia a partir do século XII.

No século XIX ocorreram rebeliões de caráter anticolonialista, mas a Índia só se libertou do domínio britânico em 1947. Com a independência, o território foi dividido em dois para atender aos interesses de muçulmanos e hinduístas. Os muçulmanos fundaram o Paquistão e os hinduístas constituíram o Estado indiano. Na época houve grande migração de pessoas de um lado para o outro.

Com a formação dos dois novos Estados, teve início a guerra pela posse de uma região localizada ao norte do território: a **Caxemira** (observe sua localização no mapa). O conflito terminou em 1948, após a divisão das terras entre China, Paquistão e Índia. Em 1971, outra guerra resultou na separação da porção oriental do Paquistão, a leste do território indiano, que veio a constituir um novo país: Bangladesh.

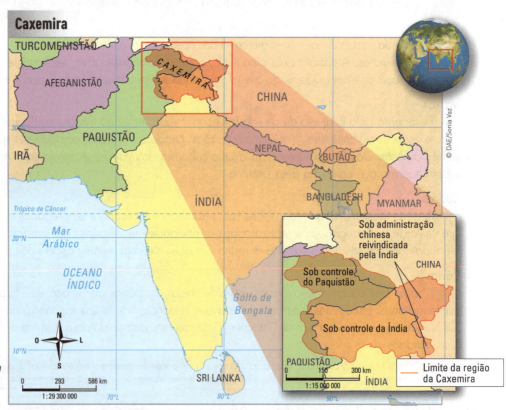

Fontes: Vera Caldini e Leda Isola. *Atlas geográfico Saraiva*. 4. ed. São Paulo: Saraiva, 2013. p. 145; *Atlas geográfico escolar*. 7. ed. Rio de Janeiro: IBGE, 2016. p. 47.

O controle da Caxemira continua a ser um problema e um risco para a segurança nessa região. As divergências locais são territoriais e religiosas. Embora a maior parte da região pertença oficialmente à Índia, sua população é majoritariamente islâmica e, portanto, prefere a independência ou a união com o Paquistão.

Quase toda a população islâmica da Índia encontra-se na Caxemira (aproximadamente 130 milhões de pessoas). Se dependesse de seus habitantes, a província já seria parte do Paquistão desde a independência, em 1947.

Manifestantes da Caxemira atiram pedras em confronto contra forças do governo. Srinagar, Índia, 2018.

A Caxemira é drenada por vários rios, com destaque para o Indo. Essa característica física está relacionada à economia agrícola da região, pois cerca de 80% da população dedica-se aos cultivos de subsistência às margens desses rios.

A região destaca-se por sua posição estratégica: além de protegida pela Cordilheira do Himalaia, abriga a nascente de quatro dos cinco rios do Paquistão, o que justifica o interesse paquistanês pelo controle dessa província.

Ela ainda é lembrada como uma das regiões do mundo em que há muitos conflitos motivados por pretextos religiosos e territoriais. São comuns atos de violência entre grupos hindus e muçulmanos. Embora haja graves problemas sociais e econômicos na Índia e no Paquistão, seus governantes investem mais em segurança do que em saúde e educação.

Outros graves conflitos étnico-religiosos ocorrem, com frequência, entre indianos e *sikhs* no estado de Punjab, localizada no noroeste da Índia, próximo do Paquistão e da região da Caxemira.

Os *sikhs* são cerca de 23 milhões de pessoas e professam o siquismo, religião monoteísta e **sincrética** que você já estudou na unidade 5, cujos valores derivam do hinduísmo e sufismo (um dos ramos do islamismo). Por ser uma minoria étnico-religiosa, esse povo reivindica a separação do estado de Punjab da Índia. Os indianos, porém, não concordam com a independência do estado e se recusam a perder essa parte de seu território, que tem solos férteis e superfície plana.

O maior conflito entre *sikhs* e indianos ocorreu em 1984, com a morte de 800 separatistas *sikhs* em um ataque executado pelo exército da Índia. Essas mortes desencadearam revolta nos adeptos do siquismo, que responderam ao ataque com o assassinato da primeira-ministra, Indira Gandhi. Logo depois, cerca de 8 000 *sikhs* foram massacrados por multidões de indianos revoltados.

Templo Dourado, o mais importante para os sikhs. Amritsar, Índia, 2017.

> **Glossário**
> **Sincretismo:** junção de diferentes religiões e práticas religiosas que fundam novas crenças e religiões.

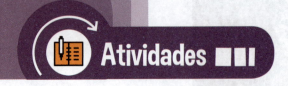

1. Observe o mapa e identifique o clima da Índia que está representado e o fenômeno atmosférico que ocorre nessa época do ano, de acordo com a direção das setas.

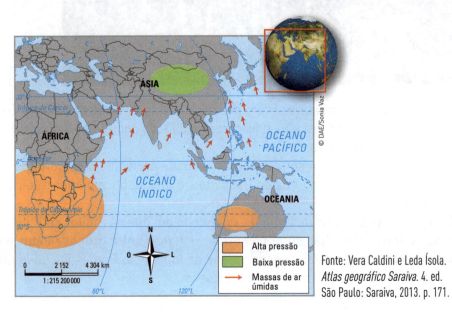

Fonte: Vera Caldini e Leda Ísola. *Atlas geográfico Saraiva*. 4. ed. São Paulo: Saraiva, 2013. p. 171.

2. Explique dois fatores responsáveis pela alta taxa de natalidade na Índia.

3. Descreva as características da atividade agrícola indiana.

4. Exemplifique a importância do ensino universitário indiano no desenvolvimento industrial do país.

5. Observe o gráfico a seguir e depois faça o que se pede.

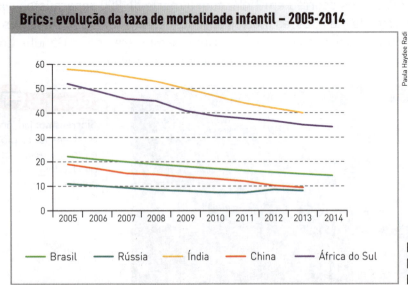

Fonte: Brics Joint Statistical Publication 2015. Disponível em: <www.gks.ru/free_doc/doc_2015/BRICS_ENG.pdf>. Acesso em: out. 2018.

a) De acordo com o gráfico, quais são os países do Brics com índices mais altos de mortalidade infantil?

b) Escreva um pequeno texto relacionando as taxas de mortalidade infantil na Índia com o acesso da população à rede sanitária e aos dados sobre subnutrição.

6. Justifique a importância estratégica da Caxemira para os países da região.

CAPÍTULO 18

Japão

Aspectos naturais

O Japão está localizado no Extremo Oriente, e a área de seu território é de apenas 377,9 mil km². A configuração espacial do Japão impõe algumas dificuldades à ocupação humana: em 80% da superfície do país há montanhas com altitudes elevadas, o que leva a população a se concentrar principalmente nas pequenas planícies litorâneas, que correspondem a apenas 16% da área total do território.

A maior parte do relevo é de formação recente, da Era Cenozoica, Período Terciário, caracterizado por dobramentos modernos e intensa atividade vulcânica. O Japão sofre com frequentes terremotos e atividade vulcânica devido à sua localização geológica, no encontro de placas tectônicas do Círculo de Fogo do Pacífico.

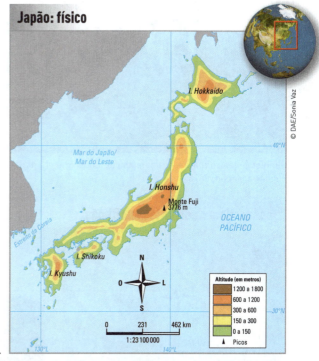

Fonte: *Atlas geográfico escolar*. 7. ed. Rio de Janeiro: IBGE, 2016. p. 46.

Monte Fuji e o Lago Kawaguchi. Yamanashi, Japão, 2018.

Localizado ao norte do Trópico de Câncer, o Japão tem clima frio, temperado e subtropical.

Embora o território seja pequeno, o clima é diversificado em virtude da altitude (as temperaturas são mais baixas nas regiões montanhosas do que nas baixadas litorâneas), da maritimidade (que traz mais umidade ao litoral, provocando chuvas) e da atuação de correntes marítimas (frias ao norte e quentes ao sul).

Com clima diversificado, as formações vegetais do país são variadas e há predomínio de florestas. Em razão da pequena extensão das ilhas, os cursos fluviais são de pequeno porte. Além de servir para irrigação e consumo, a água dos rios é muito utilizada na produção de energia hidrelétrica, graças aos frequentes desníveis do terreno.

Banhistas desfrutando a praia na Ilha de Enoshima em dia de verão. Fujisawa, Japão, 2016.

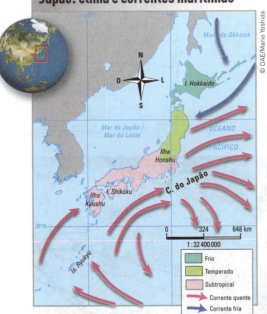

Fonte: *Atlas geográfico escolar*. 7. ed. Rio de Janeiro: IBGE, 2016. p. 46, 47 e 58.

Floresta temperada durante o outono. Kioto, Japão, 2018.

O consumo de energia é elevado por causa do alto nível de industrialização e pela elevada qualidade de vida da numerosa população. As principais fontes energéticas utilizadas são o petróleo, importado principalmente do Oriente Médio, e a energia nuclear, obtida em inúmeras usinas espalhadas pelo país.

Dinâmica demográfica e aspectos culturais

O Japão é um arquipélago constituído por mais de 3 mil ilhas, com destaque para Hokkaido, Honshu, Shikoku e Kyushu (pela ordem, do norte para o sul), que juntas somam 97% do território. Elas abrigavam aproximadamente 126,5 milhões de habitantes em 2016.

Embora distante do território brasileiro e com tradição cultural bem diferente da nossa, elementos da cultura japonesa são comuns no Brasil em razão do grande número de japoneses que imigrou para cá na primeira metade do século XX.

A relação migratória entre Brasil e Japão foi desencadeada a partir de um acordo firmado entre os dois países. O acordo concretizado foi favorável a ambos, pois o Brasil precisava de mão de obra para a produção do café e o Japão possuía essa mão de obra, em virtude da falta de trabalho e da pobreza que se estabelecia em algumas localidades do país.

Há também mais de 180 000 trabalhadores brasileiros no Japão, chamados de decasséguis, descendentes de japoneses que emigraram para o país, principalmente nas últimas duas décadas do século passado.

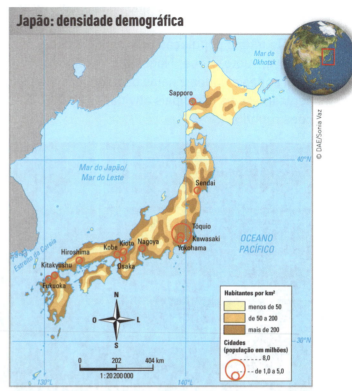

Fonte: Graça M. L. Ferreira. *Atlas geográfico: espaço mundial*. São Paulo: Moderna, 2010. p. 106.

A população do Japão é predominantemente adulta e urbana (93% do total), e a densidade demográfica chega a 347 hab./km² (dados de 2016). Esses números o caracterizam como um país populoso e muito povoado. Como você já estudou, o conceito de populoso tem relação direta com a população absoluta, assim, quando a população absoluta de um país é expressiva, considera-se que esse país é populoso. Já o conceito de povoado está relacionado à população relativa ou densidade demográfica, que como você já sabe, é o número médio de habitantes por unidade de área, geralmente o quilômetro quadrado.

Consumidores observam produtos brasileiros em supermercado. Tóquio, Japão, 2015.

O elevado índice de habitantes nas cidades está relacionado à forte atividade industrial, que além de gerar empregos, atraindo a população rural, acarreta elevada mecanização na agropecuária. Deve-se também considerar que os espaços agrários são reduzidos por causa do relevo predominantemente montanhoso.

De toda a população urbana, 60% está concentrada na megalópole Tokaido (Tóquio, Kawasaki, Nagoya, Kioto, Kobe, Nagasaki, Yokohama, Fukuoka e Osaka). As **megalópoles** são conurbações de grandes cidades e nelas ocorrem grandes transformações socioespaciais. Nesses espaços concentram-se as principais atividades econômicas e estão instaladas as sedes das grandes corporações mundiais.

Movimento intenso nas ruas de Shibuya, importante centro comercial e financeiro japonês. Tóquio, Japão, 2018.

A população japonesa cresceu muito após a Segunda Guerra Mundial, com aumento no número de nascimentos e queda no número de mortes. A mortalidade foi reduzida graças à crescente industrialização do país no pós-guerra e ao desenvolvimento da medicina e da indústria farmacêutica.

Nos últimos 30 anos, a taxa de natalidade diminuiu no Japão, apresentando índice inferior ao de mortalidade. Em 2016, a taxa média de crescimento da população japonesa apresentou índices negativos (–0,118%). Entre as causas do baixo crescimento populacional, destacam-se o custo elevado para criar filhos, mais mulheres no mercado de trabalho e a disseminação de métodos contraceptivos.

O envelhecimento da população japonesa, seguindo a tendência mundial dos países desenvolvidos e em desenvolvimento, está fortemente relacionado à melhoria das condições de vida. O Japão é o país com maior expectativa de vida do mundo: 83,6 anos (2016). Consequentemente, tem a maior proporção de idosos do planeta: 24% da população tem mais de 65 anos.

Contudo, o envelhecimento da população tem preocupado as autoridades, pois sobrecarrega a parte economicamente ativa com o custo dos elevados investimentos sociais e previdenciários. A cada ano aumenta o número de aposentados.

Cartografia em foco

As megalópoles são regiões que possuem grande aglomeração populacional formadas pelo agrupamento de regiões metropolitanas, que se interligam por um eficiente sistema de transporte e comunicação. Trata-se, portanto, de um domínio territorial que se caracteriza por concentrar os investimentos, as atividades industriais e boa parte da população de um país.

Neste contexto, observe o mapa abaixo e faça o que se pede.

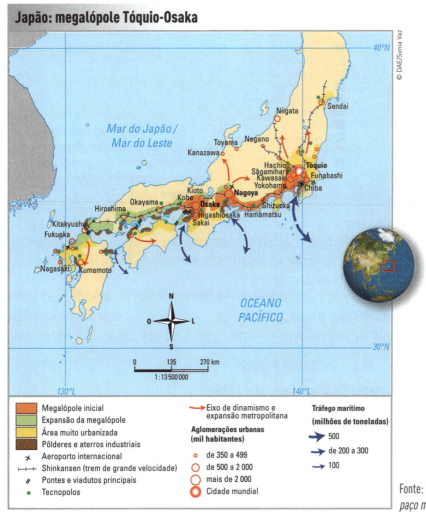

Fonte: Graça M. L. Ferreira. *Atlas geográfico: espaço mundial*. São Paulo: Moderna, 2010. p. 106.

1. Compare o mapa da densidade demográfica do Japão da página 193 com o mapa de espacialização da megalópole Tóquio-Osaka. O que você conclui?

2. Volte ao mapa físico do Japão da página 191 e observe atentamente as características do relevo japonês. Analise o mapa de densidade demográfica e o mapa da megalópole Tóquio-Osaka. Anote suas observações.

3. Por meio da análise do mapa, que tipo de transporte faz a conexão entre as diferentes cidades que constituem a megalópole?

4. Relacione os eixos de dinamismo e expansão metropolitana presentes no mapa com o conceito de megalópole.

5. Além do Japão, em que outro país o processo de urbanização levou a formação de megalópoles? Cite exemplos.

Recursos naturais: uso e escassez

No território japonês praticamente inexistem jazidas minerais que forneçam matérias-primas para o setor industrial, por isso é necessário importá-las. O petróleo, por exemplo, é totalmente importado, assim como 90% do minério de ferro.

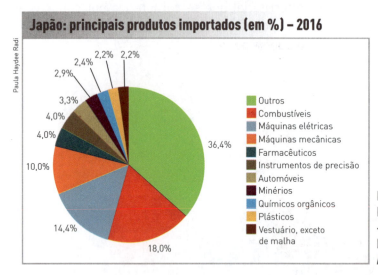

Fonte: Ministério das Relações Exteriores (MRE). Brasil-Japão Balança Comercial. Disponível em: <https://investexportbrasil.dpr.gov.br/arquivos/IndicadoresEconomicos/web/pdf/INDJapao.pdf>. Acesso em: out. 2018.

O Japão é um exemplo de que os recursos naturais não são um fator essencial para que um país se desenvolva economicamente. O investimento em recursos humanos, como a educação, foi uma alternativa encontrada pelo governo para compensar a carência natural do território, o que é provado pela taxa de analfabetismo praticamente inexistente.

Outra estratégia para superar a falta de recursos naturais do território foi adotar uma política de exportações agressiva. O Japão conseguiu alcançar grandes mercados com preços competitivos e muita inovação tecnológica, fruto de pesados investimentos em pesquisa científica e tecnológica na produção.

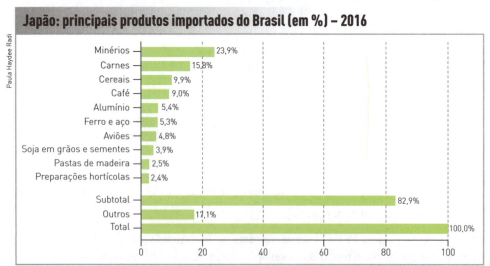

Fonte: Ministério das Relações Exteriores (MRE). Brasil-Japão Balança Comercial. Disponível em: <https://investexportbrasil.dpr.gov.br/arquivos/IndicadoresEconomicos/web/pdf/INDJapao.pdf>. Acesso em: out. 2018.

Além disso, os japoneses também investiram na instalação de indústrias de base, principalmente mineradoras, em outros países. O objetivo era garantir a disponibilidade de matérias-primas para abastecer o setor industrial.

Como se vê no gráfico, o Brasil exporta grande quantidade de minérios para o Japão. Além dos minerais metálicos, exporta produtos do setor primário da economia, como carnes, cereais e café.

Atividade industrial e tecnologia

O Japão é uma das grandes forças da economia mundial, com destaque para o setor industrial. Mesmo passando por oscilações econômicas desde a década de 1990, a população ainda desfruta de excelente padrão de vida e o país mantém posição de destaque em relação ao PIB – é a terceira maior economia do mundo, atrás dos Estados Unidos e da China.

Em consequência das poucas terras disponíveis para plantio e da predominância de relevo montanhoso, a agricultura é limitada. É comum o uso da técnica de terraceamento, que possibilita o cultivo em áreas montanhosas.

O Japão dispõe de importante área marítima e é um dos principais produtores de pescado do mundo.

As primeiras indústrias japonesas foram implantadas no final do século XIX (a partir de 1880), quando se deu o início do processo de industrialização e modernização do país. Nesse primeiro momento, predominavam as fábricas têxteis com a produção de seda e algodão. Já no começo do século XX, para atender às necessidades das atividades militares, o Estado japonês, assim como as empresas privadas, começaram a investir em indústrias de base, como metalúrgicas, siderúrgicas, mecânicas e químicas. Com os avanços tecnológicos, fibras sintéticas passaram a ser produzidas e novos setores foram desenvolvendo-se no país.

Atualmente, o setor industrial é bastante diversificado e produz tanto produtos básicos, como aço e papel, quanto equipamentos altamente tecnológicos.

O país desempenha importante papel na economia global pela grande produção de automóveis, itens de robótica, biotecnologia e energia renovável. Ocupa a terceira posição na produção de carros e barcos.

Robôs humanoides de fabricação japonesa. Tóquio, Japão, 2016.

Japão: espaço industrial

Fonte: Graça M. Lemos Ferreira. *Atlas geográfico: espaço mundial*. 3. ed. São Paulo: Moderna, 2010. p. 106.

ZOOM

① Explique a relação entre o espaço industrial japonês e a formação de grandes aglomerações urbanas nesse país.

② Converse com seus colegas e o professor sobre a relevância da atividade industrial para o desenvolvimento econômico do Japão.

A indústria representa 29% do PIB japonês e emprega mais de 26% da população economicamente ativa. O setor de serviços corresponde a cerca de 70% do PIB e emprega aproximadamente 70% dos trabalhadores.

As empresas transnacionais japonesas estão espalhadas pelo mundo todo e também atuam em vários setores, da produção de veículos à produção de alimentos. O Japão é também um dos países mais robotizados do mundo; na Ásia, fica atrás apenas da Coreia do Sul e de Cingapura.

Linha de montagem de carros japoneses no Brasil. Resende (RJ), 2015.

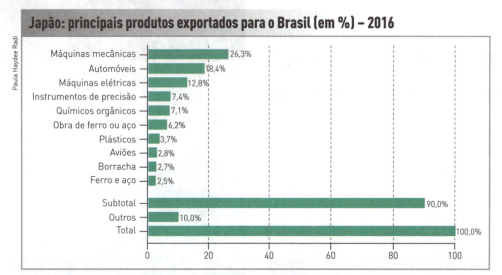

Japão: principais produtos exportados para o Brasil (em %) – 2016

Produto	%
Máquinas mecânicas	26,3%
Automóveis	18,4%
Máquinas elétricas	12,8%
Instrumentos de precisão	7,4%
Químicos orgânicos	7,1%
Obra de ferro ou aço	6,2%
Plásticos	3,7%
Aviões	2,8%
Borracha	2,7%
Ferro e aço	2,5%
Subtotal	90,0%
Outros	10,0%
Total	100,0%

Fonte: Ministério das Relações Exteriores (MRE). Brasil-Japão Balança Comercial. Disponível em: <https://investexportbrasil.dpr.gov.br/arquivos/IndicadoresEconomicos/web/pdf/INDJapao.pdf>. Acesso em: out. 2018.

Vista aérea de empresa multinacional japonesa no Brasil. Sorocaba (SP), 2018.

O Japão na economia global

O Japão é uma das principais economias do mundo, mas é bastante vulnerável à situação econômica do mercado internacional porque depende muito das exportações de seus produtos industrializados.

Nas últimas décadas, a exportação de produtos manufaturados chineses tem sido motivo de preocupação para os japoneses; desde a década de 1980, a participação da produção industrial da China no mercado internacional tem aumentado.

Na Divisão Internacional do Trabalho (DIT), o Japão é responsável pela exportação de bens de capital (maquinários) e bens intermediários (componentes), ou seja, é um país especializado na produção de mercadorias de alta tecnologia e inovação em conhecimento técnico.

Fonte: Ministério das Relações Exteriores (MRE). Brasil-Japão Balança Comercial. Disponível em: <https://investexportbrasil.dpr.gov.br/arquivos/IndicadoresEconomicos/web/pdf/INDJapao.pdf>. Acesso em: out. 2018.

A China é a maior parceria comercial do Japão na atualidade e consegue alcançar altos níveis produtivos graças à grande disponibilidade de força de trabalho, diferentemente do Japão, que, como você estudou, tem crescimento populacional negativo.

Os novos países industrializados e a China têm conseguido melhorar sua capacidade técnica e aumentado os investimentos nos setores de pesquisa e inovação científica e tecnológica na última década. Por isso, o grande desafio do Japão para o futuro é manter vantagem no setor de desenvolvimento de tecnologia de ponta.

Terminal de exportação de carros no Cais de Daikoku. Yokohama, Japão, 2017.

Aspectos históricos do desenvolvimento econômico

Como um país com escassos recursos minerais, poucas terras para plantio e que sofreu grande destruição na Segunda Guerra Mundial se tornou um dos países mais ricos e industrializados do mundo?

No final do século XIX e início do século XX, o Japão foi marcado por transformações econômicas, sociais e políticas. Esse período, conhecido como Era Meiji, caracterizou-se, entre outros fatores, por:

- abertura dos portos;
- implantação do sistema financeiro;
- extinção dos xogunatos (forma de governo na qual o poder político pertencia ao xógum – denominação dos grandes senhores de terras na organização política do Japão anterior à Era Meiji, que se assemelharia ao feudalismo da Europa Ocidental);
- criação do exército nacional;
- ensino obrigatório;
- fundação da Universidade de Tóquio;
- estímulo à indústria;
- implantação de rede de transportes (rodoferroviária) moderna e do sistema postal.

As reformas efetuadas na Era Meiji fizeram com que o Japão se tornasse a primeira nação industrializada da Ásia e contribuíram para a expansão capitalista no país.

A Segunda Guerra Mundial acarretou grandes prejuízos para a economia japonesa, contudo uma extraordinária recuperação econômica ocorreu na década de 1970, o que colocou o país entre as grandes potências do mundo.

Alguns fatores fundamentais para essa recuperação foram os seguintes:

- a mão de obra barata, abundante e disciplinada, que se submetia a longas jornadas de trabalho;
- a promessa de emprego vitalício, com estabilidade, compensava os baixos salários;
- o grande valor dado ao trabalho em grupo (valorização do coletivo);
- os fortes investimentos em educação e na formação de uma base de desenvolvimento científico e tecnológico, destacadamente para a criação de centros científicos;
- o amparo do Estado à economia, caracterizado pelo forte apoio às empresas privadas e pela adoção de uma política econômica protecionista, que mantinha impostos de importação elevados para proteger a indústria nacional;
- a enorme capacidade de poupança interna, que fez do país um dos maiores investidores nacionais;
- as inovações, que atraíram mais consumidores;
- as mudanças nos hábitos de vida dos japoneses, que propiciaram o crescimento do mercado interno.

Além desses fatores, também contribuiu para o desenvolvimento econômico do Japão a ajuda financeira dos Estados Unidos.

Edifício da Universidade de Tóquio. Tóquio, Japão, 2017.

Atividades

1. Embora o Japão apresente um território de pequena extensão, o país tem clima muito diversificado. Que fatores contribuem para esse fato?

2. Cite três aspectos que caracterizam a população japonesa.

3. Relacione a elevada expectativa de vida do povo japonês com o problema previdenciário que o país enfrenta.

4. Associe o relevo japonês com a atividade agrícola e a necessidade de o país importar alimentos.

5. Comente a situação do Japão em relação à disponibilidade de recursos naturais com as exportações brasileiras para esse país.

6. Qual é o papel do Japão na Divisão Internacional do Trabalho (DIT)?

7. O Japão tem um setor industrial bastante consolidado e uma das principais estratégias de crescimento do país foi investir na produção voltada para exportação. Identifique quais são os produtos industrializados japoneses mais consumidos no Brasil.

8. Quais são os principais parceiros comerciais do Japão?

9. Examine o gráfico "Japão: principais parceiros comerciais", da página 199, e analise a charge abaixo. Depois, faça o que se pede.

Com base nas informações do gráfico e da charge, e em seus conhecimentos, escreva um texto sobre a atual concorrência econômica entre os países asiáticos. Observe que a maior parte das importações japonesas é de origem chinesa.

10. Relacione a Era Meiji com o desenvolvimento econômico do Japão.

201

CAPÍTULO 19

China

Uso da terra, recursos naturais e desenvolvimento econômico

A China, localizada no Extremo Oriente do continente asiático, é um país de grande extensão territorial e detentor da maior população absoluta do mundo: em 2017 somava cerca de 1,409 bilhão de habitantes.

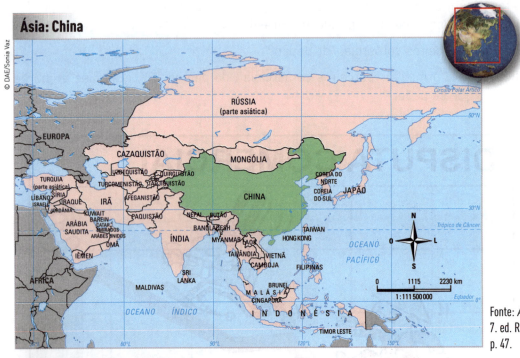

Fonte: *Atlas geográfico escolar*. 7. ed. Rio de Janeiro: IBGE, 2016. p. 47.

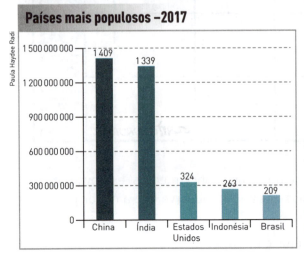

Fonte: Nações Unidas. Perspectivas da população mundial 2017. Disponível em: <https://population.un.org/wpp/DataQuery/>. Acesso em: out. 2018.

Com 9 600 000,5 km², é o terceiro país em área territorial, depois da Rússia e do Canadá. É um imenso território, onde as condições climáticas imprimem grandes contrastes naturais. Na porção ocidental, chamada de China Ocidental ou "do interior", predomina o clima desértico, enquanto a China Oriental é caracterizada por grandes rios, distribuição regular de chuvas durante o ano e intensa atividade agrícola, além de ser uma área populosa e industrializada.

A cadeia montanhosa do Himalaia, ao sul da China Ocidental, forma uma barreira natural, impedindo que os ventos úmidos do Oceano Índico atinjam a região. É um local com pouca chuva, ventos muito secos e baixa densidade demográfica.

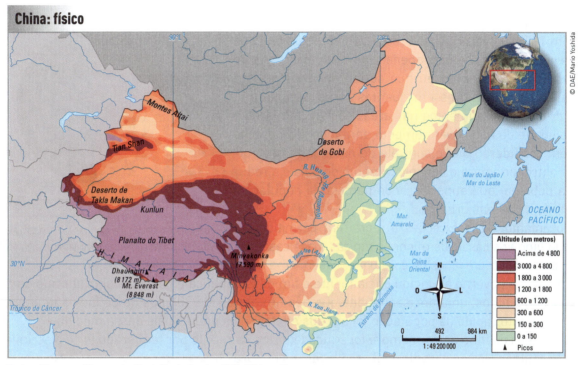

Fonte: *Atlas geográfico escolar*. 7. ed. Rio de Janeiro: IBGE, 2016. p. 46.

A porção oriental, ao contrário da ocidental, é extremamente populosa e povoada. Também estão ali os solos mais férteis do país.

A maior densidade demográfica da região concentra-se nas planícies dos grandes rios Yangtse (Azul), Huang-He (Amarelo) e Xun Jiang (das Pérolas). No delta do Rio Huang-He, por exemplo, a densidade ultrapassa 1 000 hab./km².

Vista aérea do Centro de Conservação de Xijiang, ao longo do Rio Yangtse. Anqing, China, 2018.

No médio Vale do Rio Yangtse, localizavam-se as magníficas quedas das Três Gargantas. Toda a área foi inundada pela represa da maior usina hidrelétrica do mundo, um projeto gigantesco que gerou problemas ambientais e sociais para a região. A inundação de uma área de 28 mil hectares cobriu matas nativas e desalojou cerca de 1,3 milhão de pessoas que viviam em centenas de pequenas cidades e povoados.

Águas jorram da represa das Três Gargantas, no Rio Yangtse. Yichang, China, 2018.

203

Dinâmica demográfica e sociocultural

A China concentra cerca de 20% da população mundial, mas esse percentual poderia ser ainda maior se o governo não providenciasse leis para frear o crescimento demográfico. Em 1979 o governo criou a "política do filho único", que obrigava os casais a terem apenas um filho, sob pena de multas. O governo entendeu que seria um desastre para o país se os casais tivessem quantos filhos desejassem. Além de altos investimentos nas áreas sociais, temia-se a possibilidade de não haver alimento para todos. O governo também considerou que o controle de natalidade compulsório contribuiria para o desenvolvimento do país e a redução da pobreza, que atingia grande parcela da população, sobretudo nas áreas urbanas.

No entanto, havia exceções à regra: era permitido um segundo filho aos casais de minorias étnicas e aos casais da zona rural que fossem filhos únicos ou já tivessem uma filha.

China: população – 2017

Mulheres 48,5% — 683 197 190
Homens 51,5% — 726 320 207

Fonte: Nações Unidas. *Perspectivas da População Mundial 2017*. Disponível em: <https://population.un.org/wpp/DataQuery/>. Acesso em: out. 2018.

Em 2015 o governo anunciou oficialmente o fim dessa política e passou a permitir que os casais tivessem dois filhos, uma decisão inédita que pôs fim a mais de 30 anos de política antinatalista. O envelhecimento rápido da população foi um dos efeitos mais prejudiciais dessa medida.

A "política do filho único" sempre foi criticada, principalmente por ter gerado forte discriminação contra a mulher. Devido à tradicional predileção, na cultura chinesa, por crianças do sexo masculino, vários bebês do sexo feminino passaram a ser abandonados pelos pais logo após o nascimento. Essa prática acarretou um grave problema social e fez com que a população masculina superasse a feminina em vários milhões de habitantes.

A redução na taxa de natalidade e o aumento na expectativa de vida ao longo dos últimos anos fizeram com que a China apresentasse maiores taxas de envelhecimento populacional.

Observe e compare os dados representados nas pirâmides etárias da China em 1990 e 2017. Elas revelam diminuição da taxa de natalidade e aumento do número de pessoas nas faixas etárias acima de 60 anos.

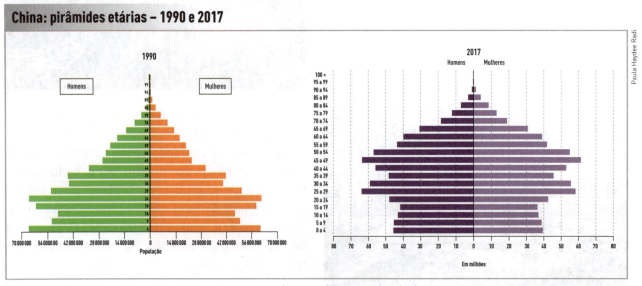

China: pirâmides etárias – 1990 e 2017

Fontes: *United States Census Bureau*. Disponível em: <www.census.gov/population/international/data/idb/country.php>. Acesso em: abr. 2015; Nações Unidas. *Perspectivas da População Mundial 2017*. Disponível em: <https://population.un.org/wpp/DataQuery/>. Acesso em: out. 2018.

A população chinesa encontra-se dividida entre o campo e a cidade. Em 2012, 51,9% dos chineses moravam nas cidades. Em 2016, esse número aumentou para 54,4%. Nos últimos anos, uma enorme corrente migratória interna rumo às cidades da costa leste alterou a distribuição populacional: em 2010, aproximadamente 53% da população vivia no campo.

A cidade mais populosa da China é Xangai, a metrópole econômica do país, que concentra 20% da produção industrial. A segunda cidade mais populosa é a capital, Beijing (Pequim).

Agricultores colhem pimentas. Luannan, China, 2018.

Vista panorâmica do distrito financeiro de Lujiazui. Xangai, China, 2017.

Observe no mapa a seguir a localização das principais cidades chinesas.

Fonte: Graça M. Lemos Ferreira. *Atlas geográfico: espaço mundial.* São Paulo: Moderna, 2010. p. 105.

Macau, no sudeste da China, foi colônia de Portugal até 1999, ano em que os portugueses a devolveram para a administração chinesa. Isso também aconteceu com Hong Kong, que foi domínio da Inglaterra até 1997. Ambas são regiões administrativas de grande desenvolvimento econômico.

Portugueses e ingleses impuseram uma condição para a devolução dessas cidades: que a China mantivesse os princípios do sistema econômico capitalista e o regime político democrático nelas implantados.

Boa parte dos investimentos estrangeiros no país concentra-se em Hong Kong, e a China precisa desse capital, principalmente para implementar o desenvolvimento de suas regiões mais pobres e remotas. Hong Kong é um dos maiores mercados financeiros do planeta e o porto mais movimentado do continente asiático.

Aspectos econômicos

Chama a atenção do mundo o ritmo acelerado de crescimento econômico que a China tem apresentado nos últimos anos. Esse fato levou muitos a considerá-la o grande "dragão econômico" do século XXI. Nas duas últimas décadas, o PIB do país alcançou as maiores taxas de expansão do mundo, ultrapassando o do Japão em 2010. A previsão é que nos próximos anos a China chegue à primeira posição no *ranking* das maiores economias mundiais, ultrapassando os Estados Unidos.

Atualmente, o PIB chinês é o segundo maior do planeta, e isso em um país que até pouco tempo atrás se mantinha fechado para o mundo. Em 1949, por uma revolução liderada por Mao Tsé-Tung, a China tornou-se socialista. Como aconteceu com outras nações que adotaram esse sistema, o governo passou a controlar a economia e a política, tornando-se proprietário dos meios de produção. A propriedade privada cedeu lugar à propriedade estatal. A indústria e a agricultura foram submetidas à planificação central do Partido Comunista.

Trabalhadores chineses em linha de montagem de produtos eletrônicos. Huaying, China, 2017.

Mao Tsé-Tung (esq.) durante a Guerra Civil chinesa. Yan'na, China, 1945.

A tradição agrícola do país é uma questão de sobrevivência. Com mais de 1,4 bilhão de habitantes, a agricultura forte é imprescindível, sob o risco de ter de importar grande quantidade de produtos alimentícios. Na década de 1980, a China começou a introduzir práticas da economia de mercado e atualmente é considerada um país com práticas capitalistas em um sistema político que ainda remonta ao socialismo: a política do "partido único", o Partido Comunista. Os próprios dirigentes chineses a definem como uma economia "socialista de mercado". Por ser a segunda economia do planeta, cada vez mais o país invade o mercado mundial com produtos "*made in* China".

Esse crescimento reflete-se no Brasil, pois a China se tornou, em 2012, o maior parceiro da economia brasileira, ultrapassando os Estados Unidos. Exportamos para a China produtos agrícolas e minerais *in natura*, como minério de cobre, soja em grão, celulose e minério de ferro, e importamos produtos manufaturados, como aparelhos transmissores e receptores, bombas e compressores, tecidos, motores, calçados e brinquedos, entre outros.

Principais parceiros comerciais do Brasil – 2017

Principais mercados de destino das exportações brasileiras em 2017:
- Japão 2,4%
- Holanda 4,2%
- Argentina 8,1%
- China 21,8%
- Estados Unidos 12,3%

Principais mercados de origem das importações brasileiras em 2017:
- Coreia do Sul 3,5%
- Alemanha 6,1%
- Argentina 6,3%
- China 18,1%
- Estados Unidos 16,5%

Fonte: Ministério da Indústria, Comércio Exterior e Serviços. Base de dados do COMEX STAT. Disponível em: <www.mdic.gov.br/index.php/comercio-exterior/estatisticas-de-comercio-exterior/base-de-dados-do-comercio-exterior-brasileiro-arquivos-para-download>. Acesso em: nov. 2018.

O desenvolvimento industrial da China começou em 1982, quando o governo aprovou a abertura do mercado para o capital estrangeiro em áreas específicas do país, chamadas de Zonas Econômicas Especiais (ZEEs), nas quais o capitalismo era permitido. Como já vimos na Unidade 2, o objetivo das ZEEs era atrair empresas estrangeiras, que trariam tecnologia e experiência de gestão empresarial, além de capital. Para implementar essa política, o governo investiu muito em infraestrutura, principalmente nos meios de transporte e no setor energético.

A mão de obra mal remunerada que cumpre longas jornadas de trabalho, a isenção fiscal, os investimentos estrangeiros, a instalação de montadoras em diversos países, a desvalorização da moeda local (yuan) e a exportação de mercadorias baratas criaram condições para o crescimento chinês no cenário asiático e mundial.

A região de maior concentração industrial na China é a Manchúria, no nordeste do país, favorecida por um subsolo rico em carvão, petróleo e ferro, matérias-primas básicas para o desenvolvimento do setor industrial.

Todo esse crescimento econômico exige grande quantidade de energia. Atualmente, o país consome 14% da energia do planeta. Para reduzir a poluição, a China tem procurado diminuir a dependência do carvão, que ainda é sua principal fonte de energia. A saída tem sido aumentar, nos últimos anos, o investimento em energia renovável.

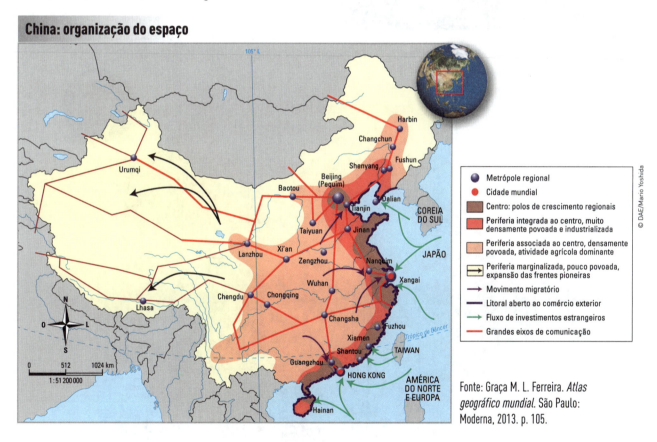

Fonte: Graça M. L. Ferreira. *Atlas geográfico mundial*. São Paulo: Moderna, 2013. p. 105.

zoom

① Observando o mapa e os elementos cartográficos, que cor representa as áreas densamente povoadas com predomínio de atividade agrícola?

② Compare a região litorânea da China com o interior do país no que diz respeito aos polos de crescimento econômico. Registre suas conclusões.

③ Observando o mapa, quais cidades chinesas são consideradas mundiais? A que isso se deve?

Conflitos internos e movimentos separatistas

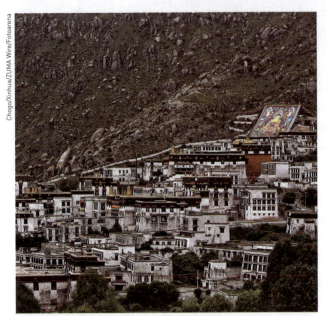

Enorme pintura em estilo Thangka exposta em mosteiro budista. Lhasa, Tibete (China), 2018.

O **Tibete**, província chinesa localizada ao norte da Cordilheira do Himalaia, era um país soberano até 1950, quando o território foi invadido pelo exército chinês e anexado à China. Desde então, esse povo tornou-se uma minoria étnica, pois o tibetano não é chinês e não fala a língua chinesa.

Ao anexar o território tibetano, o governo chinês, que já o considerava uma área estratégica, incentivou a migração de chineses para a região. A China ampliou, assim, suas fronteiras, principalmente em direção a outra potência nuclear, a Índia. O Tibete é uma das áreas mais ricas do mundo em urânio, matéria-prima essencial para acionar os reatores de usinas nucleares.

Observe no mapa a seguir o território dos tibetanos e de outras etnias que vivem no território chinês.

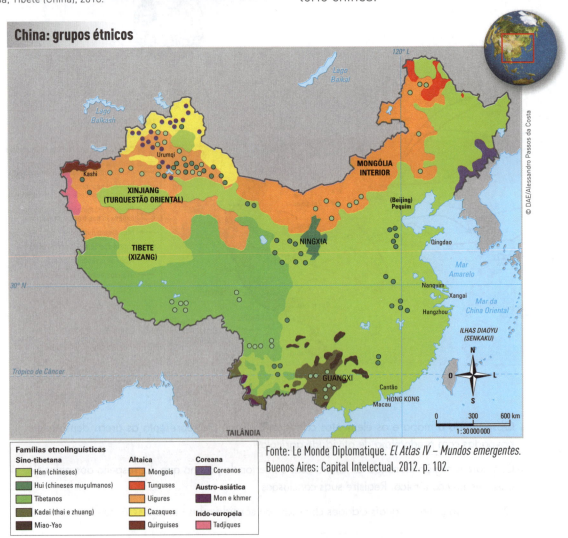

Fonte: Le Monde Diplomatique. *El Atlas IV – Mundos emergentes.* Buenos Aires: Capital Intelectual, 2012. p. 102.

O governo chinês é muito criticado no mundo ocidental por manter o Tibete como província. O atual Dalai Lama, Tenzin Gyatso, líder espiritual dos tibetanos e ganhador do Prêmio Nobel da Paz em 1989, não vive no Tibete por determinação do governo chinês, que o ameaçou de prisão caso entrasse no país. Está exilado na Índia desde 1959, após o fracasso de uma rebelião nacionalista contra o governo chinês.

Em 2011, o Dalai Lama renunciou ao poder e à liderança política do Tibete e cedeu o cargo a um representante eleito livremente pelo povo tibetano.

Outro caso de separatismo na China é **Taiwan** – também conhecida como Formosa. Considera-se um país independente, autônomo e soberano, embora o governo chinês a reconheça apenas como uma província rebelde. Essa ilha foi abrigo dos líderes e militares chineses que fugiram da China após a Revolução Comunista, em 1949. Observe ao lado o mapa político de Taiwan.

O arquipélago, de relevo montanhoso, compreende uma grande ilha e 77 ilhas menores, situadas a 160 km da costa chinesa. Após mais de meio século de separação, há grandes diferenças culturais entre a China e Taiwan. A ilha adotou o capitalismo e passou a apresentar altas taxas de crescimento econômico a partir dos anos 1980. Sua economia caracteriza-se pela produção industrial de eletroeletrônicos para exportação.

As relações políticas entre China e Taiwan são muito delicadas. A China já ameaçou invadir o país diversas vezes. Nos últimos anos, porém, vem ocorrendo uma aproximação entre os governos, favorecida principalmente pelo desenvolvimento econômico da China, que se tornou o principal parceiro comercial de Taiwan.

Entretanto, as diferenças entre os dois países são muito grandes. O governo de Taiwan é liberal e democrático, seus habitantes têm o direito de votar e há liberdade de expressão.

Na China, ao contrário, a liberdade de expressão e de imprensa é fortemente controlada. O acesso à internet é fiscalizado pelo governo, que bloqueia *sites* considerados contra o sistema. A censura estende-se a críticas políticas, temas relacionados ao sexo e a outras questões polêmicas, como discriminalização do uso de drogas e da homossexualidade.

Fonte: *Atlas geográfico escolar: Ensino Fundamental do 6º ao 9º ano.* Rio de Janeiro: IBGE, 2010. p. 97.

Tibetanos protestam violentamente contra o domínio chinês. Lhasa, Tibete (China), 1987.

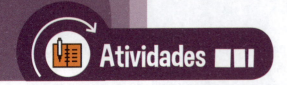

1 Com base na observação do mapa a seguir, compare as regiões ocidental e oriental da China em relação à distribuição da população, relacionando-a com as condições naturais do país.

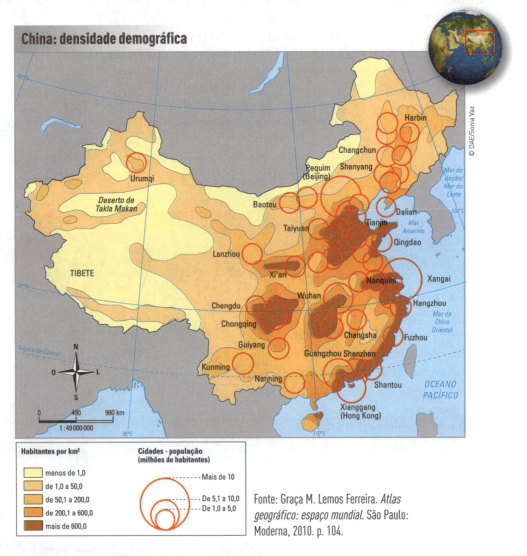

Fonte: Graça M. Lemos Ferreira. *Atlas geográfico: espaço mundial*. São Paulo: Moderna, 2010. p. 104.

2 Relacione o baixo índice de chuvas da China Ocidental com a Cordilheira do Himalaia. Registre suas conclusões.

3 Explique o que foi a "política do filho único".

4 Apresente uma semelhança econômica e uma diferença cultural entre as cidades de Hong Kong e Macau.

5 Escreva qual é o papel da atividade agrícola em um país populoso, como a China. Justifique sua resposta.

6 Escreva uma definição para as Zonas Econômicas Especiais da China e explique os motivos de sua criação.

7 Cite três fatores responsáveis pelo desenvolvimento da China no cenário econômico mundial.

8 Apresente as divergências políticas do governo chinês com o Tibete e com Taiwan.

Tigres Asiáticos e Coreia do Norte

Surgimento dos primeiros Tigres Asiáticos

No final da década de 1970, alguns territórios asiáticos passaram a ficar conhecidos no mundo como "Tigres Asiáticos". Cingapura e Coreia do Sul, no sudeste do continente, Hong Kong (ex-possessão inglesa) e Taiwan, no leste, começaram a se destacar economicamente no cenário global, sobretudo pelo desenvolvimento do setor industrial.

"Tigre" foi o apelido que receberam pela rapidez de seu crescimento econômico a partir do final da década de 1970, que se acelerou na década de 1980. O tigre representa a força e a agilidade dessas nações, recentemente industrializadas.

Observe no mapa da Ásia a localização dos Tigres Asiáticos.

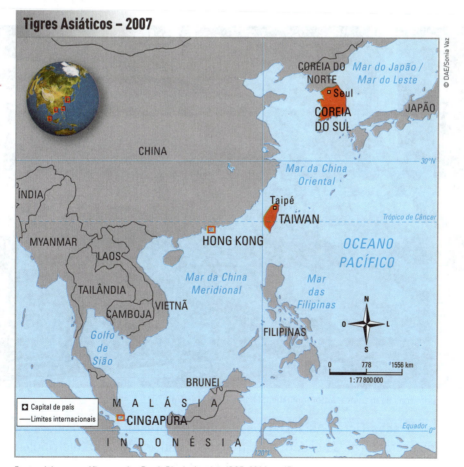

Fonte: *Atlas geográfico escolar.* 7. ed. Rio de Janeiro: IBGE, 2016. p. 47.

Como você pode observar, são áreas de pequena dimensão territorial, que adotaram a tática de produzir para exportar, copiando o modelo de desenvolvimento japonês: prioridade ao setor industrial para exportação, com baixos custos de produção.

O que os Tigres Asiáticos produziam? O que faziam para conquistar mercados? O carro-chefe da exportação era a indústria de eletrônicos (relógios, máquinas fotográficas, televisores, aparelhos de som, rádios, aparelhos de DVD, computadores, celulares) e brinquedos.

O desenvolvimento alcançado por esses territórios foi possível principalmente em razão do planejamento econômico.

Alguns fatores foram muito importantes:
- grande apoio governamental, com investimento nos setores de infraestrutura (transporte, comunicação e produção de energia);
- educação e qualificação profissional;
- investimento de capital estrangeiro, principalmente dos Estados Unidos e do Japão, que os consideravam estratégicos para fortalecer o capitalismo no jogo contra o socialismo na época da Guerra Fria;
- exploração da força de trabalho relativamente barata (o que compensava a falta de matérias-primas) – férias reduzidas, jornada de trabalho elevada, previdência social muito restrita e salários baixos. Além disso, os trabalhadores eram privados de benefícios sociais, como seguro-desemprego, e não tinham liberdade de organização sindical;
- ética confucionista, que prioriza "equilíbrio" social, consciência de grupo, hierarquia, disciplina e nacionalismo.

Esses territórios eram importantes para a pretensão expansionista dos Estados Unidos por estarem próximos geograficamente de seu inimigo soviético no período da Guerra Fria.

Funcionários em linha de produção de indústria automobilística. Ulsan, Coreia do Sul, 2016.

Nos países denominados Tigres Asiáticos, as grandes empresas são consideradas "grandes famílias", muitas vezes promotoras da ordem e de maior produtividade, e há distribuição mais equilibrada de renda, em comparação com outros países capitalistas.

Também há pobreza, mas, observando a proporção de outras nações subdesenvolvidas, a população beneficiada pelo crescimento econômico é maior. As economias são voltadas fundamentalmente para o **mercado externo**, motivo pelo qual esses países ficaram conhecidos como "plataformas de exportação".

Em termos econômicos, o maior destaque é **Cingapura**. Com isenção fiscal, mão de obra barata e produção para exportação, transformou-se em sinônimo de prosperidade no Sudeste Asiático, região onde a pobreza e a miséria são marcantes.

Cingapura é um país cosmopolita, que reúne grande diversidade de povos e culturas. O país sempre recebeu imigrantes de outras nações da região em busca de emprego e melhores condições de vida.

Fachada de famoso *shopping center* em Cingapura, 2018.

Dos Tigres Asiáticos, a **Coreia do Sul** é o que apresenta maior diversificação industrial. Produz eletroeletrônicos, computadores, automóveis etc. A transformação da Coreia do Sul em nação industrializada e desenvolvida é atribuída à interação de vários fatores econômicos e outros não econômicos. A política educacional voltada para a formação de mão de obra qualificada é um dos destaques e pode ser verificada pelos altos índices de escolaridade formal, alcançados consistentemente por meio da orientação da política educacional do governo, aliada à determinação dos país em prover as condições necessárias para a formação superior de seus filhos.

Vista panorâmica da cidade de Seul. Coreia do Sul, 2017.

Os Novos Tigres Asiáticos

A cidade de Hong Kong (China), Taiwan, Coreia do Sul e Cingapura influenciaram outros países asiáticos a trilhar o mesmo caminho, ou seja, tornarem-se plataformas de exportação. Com investimentos financeiros e ritmo de crescimento econômico também fundamentado na produção de eletrônicos para exportação, surgiram os novos Tigres Asiáticos: Indonésia, Vietnã, Malásia, Tailândia e Filipinas.

Nesses países ainda há forte exploração da mão de obra, o que atrai muitas empresas transnacionais pela possibilidade de investimento com retorno garantido. Há também um Estado forte, que faz planejamentos e intervém na economia, mas garante a estabilidade, atraindo investidores para o país.

Trabalhadores da construção civil em canteiro de obras. Bangkok, Tailândia, 2018.

Observe a localização dos novos Tigres Asiáticos no mapa.

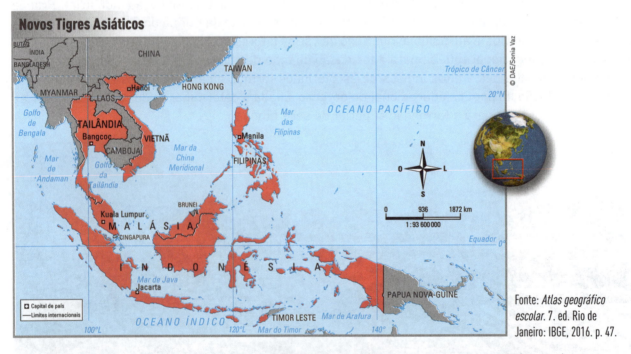

Fonte: *Atlas geográfico escolar*. 7. ed. Rio de Janeiro: IBGE, 2016. p. 47.

Na região foi criada, em 1967, a Associação das Nações do Sudeste Asiático (Asean), bloco econômico que procura integrar a economia regional por meio da redução progressiva das tarifas comerciais. Os países-membros são Brunei, Camboja, Laos, Vietnã, Indonésia, Filipinas, Myanmar, Cingapura, Malásia e Tailândia. Embora não seja um bloco muito forte no cenário mundial, são boas as perspectivas de crescimento na região devido ao grande desenvolvimento previsto para as nações do Pacífico neste século.

Conviver

'Escravos do mar' sustentam indústria de pescados usados em rações animais

A longa provação de Lang Long começou na traseira de um caminhão. Depois de ver seus irmãos mais novos passarem fome porque o campo de arroz de sua família no Camboja não era suficiente para todos, ele aceitou a oferta de um traficante para cruzar a fronteira da Tailândia para trabalhar na construção.

Era sua chance de recomeçar. No entanto, quando chegou no país, passou dias vigiado por homens armados em uma sala perto do porto em Samut Prakan, a cerca de 20 quilômetros de Bancoc. Depois, foi colocado com outros seis imigrantes em um barco de madeira decrépito. Foi o início de três anos brutais em cativeiro no mar.

"Eu chorei", disse Long, 30, contando que foi revendido duas vezes entre barcos pesqueiros. [...]

A embarcação em que Long trabalhou pescava principalmente peixes pequenos e de baixo valor usados na fabricação de ração para gatos, cães, aves, porcos e peixes criados em cativeiro. Grande parte dessa pesca provém das águas ao largo da Tailândia e é vendida para os EUA.

As vítimas do trabalho forçado no mar parecem escravos de outra era. Os homens e meninos que conseguem fugir contam histórias terríveis: marinheiros doentes são atirados ao mar, e os rebeldes são decapitados ou ficam trancados durante dias em porões.

A violência se intensificou nos últimos anos, segundo autoridades, como resultado das fracas leis trabalhistas marítimas e da demanda global insaciável por alimentos marinhos, apesar de os estoques de pescado estarem se esgotando.

A indústria pesqueira está cada vez mais dependente da pesca de longos percursos, em que os barcos ficam no mar, às vezes durante anos, fora do alcance das autoridades. Com o aumento dos preços do combustível e menos peixes perto do litoral, os especialistas preveem que os barcos tendem a se aventurar cada vez mais longe, aumentando as chances de maus-tratos aos trabalhadores. "A vida no mar é barata", disse Phil Robertson, da ONG Human Rights Watch. "E as condições lá são cada vez piores."

[...]

É difícil exagerar os riscos da pesca comercial. Em dois dias passados a mais de 160 quilômetros do litoral em um barco de pesca tailandês com cerca de 25 meninos cambojanos, alguns com apenas 15 anos, a reportagem testemunhou o ritmo brutal desse trabalho.

Sob sol ou chuva, os turnos são de 18 a 20 horas. A temperatura no verão passa de 38 °C. O convés é uma corrida de obstáculos de cordas emaranhadas, guindastes e pilhas de redes de 225 quilos. A água que borrifa do oceano e as vísceras de peixes deixam o piso escorregadio, e a maioria dos meninos trabalha descalça. O navio balança muito, especialmente em mar agitado e com ventos fortes.

[...] Os defensores de direitos humanos pedem mais fiscalização, a exigência de que todos os barcos de pesca comercial tenham transmissores de sinais eletrônicos para monitoramento e a proibição do sistema de longas estadias no mar. No entanto, suas demandas tiveram pouca repercussão.

Folha de S. Paulo. 'Escravos do mar' sustentam indústria de pescados usados em rações animais. Disponível em: <www1.folha.uol.com.br/mundo/2015/08/1662374-escravos-do-mar-sustentam-industria-de-pescados-usados-em-racoes-animais.shtml>. Acesso em: nov. 2018.

1. Por que o texto compara o trabalho forçado com a escravidão de outra era ao relatar a história de Lang Long?
2. Procurem notícias de países que, como a Tailândia, são denunciados por praticarem a escravidão atualmente, inclusive práticas como essa no Brasil.
3. Montem painéis informativos sobre a escravidão do século XXI com o objetivo de informar e alertar os demais alunos sobre essas práticas desumanas.

Caleidoscópio — Made in Ásia

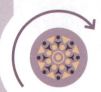

Após o domínio dos Estados Unidos com o *american way of life*, o mundo recebeu outra onda de influência de estilo de vida e cultura vindo diretamente do Oriente.

ÍNDIA

A Índia tem uma rica cultura, sendo um dos maiores produtores de filmes do mundo, com o predomínio cinematográfico de Bollywood.

Cinema

O primeiro filme da Índia, *Alam Ara*, estreou em 14 de março de 1930 e tornou-se um sucesso na recém-inaugurada indústria cinematográfica. O berço do cinema indiano fica em Mumbai, que antes de 1995 chamava-se Bombaim – é desse nome que vem o B que se junta ao termo Hollywood. Apesar de pouco divulgado no Ocidente, o cinema indiano exerce grande influência nos países vizinhos, nos quais está mais presente do que o cinema americano. Além desses, está presente em países da ex-União Soviética e do mundo muçulmano.

CHINA

A importância desse país na comunidade internacional tem aumentado consideravelmente nos últimos anos, em parte por causa de acordos comerciais e políticos com outros países. A divulgação de sua cultura, porém, ainda está focada em trabalhos clássicos, com pouca abertura para a indústria *pop* atual.

Artes marciais

Apesar de ter se originado em técnicas de combates militares, o *kung fu* ou *wushu*, como também é conhecido, evoluiu para uma prática de entretenimento e defesa pessoal. Atualmente, também é considerado modalidade esportiva.
O *kung fu* passou a ser conhecido mundialmente nos anos 1960-1970, quando a modalidade perdeu força na China devido às conturbações sociais. A prática foi amplamente divulgada por meio de filmes de artes marciais chinesas, cujo artista marcial que mais se destacou foi Bruce Lee.

Fontes: Hallyu (A onda coreana). Centro cultural coreano. Disponível em: <http://brazil.korean-culture.org/pt/144/korea/46>; How chinese martial arts influenced the world. Vision times, 10 jul. 2018. Disponível em: <www.visiontimes.com/2018/07/10/how-chinese-martial-arts-influenced-the-world.html >; Joseph S. Nye. Soft Power Matters in Asia. Belfer Center, 5 dez. 2005. Disponível em:<www.belfercenter.org/publication/soft-power-matters-asia; Joseph S. Nye Jr. The Benefits of soft power. Working knowledge - Business Research for Business Leaders, 8 fev. 2004. Disponível em: <https://hbswk.hbs.edu/archive/the-benefits-of-soft-power>; Kao Chian Tou. História do KungFu/Wushu. Confederação Brasileira de Kung Fu/Wushu. Disponível em: <www.cbkw.org.br/historia/historia-do-kungfuwushu>; Mauricio Horta e Paula Carvalho. Bollywood. Superinteressante, 31 out. 2016. Disponível em:<https://super.abril.com.br/cultura/bollywood>; Nasce Bollywood, a indústria cinematográfica indiana. History. Disponível em:<https://seuhistory.com/hoje-na-historia/nasce-bollywood-industria-cinematografica-indiana>; Portland. The soft power 30: A global ranking of soft power 2018. Disponível em: <https://softpower30.com/wp-content/uploads/2018/07/The-Soft-Power-30-Report-2018.pdf>; Yamaguchi Yasuo. The evolution of the japanese anime industry. Nippon.com, 20 dez. 2013. Disponível em:<www.nippon.com/en/features/h00043/>. Acessos em: out. 2018.

O que é o *soft power*?

Também conhecido no Brasil por "poder brando", o termo *soft power* foi utilizado pela primeira vez pelo cientista político Joseph Nye, no final dos anos 1980, e desenvolvido posteriormente, em 2004. É um poder intangível, capaz de atrair pela sedução, e se expressa por meio de três principais recursos: cultura, valores e ideias, que não estão ligados, necessariamente, ao Estado. Resumindo, *soft power* é o poder atrativo que utiliza recursos para criar essa atração.

JAPÃO

É o país asiático que mais tem recursos de *soft power*. A influência cultural global desse país abrange diversas áreas: moda, culinária, música, produtos eletrônicos, arquitetura, arte, entre outras. Atualmente, esses recursos de sedução são trabalhados por meio do *cool Japan*.

Animações

A primeira animação japonesa – ou anime –, nos moldes como são conhecidos atualmente, foi *Hakujaden* (*A lenda da serpente branca*), um filme de 1958, da Touei Douga, estúdio de animação atualmente denominado Touei Animation. O primeiro anime seriado para televisão foi *Tetsuwan Atomu* (*AstroBoy*), em 1963, e seu sucesso impulsionou a indústria de animação do país. Outras séries foram lançadas, como *Sazae-san* (1969, o mais longo anime da história) e *Uchuu senkan Yamato* (*Patrulha estelar*, 1974), este último fez sucesso com jovens adultos. Ao mirar um público mais velho, nos anos 1970, os animes começaram a ser difundidos fora do Japão, atravessando o oceano.

Apesar de serem desenhos animados, os animes destinam-se a públicos específicos, alguns são elaborados para crianças, e outros, exclusivamente para adultos. Os assuntos trafegam por diversos gêneros: terror, suspense, aventura, fantasia, estilo de vida, romance, ficção científica, entre outros.

COREIA DO SUL

A Coreia do Sul fica apenas atrás do Japão em relação a recursos de *soft power*. Conhecida como *hallyu* – ou onda coreana –, a ascensão da cultura *pop* sul-coreana teve duas ondas: a primeira na década de 1990, cujas maiores áreas de influência foram o Leste e o Sudeste Asiático, e em 2012, quando se espalhou para o restante do mundo.

Música

A música *pop* sul-coreana – ou *K-pop* – espalhou-se pelo mundo com o *hit* "Gangnam style", de Psy; o videoclipe da música foi o mais visto entre o final de 2012 e o começo de 2017. Após isso, várias bandas tornaram-se famosas, principalmente aquelas voltadas ao público mais jovem, como Big Bang, Girls' Generation, EXO e BTS.

A popularidade do *K-pop* deve-se, em grande parte, aos cantores, graças às excelentes habilidades vocais, presença de palco deslumbrante e *performances* de dança bem executadas. Entretanto, esse desempenho não se baseia em um talento nato: muitos ídolos, como são conhecidos os integrantes das bandas, passam por anos de treino e trabalho árduo antes de iniciarem a carreira.

1. O que você entendeu por *soft power*?
2. É possível associar o *soft power* às características do mundo globalizado? Justifique.
3. De acordo com o infográfico, pode-se afirmar que o continente asiático é rico em diversidade cultural? Justifique.
4. No seu dia a dia, você reconhece algum exemplo de *soft power* asiático? Qual ou quais?

A questão da Coreia do Norte

Fonte: *Atlas geográfico escolar*. 7. ed. Rio de Janeiro: IBGE, 2016. p. 47.

Como você já estudou, durante a Guerra Fria o mundo ficou dividido em duas zonas de influência econômica e política: a União das Repúblicas Socialistas Soviéticas (URSS), socialista, e os Estados Unidos, capitalista. Após a Segunda Guerra Mundial, a península coreana foi dividida entre Coreia do Norte, sob influência da URSS, e Coreia do Sul, influenciada pelos Estados Unidos.

A Guerra das Coreias ocorreu em 1950, quando a Coreia do Norte invadiu a Coreia do Sul em uma tentativa de reunificar as duas partes. Em 1953, um acordo de trégua foi assinado, estabelecendo que a fronteira entre os dois países seria uma zona desmilitarizada, no paralelo 38.

Na Coreia do Norte, a produção segue a planificação econômica típica do socialismo, e a organização política do país está sob o comando do partido único, comunista, liderado pela dinastia Kim desde 1948. O país ainda é muito fechado à comunidade internacional, com atraso no desenvolvimento econômico.

O regime político norte-coreano é ditatorial. Isso significa que não são respeitados os direitos civis e não há liberdade de manifestação política ou de imprensa. O país é extremamente militarizado e a Organização das Nações Unidas (ONU) acusa o governo de oprimir aqueles que se opõem ao sistema político.

Com a extinção da União Soviética em 1991, a Coreia do Norte perdeu o apoio financeiro e político daquele país e passou por severos períodos de crise econômica.

A partir de 2000, em reação às pressões internacionais patrocinadas pelos Estados Unidos, a Coreia do Norte passou a investir em programas bélicos nucleares.

Em 2006, o país testou com sucesso a primeira bomba atômica. Desde então, outros cinco testes já foram realizados, mesmo com desaprovação da comunidade internacional, sobretudo dos Estados Unidos. Os Estados Unidos e a ONU lideraram negociações complexas com a Coreia do Norte. Os norte-coreanos deveriam se comprometer a abandonar as ambições nucleares. Recentemente, a Coreia do Norte chegou a um acordo de "paz" com os sul-coreanos e com os Estados Unidos.

O ano de 2018 foi marcado pela aproximação da Coreia do Norte com os Estados Unidos e com a Coreia do Sul. Encontros do líder do país, Kim Jong-un, com os presidentes dos Estados Unidos (Donald Trump) e da Coreia do Sul (Moon Jae-in) podem sinalizar o interesse em abandonar seu polêmico projeto nuclear e, com a ajuda internacional, promover o desenvolvimento econômico e social.

Encontro histórico entre os líderes das Coreias em 2018: Kim Jong-un (Coreia do Norte, à direita), e Moon Jae-in (Coreia do Sul), na zona desmilitarizada entre os dois países. Pyongyang, Coreia do Norte, 2018.

Atividades

1. Devido ao rápido desenvolvimento econômico durante a década de 1970, três países da Ásia, além de uma cidade chinesa, ficaram conhecidos mundialmente como os "Tigres Asiáticos". Explique como as potências da época estimularam a formação e a estruturação desse grupo.

2. Justifique a origem do termo **tigre** na expressão "Tigres Asiáticos".

3. Sobre os Tigres Asiáticos e os Novos Tigres Asiáticos, responda:
   a) Quais são os países que representam os Tigres Asiáticos?
   b) Quem são os Novos Tigres Asiáticos?

4. Em que se baseou a economia dos Tigres e dos Novos Tigres Asiáticos?

5. Pesquise sobre a existência de relações comerciais entre o Brasil e os Tigres Asiáticos. Registre suas conclusões.

6. Observe a imagem a seguir e explique como ocorreu o processo de separação entre Coreia do Norte e Coreia do Sul.

Soldados na zona desmilitarizada da fronteira entre a Coreia do Norte e a Coreia do Sul. Panmunjom, 2017.

7. O que causou a Guerra das Coreias?

8. Mencione as características políticas e econômicas da Coreia do Norte.

9. O que levou o líder norte-coreano a investir em armamentos nucleares?

10. Converse com os colegas e com o professor sobre a importância da diplomacia como forma de resolução dos impasses geopolíticos que envolvem a Coreia do Norte no âmbito regional e mundial.

Retomar

1. Em 2015, a China anunciou o fim da política do filho único. O país passou a permitir que cada casal possa ter até dois filhos. Para conhecer melhor a política do filho único implantada na China em 1970, analise o infográfico e faça o que se pede.

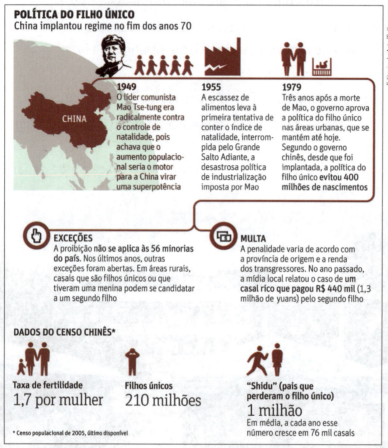

Fonte: Infográfico sobre a população chinesa. Disponível em: <www1.folha.uol.com.br/mundo/2013/11/1366214-politica-do-filho-unico-gera-tensao-na-china.shtml>. Acesso em: nov. 2018.

a) Justifique a posição do governo chinês em adotar a política do filho único durante décadas.
b) Como o governo chinês conseguiu implementar essa política?
c) Havia exceções à "política do filho único". A quem se aplicavam essas exceções?

2. Observe a charge e relacione-a ao atual papel econômico da China no cenário mundial. Registre suas conclusões.

3. Observe o mapa e faça o que se pede.
   a) Nomeie os países numerados.
   b) Como são classificados os países e as localidades destacados com a cor amarela?
   c) Como podem ser classificados os países destacados com a cor roxa?

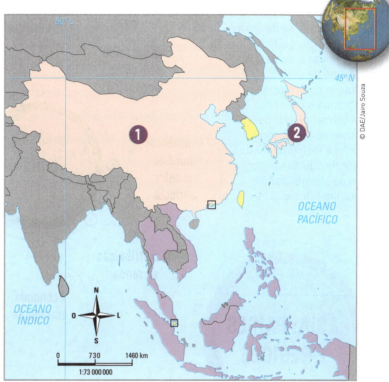

Fonte: *Atlas geográfico escolar*. 7. ed. Rio de Janeiro: IBGE, 2016. p. 47.

4. No final da década de 1970, Cingapura, Hong Kong, Coreia do Sul e Taiwan (Formosa) passaram a ser denominados Tigres Asiáticos.
   a) Que características esses países apresentaram para receber essa denominação?
   b) Cite dois fatores que possibilitaram a esses países alcançar essa posição de destaque no cenário mundial.

5. Observe a foto a seguir e faça o que se pede.
   a) Pesquise o que levou o presidente norte-americano a encontrar-se com o presidente norte-coreano. Depois de levantar as causas da reunião, escreva um texto jornalístico descrevendo esse momento histórico e enalteça o papel da diplomacia nas relações internacionais.

Líder da Coreia do Norte, Kim Jong-un, e presidente dos Estados Unidos, Donald Trump, cumprimentam-se após reunião em Cingapura, 2018.

Visualização

A seguir, apresentamos um mapa conceitual do tema estudado nesta unidade. Trata-se de uma representação gráfica que organiza o conteúdo, composto de uma estrutura que relaciona os principais conceitos e as palavras-chave. Essa ferramenta serve como resumo e instrumento de compreensão dos textos, além de possibilitar consultas futuras.

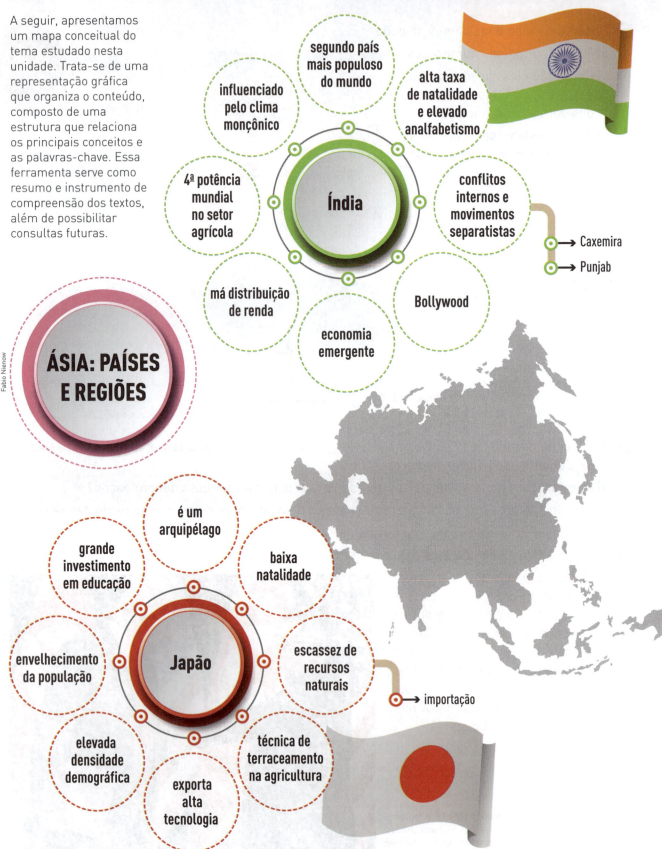

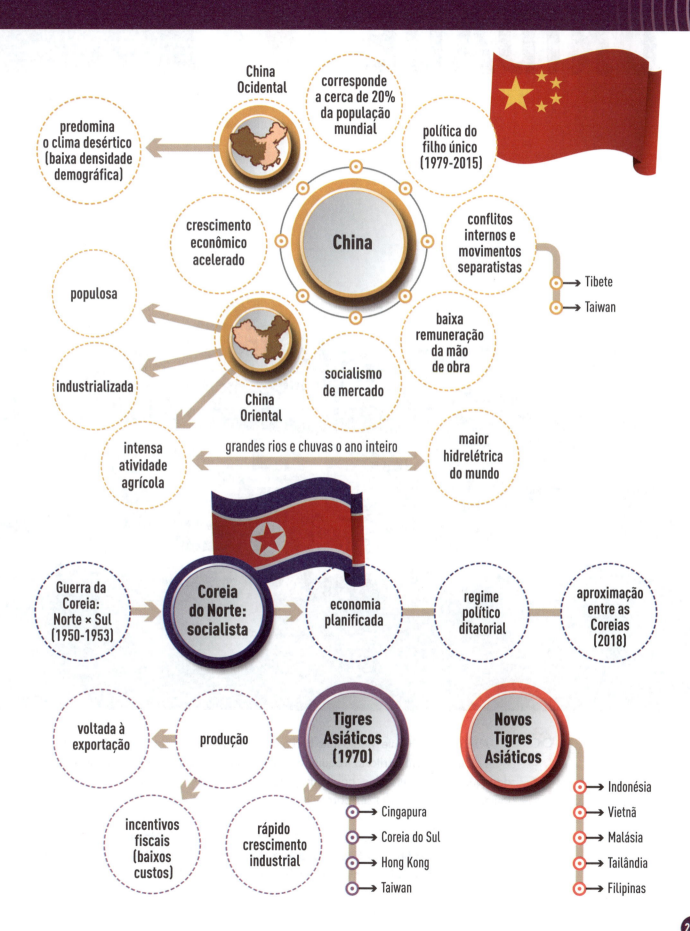

UNIDADE 7

Os Jardins Suspensos da Babilônia, uma das Sete Maravilhas do Mundo Antigo, construídos por volta do século VI a.C. (reconstrução em 3D, 2016).

 Antever

A região do Oriente Médio foi o berço de grandes civilizações. Nos entornos dos rios Tigre e Eufrates, em território iraquiano, floresceram as sociedades mesopotâmicas, com destaque para os sumérios, babilônios, assírios e caldeus. Esses povos legaram importantes contribuições culturais para a humanidade, como a organização da sociedade e do comércio, a legislação ou códigos de leis, a escrita cuneiforme, além de promoverem importantes descobertas nas áreas da Arquitetura, Astronomia, Matemática e Medicina. Todavia, desde o final da Segunda Guerra Mundial, o Oriente Médio transformou-se numa das regiões mais instáveis no cenário geopolítico global.

Oriente Médio

Morador caminha pelas ruas destruídas da cidade de Alepo. Síria, 2016.

1 As imagens que você observa exibem paisagens distintas na região. Que contrastes estão evidenciados?

2 Que outras paisagens você associa ao Oriente Médio?

3 Que características culturais da região você tem conhecimento?

CAPÍTULO 21
Economia e sociedade

Aspectos regionais

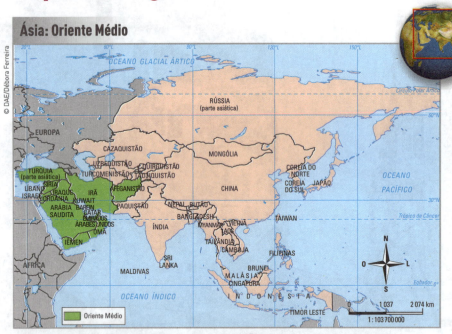

Fonte: *Atlas geográfico escolar*. 7. ed. Rio de Janeiro: IBGE, 2016. p. 49.

Fonte: *Atlas geográfico escolar*. 7. ed. Rio de Janeiro: IBGE, 2016. p. 49.

Como já vimos, o Oriente Médio é uma das cinco regiões da Ásia, situada no sudoeste do continente. A região é composta de 15 países, além da Palestina. A Turquia, um desses países, tem parte de seu território situado na Europa. O Oriente Médio está localizado em uma posição geográfica estratégica, porque conecta três continentes: Europa, África e Ásia.

O termo surgiu com base na perspectiva dos europeus nos séculos XIV e XV, quando praticavam intenso comércio por terra com a China e a Índia. A região que passou a ser chamada de Oriente Médio estava no "meio", entre a Europa e o Oriente.

Na Antiguidade, o Oriente Médio era local de passagem de caravanas vindas da Europa e da África.

Atualmente, embora os árabes islamitas sejam predominantes, a região também se destaca por abrigar povos de diferentes origens, com culturas e religiões diversas, como judeus, persas e árabes cristãos.

Conviver

Observe a seguir os exemplos de vestimentas islâmicas utilizadas por mulheres árabes.

1. Em livros e na internet pesquise a história desse vestuário, sua prática atual e os princípios fundamentais da religião islâmica. Ao final, redija um texto dissertativo que deve ser apresentado e debatido com os demais colegas.

Dinâmica demográfica

A população do Oriente Médio está distribuída de maneira irregular pelo território. A maior parte concentra-se no litoral, que oferece diversas vantagens, principalmente econômicas, como as atividades pesqueiras, portuárias e petrolíferas. Também é elevada a densidade demográfica no vale do Rio Jordão e na Planície da Mesopotâmia, entre os rios Tigre e Eufrates, em virtude das condições que a região proporciona: as águas dos rios são aproveitadas na irrigação das lavouras, na pesca e na navegação. Nas poucas áreas onde existem **oásis**, comunidades se estabeleceram e construíram cidades, como Damasco, na Síria, e Riad, na Arábia Saudita. A maior parte da população do Oriente Médio reside em cidades, embora a urbanização não tenha ocorrido em função de crescimento econômico, mas sim, do êxodo rural.

> **Glossário**
> **Oásis:** área isolada de vegetação em meio ao deserto, com solo fértil.

Observe no mapa a proporção da população urbana nos países da região. Entre as cidades mais populosas do Oriente Médio estão as capitais de países: Teerã (Irã), Damasco (Síria), Bagdá (Iraque) e Riad (Arábia Saudita).

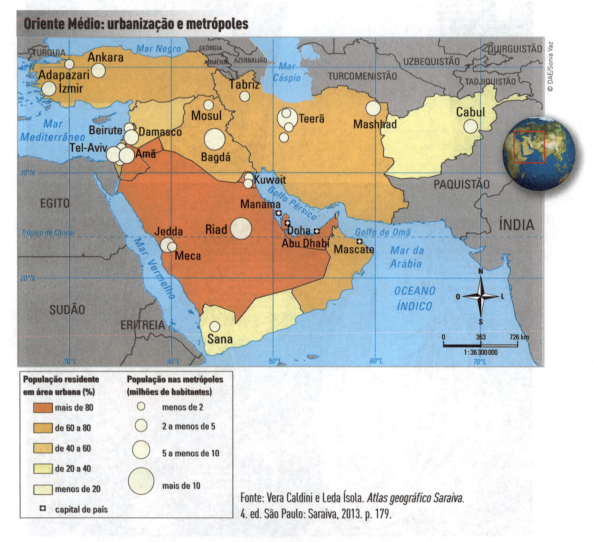

Fonte: Vera Caldini e Leda Ísola. *Atlas geográfico Saraiva*. 4. ed. São Paulo: Saraiva, 2013. p. 179.

O Oriente Médio possui várias cidades encantadoras, como Tel-Aviv em Israel, Riad na Arábia Saudita, Beirute no Líbano, e até mesmo cidades construídas em pleno deserto, como Dubai, nos Emirados Árabes Unidos. Israel considera Jerusalém a sua capital, no entanto, Tel-Aviv é a cidade reconhecida pela ONU como capital do país.

Cartografia em foco

Uma característica marcante no Oriente Médio é a alta taxa de natalidade. Em alguns países islâmicos, como o Irã, ela é incentivada pelo governo com o objetivo de não ocorrer declínio da população. Observe atentamente o mapa a seguir.

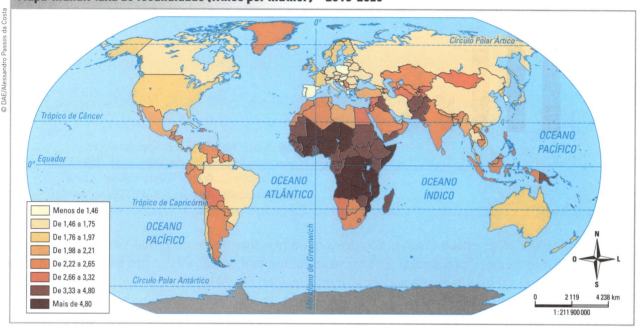

Fontes: *Atlas geográfico escolar*. 7. ed. Rio de Janeiro: IBGE, 2016. p. 32; Nações Unidas. *Perspectivas da População Mundial 2017*. Disponível em: <https://population.un.org/wpp/DataQuery/>. Acesso em: out. 2018.

Família com vários integrantes são comuns no Oriente Médio. Isfahan, Irã, 2017.

❶ O que é taxa de fecundidade?

❷ Compare as taxas de fecundidade dos países do Oriente Médio com as de outras regiões da Ásia. Registre suas conclusões.

❸ Identifique quais são os dois países do Oriente Médio que possuem as maiores taxas de fecundidade na região.

❹ Por que os governos de alguns países do Oriente Médio incentivam a natalidade?

A economia e a geopolítica do petróleo

O **petróleo** é a fonte de energia mais utilizada no planeta. Observe o gráfico a seguir, que mostra as principais fontes energéticas utilizadas no mundo.

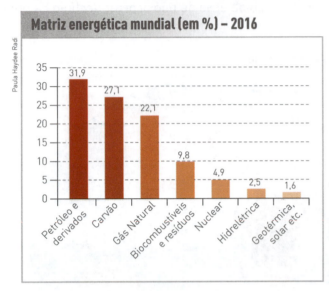

Fonte: Agência Internacional de Energia. Disponível em: <www.iea.org/statistics/?country=WORLD&year=2016&category=Key%20indicators&indicator=TPESbySource&mode=chart&categoryBrowse=false&dataTable=BALANCES&showDataTable=false>. Acesso em: out. 2018.

O petróleo é o combustível fóssil que representa a principal fonte de renda para a maioria dos países do Oriente Médio. É por abrigar a maior reserva mundial de petróleo, e também pela alta taxa de exploração, que a região desperta a atenção internacional. Em 2014, o mundo produziu 4,3 milhões de toneladas de petróleo. Por isso, o Oriente Médio tem tamanha importância geopolítica global.

Observe a distribuição das reservas provadas de petróleo no mundo, ou seja, aquelas que podem ser estimadas, com um elevado grau de certeza de serem recuperáveis. Perceba o percentual que cabe ao Oriente Médio.

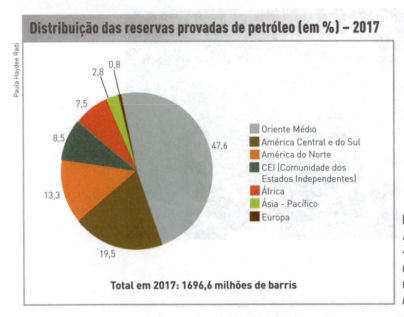

Fonte: BP (British Petroleum). *BP Statistical Review of World Energy 2018*. Disponível em: <www.bp.com/content/dam/bp/en/corporate/pdf/energy-economics/statistical-review/bp-stats-review-2018-oil.pdf>. Acesso em: out. 2018.

Os países do Golfo Pérsico – Emirados Árabes Unidos, Arábia Saudita, Catar, Bahrein, Kuwait, Iraque e Irã – possuem matriz energética eminentemente fósseis; isso quer dizer que a demanda total de energia desses países provém desse tipo de fonte. Na Arábia Saudita, por exemplo, petróleo e gás natural respondem por 100% de sua matriz energética.

Consumo e exportação

Quem são os maiores consumidores *per capita* anual de petróleo? Compare as informações dos gráficos analisados na página anterior com o do mapa-múndi a seguir. Este mapa representa o consumo *per capita* anual de petróleo (em toneladas) no mundo, ou seja, indica o consumo final anual de petróleo por habitante, em cada país. Os Estados Unidos são o maior consumidor *per capita* anual de petróleo, no entanto não estão entre os maiores produtores nem entre os que detêm as maiores reservas. Assim, a maior economia global depende muito de outros países para suprir sua necessidade energética, em especial dos países do Oriente Médio.

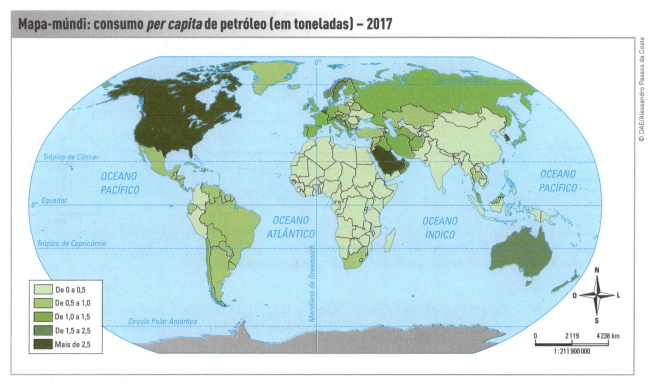

Fonte: BP (British Petroleum). *BP Statistical Review of World Energy 2018*. Disponível em:
<www.bp.com/content/dam/bp/en/corporate/pdf/energy-economics/statistical-review/bp-stats-review-2018-oil.pdf>.
Acesso em: out. 2018.

O consumo anual *per capita* de petróleo é um índice que pode ser utilizado como indicador de desenvolvimento econômico e industrial dos países. Perceba que, exceto no Oriente Médio, onde o petróleo é intensamente explorado, o consumo é maior nos países desenvolvidos. Isso se deve em razão de o petróleo ter grande participação na matriz energética desses países e da dependência desse combustível para atender à elevada demanda de gasolina e óleo.

Mudanças estruturais na matriz energética demoram muitos anos para acontecer, o que prolongará ainda a dependência do petróleo, lembrando que, a maior parte do transporte, tanto de mercadorias como de passageiros, é dependente deste combustível.

As reservas de petróleo do Oriente Médio, somadas à localização geográfica da região, explicam a cobiça e a hostilidade nessa parte do mundo. A maior parte do petróleo é exportada em estado bruto para as refinarias dos países compradores, onde é transformado em gasolina e óleo. Ele é transportado por oleodutos no Mar Mediterrâneo ou por gigantescos navios petroleiros que partem, principalmente, do Golfo Pérsico. Os principais destinos desse recurso, que sai do Oriente Médio, são os Estados Unidos, a Europa, a China e o Japão. As principais rotas são no Golfo Pérsico – pelo Estreito de Ormuz – e no Mar Vermelho – pelo Canal de Suez e pelo estreito de Bab el Mandeb. Pelo Estreito de Ormuz passa cerca de 40% do petróleo consumido no mundo.

Observe no mapa o fluxo de petróleo no Oriente Médio e em outras partes do mundo.

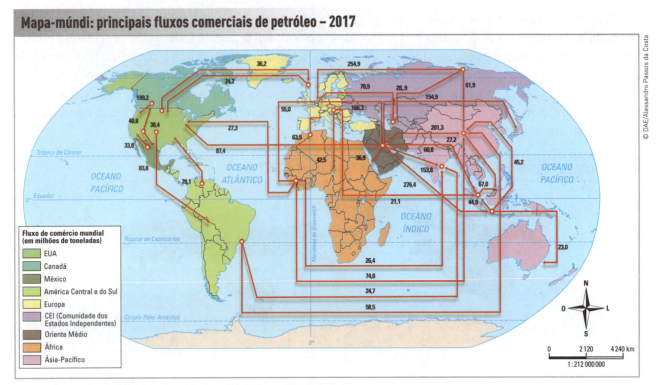

Fonte: BP (British Petroleum). *BP Statistical Review of World Energy 2018*. Disponível em: <www.bp.com/content/dam/bp/en/corporate/pdf/energy-economics/statistical-review/bp-stats-review-2018-oil.pdf>. Acesso em: out. 2018.

O que ocorre no Oriente Médio geralmente adquire importância global, pois o elevado volume de petróleo enviado aos mercados externos mostra a grande dependência que muitos países têm dessa região. O Brasil, por exemplo, atingiu a autossuficiência em petróleo, mas está atrelado parcialmente à região do Oriente Médio. Uma alta no preço do barril do petróleo pode ter reflexos negativos em nossa economia, forçando o aumento do preço do combustível e de outros produtos.

Opep

É a **Organização dos Países Exportadores de Petróleo**. A OPEP foi fundada em Bagdá, no Iraque, com a assinatura de um acordo em setembro de 1960 por cinco países: Irã, Iraque, Kuwait, Arábia Saudita e Venezuela. Esses países se tornariam os Membros Fundadores da Organização.

Atualmente, com sede em Viena, na Áustria, trata-se de um bloco comercial que concentra os principais países exportadores de petróleo do mundo. Na prática, eles controlam o mercado mundial, determinando quanto será produzido, quanto será vendido e qual será o preço.

A formação da Opep promove a valorização do petróleo, proporcionando maior lucratividade para os países membros. Com o controle da produção é possível, diminuir a oferta e consequentemente, há a elevação dos preços. Como você pode compreender, é um grupo muito poderoso, pois comanda a fonte de energia mais utilizada no mundo.

Atualmente integram a Opep os seguintes países: Irã, Iraque, Kuwait, Arábia Saudita, Venezuela, Catar, Líbia, Emirados Árabes Unidos, Argélia, Nigéria, Equador, Gabão, Angola, Guiné Equatorial e Congo.

Agropecuária e indústria

Embora o lucro obtido com a venda do petróleo seja elevado, grande parte da população do Oriente Médio apresenta baixo padrão de vida. Enquanto membros dos governos e de empresas nacionais e multinacionais do ramo enriquecem, a maioria das pessoas da região não desfruta dessa riqueza. Dentre os países da região, Israel se destaca com avançado padrão de vida; apresenta alta expectativa de vida, baixas taxas de mortalidade e de analfabetismo e elevada renda *per capita*.

A agricultura e a pecuária de subsistência são as atividades econômicas predominantes no Oriente Médio. É certo que o clima árido, predominante na maior parte da região, dificulta a prática dessas atividades, por isso os cultivos ocorrem nas áreas mais úmidas, próximas ao litoral mediterrâneo e na planície mesopotâmica.

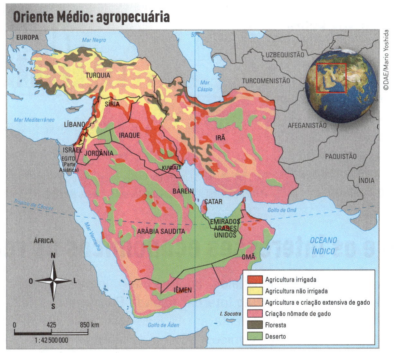

Fonte: Graça Maria Lemos Ferreira. *Atlas geográfico: espaço mundial*. 3. ed. São Paulo: Moderna, 2010. p. 102.

Como já estudamos, a atividade agrícola é mais dinâmica na Planície da Mesopotâmia, entre os rios Tigre e Eufrates, região também conhecida como Crescente Fértil.

Diante das condições climáticas da região, em que o clima é seco e quente, a irrigação ganha importância. Essa prática, contudo, recebe críticas por contribuir para o esgotamento dos aquíferos locais. A irrigação é muito praticada em Israel, em grandes trechos do Deserto do Negev, região árida que se tornou importante produtora agrícola.

Criação de ovelhas. Irbid, Jordânia, 2017.

Uma atividade econômica muito antiga no Oriente Médio é o pastoreio nômade, destacando-se a criação de carneiros, cabras e camelos. A prática do nomadismo na pecuária, muito comum nessas áreas desérticas, explica-se pelos obstáculos climáticos. Como a água e o alimento para o gado são escassos, há necessidade de constantes deslocamentos para utilizá-los.

Para suprir parte da demanda de produtos da agropecuária os países do Oriente Médio importam de outros países vários itens desse setor. Essa é uma das razões pelas quais, nas últimas décadas, os países do Oriente Médio passaram a ter relações comerciais mais estreitas com o Brasil. A partir dos anos 2000, o Brasil diversificou suas relações comerciais, expandindo suas parcerias em várias regiões do mundo, inclusive no Oriente Médio.

O Irã, a Arábia Saudita e os Emirados Árabes Unidos são os principais países da região que importam produtos brasileiros. Destacam-se as compras de carne de frango, milho, soja e açúcar.

Observe no gráfico a evolução das exportações brasileiras para o Oriente Médio.

O setor industrial não é muito forte na economia do Oriente Médio, com exceção da petroquímica, devido à abundância de matéria-prima. Israel é a nação mais industrializada da região, com importantes polos em Haifa e Tel-Aviv, onde predominam indústrias alimentícias, têxteis, eletrônicas, de armamentos e de equipamentos aeronáuticos. Além dessas atividades, o comércio é muito intenso na região, principalmente nas médias e grandes cidades.

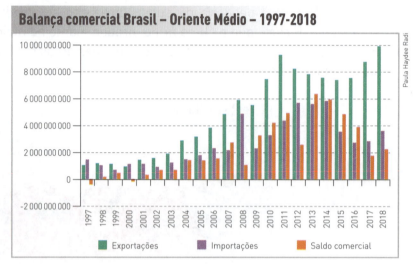

Fonte: Ministério da Indústria, Comércio Exterior e Serviços. COMEXSTAT. Disponível em: <http://comexstat.mdic.gov.br/pt/geral>. Acesso em: out. 2018.

As guerras e os interesses econômicos na região

Nos meios de comunicação, ouvimos falar sobre os intermináveis conflitos armados no Oriente Médio. De acordo com estudos do Instituto Internacional de Pesquisas da Paz de Estocolmo (Sipri), as vendas de armamentos no mundo aumentaram 10% no período de 2013 a 2017, comparado com o período de 2008 a 2012. Só os Estados Unidos, que vendem armas para 98 países, elevaram suas vendas em 25% no mesmo período (34% do mercado mundial). Do total, praticamente metade (49%) vai para o Oriente Médio. A região elevou as compras de armas em 103% no período, respondendo por 32% das importações globais.

O Oriente Médio é a segunda região do mundo com maiores gastos militares, tornando-se, assim, grande abastecedora da indústria bélica global e de interesse para governos que recebem impostos provenientes desse comércio. Em razão de os países da região estarem diretamente em conflitos, originados por variados motivos, o valor total dos gastos militares em 2017 chegou a 1,7 trilhão de dólares.

Tropas sauditas em desfile por ocasião da peregrinação anual do Haje, na cidade sagrada de Meca. Arábia Saudita, 2018.

1. Justifique a importância do petróleo na matriz energética global. Qual é o papel dos países do Oriente Médio nesse cenário?

2. Mencione um problema ambiental decorrente da grande participação do petróleo na matriz energética mundial.

3. Onde se concentra a maior parte da população do Oriente Médio?

4. Observe a seguir o mapa que representa a economia do Oriente Médio e responda às questões.

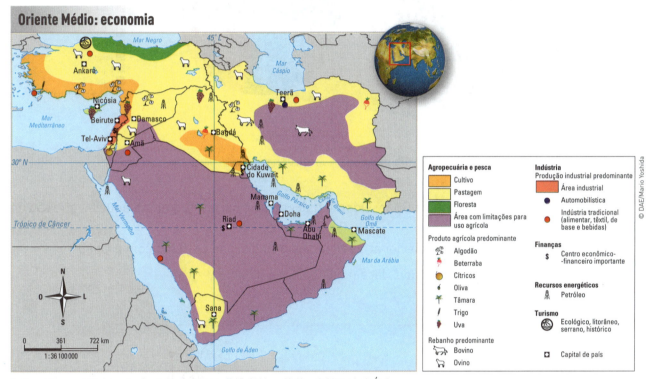

Fontes: *Atlas geográfico escolar*. 7. ed. Rio de Janeiro: IBGE, 2016. p. 49; Vera Caldini e Leda Ísola. *Atlas geográfico Saraiva*. 4. ed. São Paulo: Saraiva, 2013. p. 131.

   a) Por que a agricultura é praticada, sobretudo, próximo ao litoral mediterrâneo e na Mesopotâmia?

   b) Em que país se destaca o setor industrial?

   c) O que se conclui sobre a extensão das áreas para uso agrícola?

5. Explique a frase:

   "O petróleo é uma riqueza contraditória para países do Oriente Médio".

6. Em que região do Oriente Médio estão concentradas as maiores reservas de petróleo?

7. Que aspecto natural dificulta o dinamismo agrícola dos países do Oriente Médio?

8. Comprove com um argumento a afirmação: Parte do crescimento anual de vendas de armamentos no mundo é atribuído aos países do Oriente Médio.

9. Qual é a técnica utilizada por Israel para praticar a agricultura em regiões desérticas?

10. Estabeleça a relação entre o comportamento nômade na pecuária e as características climáticas do Oriente Médio.

11 Observe o gráfico e faça o que se pede.

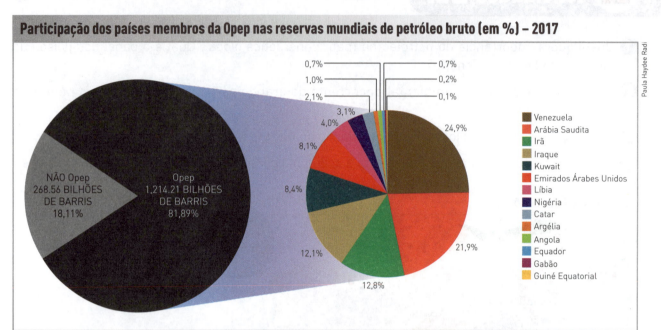

Fonte: Opep (Organização dos Países Exportadores de Petróleo). Disponível em: <www.opec.org/opec_web/en/data_graphs/330.htm>. Acesso em: out. 2018.

a) Escreva o significado da sigla Opep e identifique entre os países-membros aqueles que são do Oriente Médio.

b) O que se pode concluir ao relacionar as reservas mundiais de petróleo com a Opep?

12 Analise o gráfico a seguir e, depois, faça o que se pede.

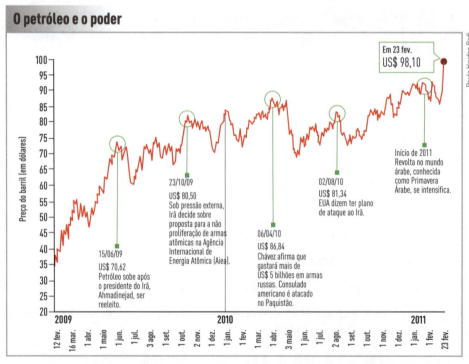

Fonte: Crise líbia faz petróleo disparar e provoca queda das Bolsas. *Folha de S.Paulo*, 24 fev. 2011. Disponível em: <www1.folha.uol.com.br/mercado/2011/02/880560-crise-libia-faz-petroleo-disparar-e-provoca-queda-das-bolsas.shtml>. Acesso em: nov. 2018.

a) Justifique o título do gráfico.

b) Qual é a relação entre a política internacional e o preço do barril no período representado?

CAPÍTULO 22
Questão árabe-israelense

Uma guerra sem fim?

Entre os constantes conflitos armados e tensões políticas na região do Oriente Médio, um dos que é mencionado com mais frequência é aquele relacionado a **Israel** e **Palestina**. As hostilidades e os enfrentamentos entre israelenses e palestinos existem há 70 anos, pelo menos. Na Antiguidade, a Palestina era conhecida como Terra de Canaã e povoada por hebreus.

Origens do conflito

Os judeus habitaram a Palestina por mais de 4 mil anos, mas, por motivos políticos e religiosos, migraram no século I a.C. e se espalharam por diversas partes do mundo. No fim do século XIX, quando o **movimento sionista** (de Sion, colina da antiga Jerusalém) se organizou na Europa com o objetivo de criar um "lar nacional" para os judeus na Palestina, muitos retornaram à antiga região.

Quem lançou as bases do sionismo foi Theodor Herzl, em 1896, reagindo à perseguição de comunidades judaicas pelo Império Russo. Esse movimento se fortaleceu nos anos seguintes, com a captação de fundos para comprar terras na Palestina. Os judeus, vindos principalmente da Europa, instalaram-se na Palestina, então habitada por população majoritariamente árabe. Até o término da Segunda Guerra Mundial, em 1945, houve um convívio pacífico entre os judeus imigrados e os palestinos, que, por sua vez, já habitavam a região havia mais de 2 mil anos.

Com o fim da guerra, porém, a intenção da criação de um Estado judeu na Palestina ganhou força. Em 1948, uma decisão da ONU estabeleceu a divisão da região, até então sob domínio britânico, em dois Estados: um árabe (**Estado da Palestina**) e um judeu (**Estado de Israel**). Milhares de judeus que estavam espalhados por todo o mundo, em especial pelos países europeus, foram atraídos para Israel, que se constituía como um Estado soberano, com um território autônomo.

Fonte: Graça Maria Lemos Ferreira. *Atlas geográfico: espaço mundial*. 3. ed. São Paulo: Moderna, 2010. p. 103.

Um dos critérios utilizados pela ONU para demarcar as áreas que pertenceriam ao povo palestino foi a concentração populacional. A divisão teve a seguinte configuração:
- 56,7% das terras para o Estado de Israel;
- 42,6% para o Estado Palestino;
- 0,7% para um território internacional neutro que corresponderia à cidade de Jerusalém.

No entanto, não houve consenso pela proposta da ONU, e os conflitos, até então mais políticos e diplomáticos, transformaram-se em um confronto armado que permanece até os dias atuais.

Guerras, tensões e acordos

Os países árabes rejeitaram a criação do Estado de Israel, alegando que estavam perdendo terras. Na ocasião, vários países da região se uniram contra Israel na Primeira Guerra Árabe-Israelense (1948-1949). Egito, Síria, Líbano, Iraque e Transjordânia (atual Jordânia), ao lado dos palestinos, atacaram o recém-criado Estado. Israel venceu o conflito. Essa seria a primeira de muitas guerras travadas por israelenses e árabes. Com a derrota dos palestinos, seu território passou a ser controlado militarmente pelo Estado de Israel. Milhares de pessoas fugiram da região, com medo das perseguições políticas e dos efeitos da guerra, instalando-se nos Estados vizinhos, especialmente na Jordânia, em campos de refugiados.

Nesse conflito e nos que ocorreram nas décadas seguintes, os Estados Unidos forneceram apoio incondicional a Israel, investindo no país e financiando seu desenvolvimento econômico.

O Estado israelense tem importância estratégico-geográfica numa região em que alguns países se opõem diretamente à política estadunidense.

É muito importante lembrar que o Oriente Médio é uma região rica em petróleo, o que desperta o interesse no maior consumidor do mundo desse valioso recurso energético: os Estados Unidos.

Em 1959 e 1964 foram criados, respectivamente, o movimento nacionalista Fatah e a Organização para a Libertação da Palestina (OLP), entidade árabe liderada por Yasser Arafat, que exercia uma resistência mais organizada contra o domínio israelense na região. Ao longo das décadas seguintes, a OLP utilizou diversas estratégias para combater o Estado de Israel e sensibilizar a opinião pública mundial para a causa palestina. Atuação política e diplomática, ações armadas contra o exército israelense e atentados terroristas foram frequentes durante os períodos de maior tensão e conflito aberto.

Em 1967 eclodiu a Guerra dos Seis Dias, um novo conflito entre Israel e os exércitos do Egito, da Síria e da Jordânia. Nessa guerra, o Estado de Israel anexou:

- a Cisjordânia e a Faixa de Gaza, territórios palestinos;
- as Colinas de Golan, da Síria;
- a Península do Sinai e o Canal de Suez, do Egito.

Observe, no mapa ao lado, as regiões anexadas. Após esse conflito, mais palestinos se dispersaram pela região, aumentando o número de refugiados. Os israelenses expandiram seu domínio e estabeleceram assentamentos nos territórios ocupados, ação até hoje criticada pela ONU.

Em 6 de outubro de 1973, os países árabes que haviam perdido territórios na Guerra dos Seis Dias tentaram recuperá-los, numa ação que foi chamada de Guerra do Yom Kippur – "Dia do Perdão", feriado religioso para os judeus. Egito e Síria atacaram Israel de surpresa no Sinai e nas Colinas de Golan. Israel resistiu ao ataque e, dias depois, investiu militarmente contra esses países, derrotando-os e fazendo milhares de prisioneiros de guerra.

Yasser Arafat, ex-líder da OLP. Washington D.C., Estados Unidos, 1995.

Israel – 1967

Fonte: Graça M. Lemos Ferreira. *Atlas geográfico: espaço mundial.*
3. ed. São Paulo: Moderna, 2010. p. 103.

A paz não dura muito

Em 1977, com a intervenção de Jimmy Carter, então presidente dos Estados Unidos, o governo de Israel iniciou conversações com o Egito. Pressionado pelo governo estadunidense, Israel devolveu a Península do Sinai ao Egito, no **Acordo de Paz de Camp David**, firmado em 1978.

De 1987 a 1993 houve a **Primeira Intifada**, também conhecida como "Conflito ou Guerra das Pedras". Militarmente despreparados, os palestinos decidiram enfrentar o exército oponente a qualquer custo: utilizando o precário armamento disponível, inclusive pedras retiradas das ruas, eles lutaram contra um exército bem equipado e com excepcional treinamento militar. Do combate dessas forças desiguais resultaram muitas mortes, sobretudo de palestinos.

Ex-líderes do Egito (Anwar al-Sadat), EUA (Jimmy Carter) e Israel (Menachem Begin), durante assinatura do Acordo de Paz de Camp David. Washington DC, Estados Unidos, 1979.

O principal pacto entre judeus e palestinos ocorreu em 1993, quando o governo norueguês intermediou o **Acordo de Oslo**, assinado na Casa Branca, sede do governo dos Estados Unidos. Israel, representado pelo primeiro-ministro Yitzhak Rabin, devolveu para a Palestina, representada pelo líder da OLP, Yasser Arafat, a Faixa de Gaza e a cidade de Jericó, na Cisjordânia. A Autoridade Nacional Palestina (ANP) foi criada para implementar o acordo, que determinou que o Estado da Palestina seria formado pela Faixa de Gaza e pela Cisjordânia (regiões ocupadas pelos israelenses na Guerra dos Seis Dias).

Foi um gesto de reconciliação entre povos em constante conflito, comemorado pelo mundo todo, na esperança de que a paz pudesse se instalar de vez entre eles. Mas não foi isso que ocorreu. As negociações para a delimitação do Estado Palestino foram interrompidas em 1995, quando Yitzhak Rabin foi assassinado por um judeu radical.

No ano 2000 começou a **Segunda Intifada** na Palestina. A população se rebelou quando Ariel Sharon, então premiê de Israel, declaradamente contrário ao reconhecimento da Palestina como um Estado, caminhou pela Esplanada das Mesquitas, em Jerusalém, área sagrada para os muçulmanos. Os palestinos interpretaram esse gesto como uma provocação. Nessa intifada, houve ataques suicidas em instalações israelenses, promovidos por grupos armados pró-palestinos, como o Jihad Islâmica, o Hamas e as Brigadas da Al-Aqsa.

A reação do governo israelense foi imediata: voltou a ocupar partes da Cisjordânia e atacou as forças de segurança da ANP, praticamente eliminando-as.

Ex-líderes Yitzhak Rabin, de Israel, e da OLP, Yasser Arafat, cumprimentam-se após assinar o Acordo de Oslo. Washington D.c, Estados Unidos, 1993.

Palestina reconhecida pela ONU

Fonte: Graça M. Lemos Ferreira. *Atlas geográfico: espaço mundial*. 3. ed. São Paulo: Moderna, 2010. p. 103.

Em 2004, uma proposta israelense determinou a retirada de todos os assentamentos judeus da Faixa de Gaza. Israel desistiu de uma área de 49 km² na Faixa de Gaza, mas anexou 60 km² da Cisjordânia com assentamentos. Foi também decisão de Israel a construção de um muro que demarcaria a fronteira entre os territórios israelense e palestino para impossibilitar a entrada de terroristas nas áreas controladas por Israel.

Em 2006, o grupo islâmico Hamas venceu as eleições parlamentares na Faixa de Gaza, derrotando o Fatah, partido palestino mais tradicional. Depois disso, esses dois grupos passaram a ter desentendimentos, com episódios de enfrentamento militar.

No cenário internacional, o Hamas é considerado uma organização terrorista, principalmente para os governos estadunidense e russo. Em 2008 houve muitos combates entre os militantes do Hamas e o exército israelense, sobretudo na Faixa de Gaza.

Em 2011, novas negociações foram abertas entre Israel e Palestina. Barack Obama, presidente estadunidense, dirigiu-se ao primeiro-ministro israelense, Benjamin Netanyahu, num encontro em Washington, exigindo que Israel devolvesse aos palestinos as terras ocupadas, conforme a fronteira anterior a 1967, ano da Guerra dos Seis Dias.

Em 2014, na Faixa de Gaza, começou uma nova escalada de violência entre palestinos e israelenses. Esse conflito teve origem, entre outras razões, no sequestro e assassinato de três jovens judeus na Cisjordânia. As forças israelenses e as do grupo Hamas passaram a se atacar incessantemente com foguetes e bombardeios. Desde então as negociações de paz entre israelenses e palestinos estão suspensas.

Jerusalém e a decisão dos Estados Unidos

Você estudou que em 1948 a ONU estabeleceu a cidade de Jerusalém como um território internacional neutro. Além disso, sua parte oriental, desde a Guerra dos Seis Dias, é reivindicada pelos palestinos. Contrariando esse acordo histórico e tomando uma decisão unilateral, em 2018 o presidente dos Estados Unidos, Donald Trump, transferiu a embaixada de seu país de Tel-Aviv para Jerusalém.

Na prática, o governo estadunidense reconheceu que Jerusalém pertence à Israel, desconsiderando décadas de negociação, bem como os direitos do povo palestino. A mudança foi criticada pela ONU e pela União Europeia. Quanto às embaixadas, os demais países as manterão em Tel-Aviv, com exceção de Guatemala e Paraguai, que as transferirão para Jerusalém.

Presidente dos Estados Unidos, Donald Trump, assina declaração reconhecendo formalmente Jerusalém como a capital de Israel. Washington D.C., Estados Unidos, 2017.

O posicionamento da ONU

A Palestina vem conquistando alguns avanços na luta por reconhecimento, a começar por sua entrada na Organização das Nações Unidas para a Educação, a Ciência e a Cultura (Unesco), em 2011, e por sua participação em projetos e programas da organização na área de alfabetização e ciência. A maior conquista, no entanto, ocorreu em 2012, quando a Palestina foi reconhecida pela ONU como um **Estado observador não membro**, elevando seu *status* perante a organização, o que significou uma importante vitória política para os palestinos.

Líder palestino Mahmoud Abbas em cerimônia de hasteamento da bandeira palestina na sede da Unesco em Paris. França, 2011.

Leia o texto abaixo.

Enfatizando o impacto devastador da crise humanitária e da crescente violência contra crianças em Gaza, o Fundo das Nações Unidas para a Infância (Unicef) pediu que todas as partes com influência no conflito priorizem sua proteção.

"A escalada da violência em Gaza exacerbou o sofrimento de crianças cujas vidas já têm sido insuportavelmente difíceis há muitos anos", disse Geert Cappelaere, diretor regional do Unicef para Oriente Médio e Norte da África, em comunicado publicado nesta sexta-feira (4).

Cappelaere disse que além dos ferimentos físicos, as crianças estão mostrando sinais de estresse severo e trauma.

"Ontem, nosso representante especial visitou um menino de 14 anos que levou um tiro que provocou ferimento grave perto de seu coração. Ele está agora em casa se recuperando depois de ficar duas semanas no hospital. É difícil para ele ser otimista em meio à dor, mas quando ele melhora, diz que quer ser médico, como aqueles que o ajudaram a sobreviver", disse.

De acordo com a agência da ONU, nas últimas cinco semanas, cinco crianças foram mortas e centenas ficaram feridas durante protestos majoritariamente pacíficos na fronteira com Israel. O chefe de direitos humanos da ONU, Zeid Ra'ad Al Hussein, pediu que as forças de segurança israelenses interrompam o uso de "força letal contra manifestantes desarmados" durante os protestos.

Metade das crianças da região depende de ajuda humanitária, e uma em cada quatro precisa de atendimento psicossocial.

Além disso, cortes de energia e falta de combustível em Gaza prejudicaram os serviços de água e saneamento, com informações de que nove em cada dez famílias não têm acesso regular à água. Remédios e equipamentos de saúde também estão em falta, pressionando o já frágil sistema de saúde.

Diante desse cenário, Cappelaere reiterou o chamado para todos os lados do conflito protegerem as crianças e mantê-las fora de perigo. "As crianças devem estar nas escolas, em casa e nos parques – não deveriam ser alvo ou encorajadas a participar da violência".

Crianças estão sendo fortemente afetadas por escalada de violência em Gaza, diz Unicef. Nações Unidas no Brasil, 16 maio 2018. Disponível em: <https://nacoesunidas.org/criancas-estao-sendo-fortemente-afetadas-por-escalada-de-violencia-em-gaza-diz-unicef>. Acesso em: out. 2018.

1. Quais são os dois principais tipos de problemas sofridos pelas crianças no conflito entre Israel e Palestina?
2. Quais são as carências básicas na Faixa de Gaza?
3. Com os colegas e o professor, debata e reflita sobre os direitos das crianças e dos jovens de todo o mundo a uma vida digna e saudável.

Pontos de vista

Quem é
Bruno Huberman

O que faz
É judeu, jornalista, pesquisador e fundador e redator do *blog* **Quebrando muros**, que discute a questão Palestina-Israel.

1. Por que a Faixa de Gaza é quem mais sofre com os conflitos na região?

A Faixa de Gaza atualmente tem a maior densidade demográfica do mundo, com a população composta na maioria de refugiados. Ela é completamente isolada por muros, campos minados e cercas elétricas de Israel, que controla o espaço aéreo e marítimo de Gaza. A circulação de bens e pessoas também é completamente controlada, o que torna limitado o acesso a água, comida e trabalho, relegando uma larga parcela da população à extrema pobreza. A ONU prevê que em poucos anos Gaza será um espaço "invivível" pela contínua degradação das condições de vida. Ademais, por ser governada pelo Hamas, um grupo político inimigo de Israel, o território sofre frequentes ataques aéreos, que atingem edifícios e quarteirões inteiros, destruindo centros culturais, escolas e hospitais, o que contribui para a deterioração da qualidade de vida.

2. Por que é tão difícil para Israel reconhecer o Estado palestino?

O Estado de Israel foi criado com base em uma ideologia nacionalista de origem europeia, o sionismo, que se converteu em um movimento colonial para povoar a Palestina e constituir o Estado judeu. Por ter um entendimento de que aquele território deve pertencer exclusivamente aos judeus, toda a formação política dos palestinos é vista como uma ameaça pelos colonizadores judeus. Os conflitos entre colonos e nativos tem dificultado qualquer reconciliação política e justiça social. São raros os setores da sociedade israelense verdadeiramente a favor da criação de um Estado palestino contínuo, soberano e independente.

3. Como o extremismo religioso justifica e fortalece os conflitos?

É comum em diversas sociedades que, em períodos de crises política e econômica, grupos religiosos conservadores aproveitem para ampliar sua influência e reivindicar uma agenda moralista, de "retorno" ao passado. Esse fenômeno é comum em sociedades com maioria cristã, muçulmana ou judaica. Logo, o conflito entre Israel e palestinos é permeado por grupos religiosos que se aproveitam do impasse político para avançar sua agenda e visão de mundo, muitas vezes por meio da violência. Isso ocorre tanto do lado dos colonos judeus como da resistência palestina. No entanto, muitas formas de resistência legítimas, como o Hamas, podem ser criminalizadas ou rotuladas como fundamentalistas ou terroristas.

4. Israel também perde com o conflito? Como?

Historicamente, Israel vem ganhando mais do que perdendo. Tem sido por meio do conflito violento que os sionistas conquistaram território no qual foi criado o Estado de Israel e têm mantido a população palestina sob controle, enquanto exportam armas e outras tecnologias militares com base no conhecimento desenvolvido nesse conflito. Por outro lado, Israel tem perdido credibilidade internacional pela sustentação desse impasse, o que tem resultado em pressão crescente na política global por uma solução justa.

1. Qual é a situação dos palestinos em Gaza?

Infelizmente a Faixa de Gaza se transformou em uma grande cadeia onde vivem quase 2 milhões de palestinos e certamente é hoje um dos piores lugares do mundo para viver. Tenho amigos lá que estão sofrendo muitas privações, inclusive de alimento e água. Falta eletricidade, que chega a funcionar apenas quatro horas por dia, e faltam remédios em hospitais, o que prejudica seriamente a condição de saúde de diversos pacientes. As fronteiras estão fechadas, e os funcionários públicos não raramente recebem uma parcela mínima do salário.

2. O exército de Israel é acusado de promover diversas violações a direitos humanos na Faixa de Gaza. Esses crimes são devidamente solucionados, com investigação e punição dos responsáveis?

Não, e o exército de Israel já cometeu muitos crimes contra a população palestina. Houve episódios em que chegou a usar materiais extremamente tóxicos em bombas, proibidos contra civis. Muitas crianças, idosos, mulheres foram feridos e sofreram lesões. A ONU condenou a ação e infelizmente nada aconteceu. Israel não permite investigações, e o governo da Palestina ou da Cisjordânia não têm autonomia para fazer isso.

3. A religião ainda é um fato que acirra o conflito na região? Por quê?

Não acredito que a religião ou que lideranças religiosas sejam causas do conflito. Entretanto, podemos dizer que os poderosos utilizam a religião para acirrar o problema, usando inclusive lugares sagrados para isso. Nossa questão não é só por Belém ou Jerusalém, que são cidades sagradas, mas por toda terra, pela liberdade e por direitos humanos. No exército israelense existem mulçumanos e judeus. Na palestina, as pessoas que lutam pela liberdade são cristãs, mulçumanas e também judias. A religião é usada para mexer no coração das pessoas, mas não é um motivo do conflito.

4. Em sua opinião, o que é necessário para que Israel e Palestina alcancem a paz?

Eu vivi 24 anos na Palestina e pelo menos 18 deles foram em guerra. O restante foi em paz, mas não uma paz real e sim um acordo para apenas diminuir o conflito. Por isso hoje o palestino não acredita nos acordos de paz, porque na maioria das vezes eles só tiraram nossos direitos, como o de andar livremente na rua, de viajar entre cidades sem passar por pontos de revista, de ter liberdade para estudar ou trabalhar onde queira. Cada vez que o conflito se acirra os poderosos ganham mais, dos dois lados. Por isso cada vez mais acredito que para alcançar a paz é preciso mudar quadros políticos estratégicos, tanto de Israel como da Palestina.

Quem é
Amjad Milhem

O que faz
Ator palestino que atualmente vive no Brasil.

---

1 Com base no conteúdo das duas entrevistas, discorra sobre as condições de vida na Faixa de Gaza.

2 Para Amjad Milhem, a diversidade religiosa em si não pode ser considerada motivo para as divergências entre israelenses e palestinos, mas, sim, questões de ordem política. De acordo com o entrevistado, a que isso se deve?

3 Em sua opinião, qual deve ser o papel da ONU diante dos conflitos e impasses territoriais da Faixa de Gaza?

4 Converse com os colegas e o professor sobre a importância dos conceitos de Estado e território para a devida compreensão do tema em questão. Registre suas conclusões.

243

1. Que medidas deveriam ser colocadas em prática para resolver o antigo conflito entre judeus e palestinos?

2. Observe a sequência dos mapas a seguir e registre as modificações pelas quais passaram esses territórios no período representado.

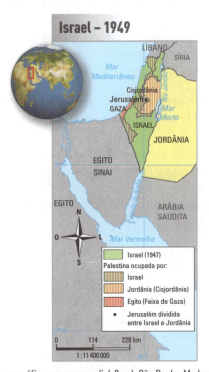

Fonte dos mapas: Graça Maria Lemos Ferreira. *Atlas geográfico: espaço mundial.* 3. ed. São Paulo: Moderna, 2010. p. 103.

3. Observe na fotografia abaixo a cena da Primeira Intifada. Escreva sobre esse movimento explicando sua forma de atuação e destacando seus objetivos.

Manifestantes correm de soldados durante protesto violento contra a ocupação israelense da Cisjordânia e da Faixa de Gaza durante a Primeira Intifada. Nablus, Cisjordânia, 1988.

4. Leia o texto a seguir e, depois, faça o que se pede.

O Conflito entre Israel e palestinos (que já dura 60 anos) entrou em uma nova etapa: em junho de 2002, um muro começou a ser construído pelos israelenses. Para o governo de Israel, trata-se de uma "barreira de segurança" para proteger seu território da expansão demográfica árabe e dos atentados de extremistas. Para os palestinos, contudo, esse é um muro que os impede de circular livremente pela região, que desorganiza o comércio local e confirma a política expansionista dos vizinhos. Jerusalém leste (árabe), por exemplo, está cortada de seu subúrbio palestino Abu Dis.

Um misto de cerca com muro, nas áreas mais populosas, alonga-se por 700 quilômetros. Em Jerusalém, por exemplo, o concreto atinge 10 metros de altura. Na maior parte da sua extensão, no entanto, o que se vê é uma dupla grade de tela patrulhada por jipes do exército israelense. Para garantir que a barreira não seja ultrapassada, há uma associação de alta tecnologia com sabedoria tradicional. Diariamente, por exemplo, soldados observam os mínimos detalhes para identificar rastros no solo: é preciso saber se a barreira foi tocada por animais, crianças, curiosos ou terroristas. Ao mesmo tempo, câmeras de última geração instaladas em locais estratégicos enviam imagens para salas de controle ultramodernas.

O principal argumento dos militares israelenses é que a barreira coíbe os atentados suicidas árabes. Com efeito, o número de ataques caiu, mas pode ser também uma consequência da política de assassinato seletivo de militantes das organizações palestinas.

Numa decisão muito aplaudida pelas organizações humanitárias, a Corte Internacional de Justiça, instalada em Haia, condenou o muro em junho de 2004. Mas, da mesma forma que as resoluções da ONU desautorizam a política expansionista israelense, a decisão da corte de Haia, pelo menos por enquanto, permanece letra morta.

Bruno Konder. Israel × Palestina: um muro para cristalizar o ódio. *Discutindo Geografia*, ano 3, n. 15, p. 46, 2007.

Trecho do muro que separa um assentamento israelense do território palestino da Cisjordânia. Jerusalém, Israel, 2018.

a) Qual foi a justificativa do governo israelense para a construção do muro?

b) Analise a iniciativa de Israel em construir o muro, separando israelenses e palestinos, e registre suas conclusões.

5. Reunidos em pequenos grupos, pesquisem informações recentes sobre os conflitos árabe-israelenses e apresentem o resultado da pesquisa em forma de um telejornal.

CAPÍTULO 23
Outros conflitos regionais

Interferências estadunidense e russa

Como você já sabe, durante o período da Guerra Fria grande parte dos territórios mundiais estavam sob forte influência ou dos Estados Unidos ou da então União das Repúblicas Socialistas Soviéticas (URSS). Apesar da existência, nos dias atuais, de outros atores fundamentais, como a China, a geopolítica mundial ainda está atrelada ao poder das antigas forças hegemônicas. Estados Unidos e Rússia permanecem intervindo e tentando controlar política e economicamente várias regiões, inclusive o Oriente Médio. O principal interesse é o controle do petróleo.

Entrada das tropas soviéticas em Cabul. Afeganistão, 1979.

Glossário

Revolução Islâmica: revolução ocorrida no Irã em 1979, quando o líder do país, o xá Reza Pahlevi, foi deposto. No poder desde a década de 1940, o xá foi substituído pelo aiatolá Ruhollah Khomeini.

O Aiatolá Khomeini acena para seus partidários em Teerã. Irã, 1979.

Afeganistão

Em 1979, preocupada em minimizar, na população de suas repúblicas centro-asiáticas (Turcomenistão, Azerbaijão, Tadjiquistão, Uzbequistão, Quirguistão e Cazaquistão), os efeitos da **Revolução Islâmica** que ocorrera no Irã e conquistar uma importante via de acesso a mares quentes (o Oceano Índico), a União Soviética invadiu o Afeganistão para manter o governo desse país simpático ao socialismo, lá instalado desde 1973.

De 1985 a 1989, o dirigente soviético Mikhail Gorbachev retirou progressivamente suas tropas do país. Mesmo assim, sem se render aos interesses do agressor, o Afeganistão foi destruído, restando para a União Soviética milhares de mortes de militares e uma grande dívida financeira.

Em outubro de 2001, o exército estadunidense ocupou o Afeganistão, alegando visar à captura do saudita Osama bin Laden, responsabilizado pela organização do atentado terrorista aos Estados Unidos em 11 de setembro do mesmo ano. O governo do presidente George Bush também destituiu do poder o Talibã, grupo fundamentalista islâmico acusado pelos estadunidenses de proteger e manter terroristas em seu território. Parte do país foi destruída por bombardeios, agravando a condição de pobreza e miséria na região.

A guerra promovida pelos Estados Unidos no Afeganistão foi considerada desnecessária por grande parte da comunidade internacional. O terrorista Osama bin Laden somente foi encontrado e morto pelos militares estadunidenses dez anos depois, em 2011, na cidade de Abbotabad, no Paquistão.

Desde 2001, os Estados Unidos mantêm tropas de ocupação em território afegão. Em 2015, o país anunciou a retirada completa de suas tropas militares do território até o fim de 2016, fato que ainda não ocorreu.

Soldados americanos se escondem atrás de uma barricada durante uma explosão perto de Mazar-e-Sharif. Afeganistão, 2001.

Iraque

Em 1991, foi deflagrada a Guerra do Golfo. No ano anterior, o Iraque havia invadido o Kuwait, sob a alegação de que este fazia parte do território iraquiano por direito e que o lesara ao explorar petróleo numa zona neutra entre ambos. Essa invasão foi repudiada pela ONU e pela comunidade internacional na época. Com o aval da organização e de interessados na estabilização do preço do petróleo, os Estados Unidos invadiram o Iraque, retirando as tropas iraquianas do Kuwait. De 1991 a 2003, o Iraque foi submetido a um embargo comercial, ou seja, por determinação da ONU o país passou a ter restrições em suas atividades de exportação e importação.

Custo das invasões dos Estados Unidos

Segundo estudo publicado em 2016 pela pesquisadora Neta Crawford, da Universidade de Boston, o custo das invasões dos Estados Unidos no Iraque, Afeganistão, Paquistão, Síria e outros conflitos menos intensos, desde o ano de 2001, chega a 4,79 trilhões de dólares. Para se ter uma ideia desse valor, o PIB do Brasil, em 2017, foi de 2 trilhões de dólares.

O relatório mencionado inclui despesas com prevenção ao terrorismo, o orçamento de defesa, juros de empréstimos para as guerras e assistência médica aos veteranos. Não foram contabilizados, entretanto, os custos com as vidas perdidas, o que é muito difícil de ser medido.

Riqueza escondida

O governo dos Estados Unidos recentemente divulgou que a riqueza mineral, no subsolo do Afeganistão, vale aproximadamente 1 trilhão de dólares. Alumínio, lítio, cobre, nióbio, ferro, ouro, prata são alguns exemplos. Esse patrimônio natural, somado ao petróleo da região, explica o enorme interesse das potências militares mundiais sobre o país, com elevados índices de pobreza e devastado pela guerra. A população do Afeganistão ainda não foi beneficiada por esses recursos.

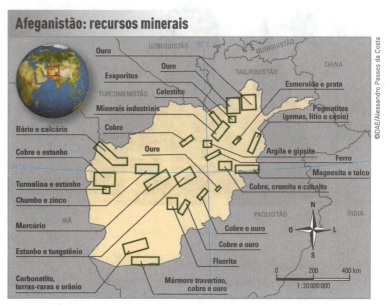

Fonte: USGS (Serviço Geológico dos Estados Unidos). *Projetos do USGS no Afeganistão.*

Irã × Iraque

Entre 1980 e 1988, houve a Guerra Irã-Iraque. Esse conflito teve como causa direta a partilha das águas do Estreito de Chat-el-Arab. Outros motivos ainda podem ser lembrados, como o desejo do Iraque de recuperar terras perdidas para o Irã em 1975; a questão do separatismo curdo, que sempre foi um ponto de desacordo entre os dois países; e a preocupação do governo iraquiano com a evolução do islamismo xiita. O Iraque saiu vencedor, mas com uma enorme dívida externa.

Guerra do Iraque

Fontes: Elaborado com base em: BBC. "A crise no Iraque em mapas". Disponível em: <www.bbc.com/portuguese/especial/iraqkeymaps/page6.shtml>. Acesso em: nov. 2018; *Atlas geográfico escolar*. 7. ed. Rio de Janeiro: IBGE, 2016. p. 49.

Em 2003, outro conflito eclodiu no Oriente Médio, especificamente no Iraque. Na madrugada de 20 de março, o país foi invadido por forças militares dos Estados Unidos, com o apoio do Reino Unido, Espanha, Itália, Polônia e Austrália.

A justificativa foi a suposta existência de armas de destruição em massa – no caso, armas químicas –, em poder do então dirigente iraquiano, Saddam Hussein, que poderiam ser usadas em atentados terroristas. Antes da invasão, o Conselho de Segurança da ONU havia vistoriado o Iraque, sem encontrar nenhuma arma. Mesmo sem o respaldo da ONU para a guerra, os Estados Unidos mantiveram sua decisão, alegando que a ação tinha também a finalidade de depor Saddam Hussein – ditador que governava o Iraque desde 1979 – e implantar a democracia no país. Logo após a invasão, Saddam foi perseguido e, em dezembro de 2003, capturado. Em 2006, ele foi julgado e condenado à morte por enforcamento pelo Tribunal Superior Penal do Iraque, por ter autorizado a eliminação de 148 xiitas no povoado de Dujail, em 1982.

Desde 2005 vêm ocorrendo eleições livres no Iraque. Contudo, mesmo com uma nova Constituição e com práticas democráticas, o país está longe de alcançar estabilidade política e social. Os árabes xiitas são maioria e têm saído vencedores nas eleições que ocorrem no país, ocupando a maioria das vagas da Assembleia Nacional. Essa situação tem desagradado a minoria sunita, que esteve no poder durante as três décadas da ditadura de Saddam Hussein, época em que promoveram discriminação e até assassinatos dos xiitas e dos curdos do norte.

O ex-presidente iraquiano, Saddam Hussein, discursa na TV após os ataques aéreos dos EUA ao Iraque, 1996.

Em 2011, quase nove anos após o início da guerra, os soldados estadunidenses abandonaram definitivamente o Iraque.

Programa nuclear do Irã

O Irã é o segundo maior país em área territorial e o primeiro em número de habitantes do Oriente Médio. A maior parte de sua população é de origem persa e islâmica xiita. Trata-se de uma sociedade urbana: cerca de 73% dos habitantes vivem em cidades.

A maior força política do país é exercida por líderes religiosos. Embora eles não sejam eleitos pelo povo, têm o direito de definir os comandantes das Forças Armadas e os altos postos do Judiciário. Além disso,

Ex-presidentes do Irã e do Brasil e o atual líder da Turquia durante assinatura de acordo nuclear. Teerã, Irã, 2010.

têm a última palavra sobre as questões mais importantes do país e podem até destituir o presidente eleito.

Em 2005, o Irã chamou a atenção da comunidade internacional devido à denúncia estadunidense de um possível programa nuclear para fins bélicos. O governo negou, afirmando que a tecnologia nuclear desenvolvida servia para fins pacíficos, ou seja, para produção e geração de energia elétrica.

A Agência Internacional de Energia Atômica (Aiea) impõe sanções ao Irã desde 2006, alegando que o país não tem obedecido ao Tratado de Não Proliferação de Armas Nucleares (TNT). Esse tratado, assinado em 1968 e que entrou em vigor em 1970, surgiu com o objetivo de evitar a disseminação das armas nucleares pelo mundo, permitindo o enriquecimento do urânio apenas para uso pacífico. Em 2012, o TNT contava com a adesão de 189 países.

Até meados de 2013, o Irã manteve sua iniciativa de desenvolvimento de programa nuclear, correndo o risco de sofrer embargo econômico internacional até mesmo de seu produto de exportação mais valioso – o petróleo. A União Europeia foi uma das grandes defensoras da iniciativa de promover esse embargo. Em 2015, Estados Unidos, China, Rússia, Reino Unido, França e Alemanha firmaram um acordo nuclear com o Irã impondo restrições ao programa nuclear deste país. Em contrapartida, as sanções comerciais seriam retiradas.

O Irã se declara inimigo tanto de Israel quanto dos Estados Unidos. A tensão com os Estados Unidos teve origem na década de 1980, durante a Guerra Irã-Iraque, quando o governo estadunidense apoiou o Iraque.

Guerra da Síria

Desde 2011 a Síria vive um grave conflito. O país é governado por Bashar al-Assad, que representa uma etnia minoritária e de elite, a alauita (setor do xiismo). A maior parte da população do país, pertencente à oposição, é formada por sunitas, que desejam um governo que os represente.

As tentativas de tirar Assad do poder à força foram reprimidas violentamente, transformando-se em uma guerra civil que dividiu ainda mais o país. Nesse cenário, mobilizaram-se vários grupos contrários ao governo e ocorreu um avanço de diversos grupos extremistas; o mais poderoso deles é o Estado Islâmico.

Edifícios danificados após explosão de bomba. Afrin, Síria, 2018.

As forças de segurança do governo sírio foram acusadas de usar armas químicas em combates. Em 2013, após acordo entre Estados Unidos e Rússia, a Síria renunciou ao arsenal químico.

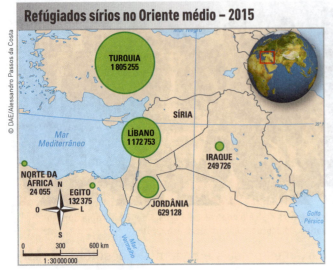

Fonte: Elaborado com base em A guerra da Síria já criou mais de 4 milhões de refugiados, diz ONU. Washington Post, 25 jul. 2015. Disponível em: <https://wapo.st/1Cql8FO?tid=ss_tw&utm_term=.2d70929946c5>. Acesso em: out. 2018; *Atlas geográfico escolar*. 7. ed. Rio de Janeiro: IBGE, 2016. p. 49.

Existe uma batalha indireta entre Estados Unidos, Rússia, as monarquias do Golfo e o Irã, países que buscam influenciar a Síria. Essa guerra já deixou milhares de mortos e milhões de refugiados na região.

A principal consequência da Guerra da Síria tem sido o sofrimento de sua população. Sem alternativa, ela se vê obrigada a abandonar o país, buscando qualquer outro lugar onde possa se manter viva. Por isso, centenas de milhares de famílias deixam para trás suas casas e tudo o mais que possuem, fugindo dos bombardeios, explosões e ataques. Entre 2011 e 2015, o Conselho de Direitos Humanos da ONU identificou que mais de 4 milhões de sírios já deixaram o país.

Turquia e a crise com os Estados Unidos

Localizada em dois continentes, a maior parte na Ásia e a menor na Europa, a Turquia tem, por isso, uma posição territorial estratégica. É o terceiro país mais populoso da Europa e a 18ª maior economia do planeta (a indústria responde por cerca de um terço do PIB). Tais características fazem com que a Turquia desperte interesses geopolíticos e financeiros. Em períodos mais recentes, o país tem se destacado pelo agravamento de uma crise diplomática com os Estados Unidos. Politicamente, a Turquia, nos últimos anos, é caracterizada por certa instabilidade política. Seu atual presidente, Recep Erdogan, está no poder desde 2003 e pode se estender até 2028. Alterações constitucionais e forte repressão às oposições impedem que sua administração seja tida como uma democracia. Por outro lado, a Turquia é, internamente, alvo de tentativas de golpes militares, o último dos quais tendo ocorrido em 2016. Agravando o clima político, o governo de Donald Trump adotou sanções econômicas contra o país em represália à prisão de um cidadão estadunidense acusado de espionagem pela Turquia. Apesar desse cenário, o país tem avançado muito na diminuição da pobreza. Nesse século XXI, a Turquia entrou para o grupo das nações com alto desenvolvimento humano, segundo a ONU. Entre as causas dessa mudança, de acordo com a Organização para a Cooperação e Desenvolvimento Econômico (OCDE), estão a distribuição da renda, a geração de emprego, políticas públicas sociais e investimentos na saúde e educação.

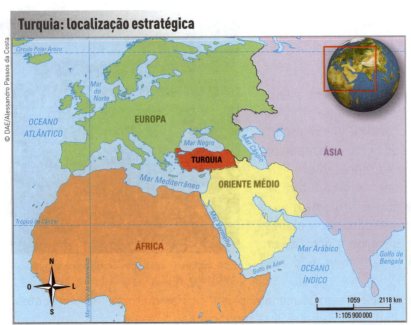

Fonte: *Atlas geográfico escolar*. 7. ed. Rio de Janeiro: IBGE, 2016. p. 32.

Atividades

1 Qual foi a principal justificativa utilizada pelos Estados Unidos para invadir o Iraque em 2003?

2 Analise o infográfico abaixo e depois faça o que se pede.

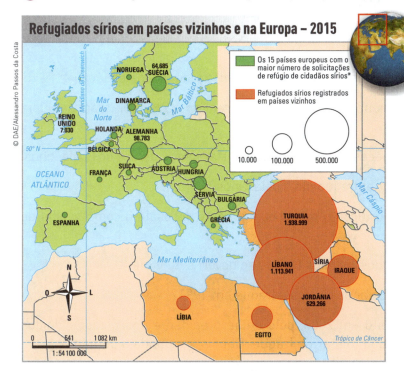

Fonte: Elaborado com base em Os países que mais recebem refugiados sírios. BBC, 12 set. 2015. Disponível em: <www.bbc.com/portuguese/noticias/2015/09/150910_vizinhos_refugiados_lk>. Acesso em: nov. 2018; *Atlas geográfico escolar*. 7. ed. Rio de Janeiro: IBGE, 2016. p. 32.

a) Milhões de sírios, desde o início da guerra, em 2011, já fugiram para outros países. Quais são as causas dessa guerra?

b) Segundo o infográfico, qual país que mais abrigou os refugiados sírios? Explique a importância da estratégia desse país para a geopolítica regional.

c) De acordo com o infográfico, cite dois países europeus que mais acolheram refugiados sírios e pesquise dois países que têm dificultado a entrada desses migrantes em seus territórios.

3 Faça uma pesquisa sobre alguns dos costumes ocidentais proibidos pela Revolução Islâmica ocorrida em 1979, no Irã.

4 Por que as guerras no Oriente Médio, mesmo onerosas, são mantidas pelos Estados Unidos?

5 Faça uma lista das principais guerras ocorridas no Oriente Médio desde os anos 1970, com suas respectivas datas de início. Indique as causas de cada uma.

6 Leia o trecho do texto a seguir e depois responda: O que você achou mais marcante?

YELDA

A caminho da escola, escondíamos nossos livros dentro do Sagrado Corão. Eu sabia que se os Talebans me pegassem indo para a escola, seria espancada. Acho que os Talebans não queriam que fôssemos à escola porque nos queriam burras. Os Talebans diziam, "Meninos são homens, meninas são mulheres, e mulheres não vão à escola". Fiquei triste e com raiva quando fizeram aquilo conosco. Os meninos podiam ir para a escola e sem esconder seus livros, sem medo, mas nós tínhamos de nos esconder. Gosto de todas as matérias da escola. Também gosto de cozinhar. Quero concluir meus estudos e ser médica. Estou feliz agora que os Talebans foram embora e posso ir à escola livremente. Também posso ver televisão e assistir programas infantis. Quero estudar e ir à escola. Isso porque, no futuro, quero ajudar meu povo, que é muito pobre. [...] As outras crianças devem ser corajosas como nós, as meninas do Afeganistão, fomos.

Harriet Logan. *Mulheres de Cabul*. Rio de Janeiro: Ediouro, 2006. p. 91.

Retomar

1. Quais países compõem a região do Oriente Médio?

2. Sobre as riquezas relativas ao Oriente Médio, escreva sobre:
   a) a principal fonte de renda dos países.
   b) a desigualdade na distribuição de riquezas.

3. Redija um parágrafo explicativo das causas das divergências entre judeus e palestinos.

4. Observe o mapa da página 238 e mencione os territórios que foram anexados por Israel na Guerra dos Seis Dias.

5. Defina o termo **intifada** e justifique a necessidade desse comportamento na ótica dos palestinos.

6. O que ficou definido no Acordo de Oslo, entre judeus e palestinos?

7. Por que a Comunidade Internacional criticou o reconhecimento de Jerusalém como capital de Israel por parte dos Estados Unidos?

8. Qual seria o motivo principal do apoio dos Estados Unidos ao governo de Israel?

9. O que levou ao conflito armado entre Estados Unidos e Iraque em 1991?

10. Leia a seguir trechos do discurso, feito em 2003, pelo então presidente dos Estados Unidos George W. Bush para justificar a invasão militar no Iraque. Depois, responda à pergunta.

    "[...]
    Para todos os homens e mulheres das Forças Armadas dos Estados Unidos agora no Oriente Médio, a paz de um mundo conturbado e as esperanças de um povo oprimido agora dependem de você. Essa confiança está bem colocada.

    [...] Neste conflito, a América enfrenta um inimigo que não se preocupa com convenções de guerra ou regras de moralidade. Saddam Hussein colocou tropas e equipamentos iraquianos em áreas civis, tentando usar homens, mulheres e crianças inocentes como escudos para seus próprios militares – uma atrocidade final contra seu povo.

    Quero que os americanos e todo o mundo saibam que as forças da coalizão farão todos os esforços para poupar civis inocentes. Uma campanha no terreno difícil de uma nação tão grande quanto a Califórnia poderia ser mais longa e mais difícil do que alguns imaginam. E ajudar os iraquianos a alcançar um país unido, estável e livre exigirá nosso compromisso contínuo.

    Nós chegamos ao Iraque com respeito por seus cidadãos, por sua grande civilização e pelas religiões que praticam. Não temos ambição no Iraque, exceto para remover uma ameaça e restaurar o controle daquele país para seu próprio povo.

    [...]
    Meus concidadãos, os perigos para o nosso país e para o mundo serão superados. Passaremos por este tempo de perigo e levaremos adiante o trabalho da paz. Defenderemos nossa liberdade. Vamos trazer liberdade aos outros e prevaleceremos.

    Que Deus abençoe nosso país e todos os que o defendem."

    George W. Bush. Carta para a Nação. Casa Branca, 19 mar. 2003. Disponível em: <https://georgewbush-whitehouse.archives.gov/news/releases/2003/03/20030319-17.html>. Acesso em: out. 2018. [tradução nossa]

    • Qual foi o principal motivo alegado por Bush para invadir o Iraque?

11 Anote no caderno os países do Oriente Médio numerados no mapa a seguir. Mencione questões geopolíticas que envolvem estes países, considerando a região asiática em destaque.

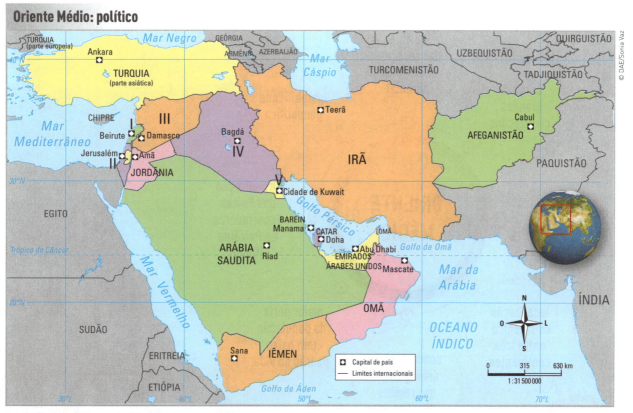

Fonte: *Atlas geográfico escolar*. 7. ed. Rio de Janeiro: IBGE, 2016. p. 49.

12 Sendo o Oriente Médio uma região muito rica devido aos recursos do petróleo, é possível afirmar que toda a população se beneficia dessa riqueza? Por quê?

13 Pesquise a que nações as bandeiras a seguir representam. Na sequência, utilize dois argumentos que justifiquem a importância da existência dos Estados para os povos em questão.

253

Visualização

A seguir, apresentamos um mapa conceitual do tema estudado nesta unidade. Trata-se de uma representação gráfica que organiza o conteúdo, composto de uma estrutura que relaciona os principais conceitos e as palavras-chave. Essa ferramenta serve como resumo e instrumento de compreensão dos textos, além de possibilitar consultas futuras.

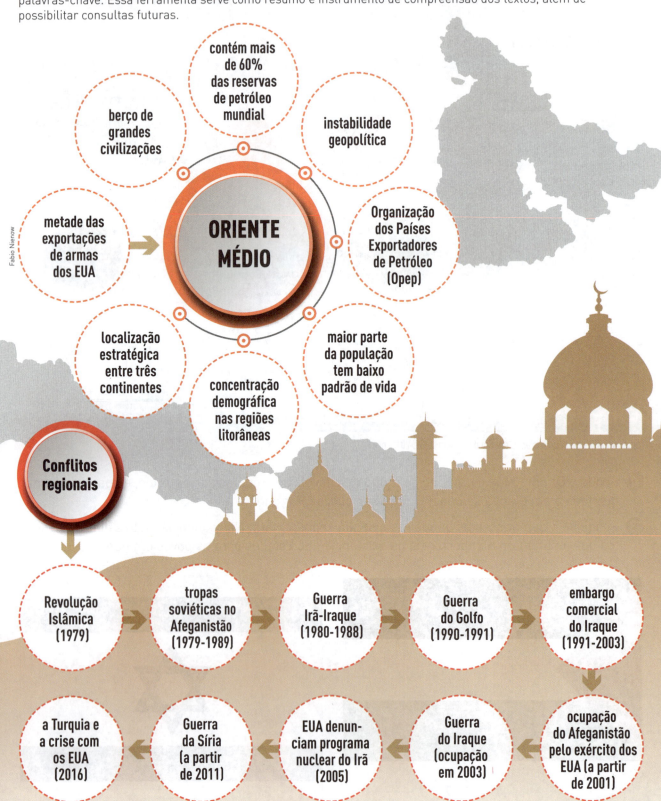

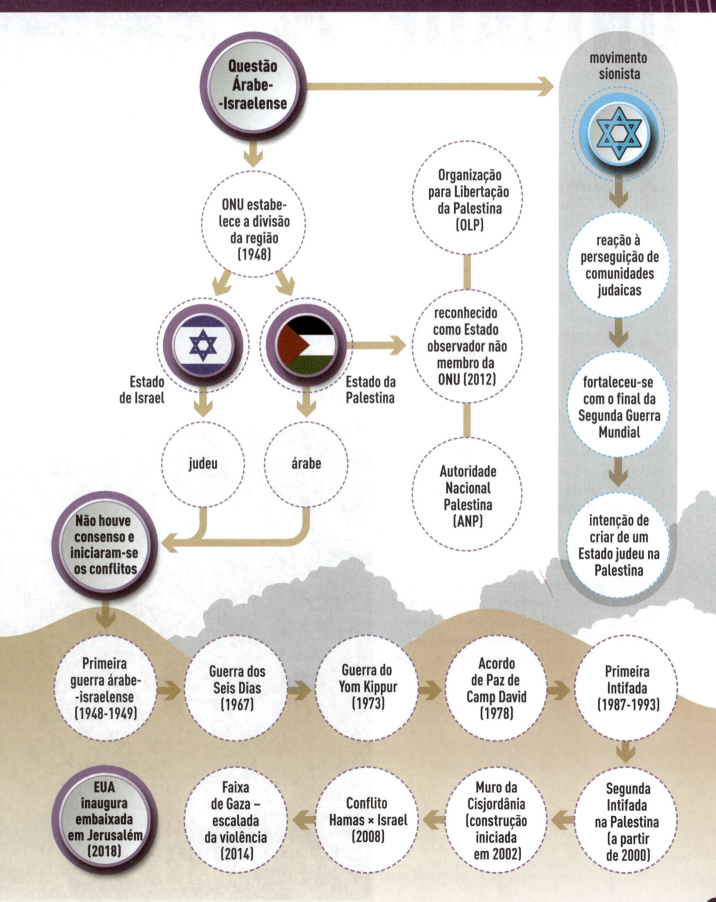

UNIDADE 8

Antever

1 O que você conhece sobre a Oceania? Que características marcam esse continente?

2 Como você imagina as regiões polares? A Antártida e o Ártico apresentam diferenças naturais e humanas? Quais?

3 Que características a observação das fotografias revela sobre as paisagens da Oceania e da Antártica?

Nesta unidade você terá a oportunidade de conhecer paisagens das regiões geladas do Ártico e do Antártico e as paisagens da Austrália e da Nova Zelândia.

Você estudará o processo de colonização dos países da Oceania, a regionalização de suas ilhas e as características físicas, econômicas e sociais da Austrália e Nova Zelândia, os países mais influentes do continente.

Vai conhecer extremos do planeta ao norte e ao sul: o Ártico e o Antártico. Vai descobrir a importância dessas duas regiões para o equilíbrio da vida na Terra, bem como os interesses econômicos e políticos dos países que disputam o domínio dessas regiões.

Monte Olga. Petermann, Austrália, 2017; *iceberg* próximo às Colinas de Larsemann, Antártica, 2017; praia na Ilha de Urupukapuka, Nova Zelândia, 2017.

Oceania e regiões polares

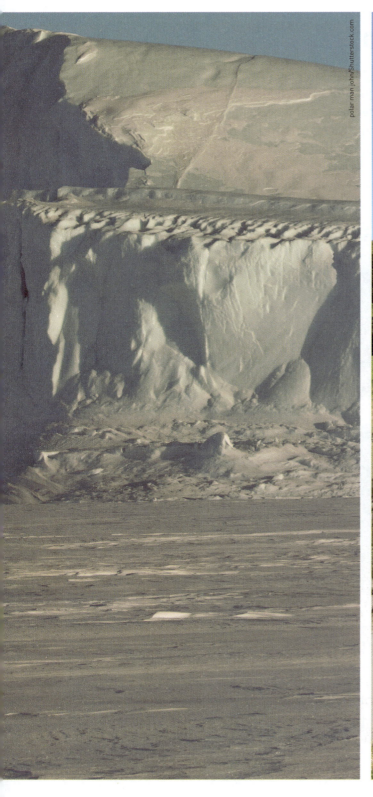

CAPÍTULO 24
Oceania

Localização e regionalização

A **Oceania** é o menor continente em área territorial. Banhada pelos oceanos Índico e Pacífico, compreende milhares de ilhas e apresenta paisagens diversificadas, como desertos, montanhas e vulcões ativos. Seu nome está ligado à mitologia grega – Oceano era o deus do mar.

Destacam-se no continente a Austrália, que tem o maior território e a maior população, e a Nova Zelândia, ambas consideradas nações com economia desenvolvida e cujas populações têm boas condições de vida.

Observe no planisfério a localização da Oceania.

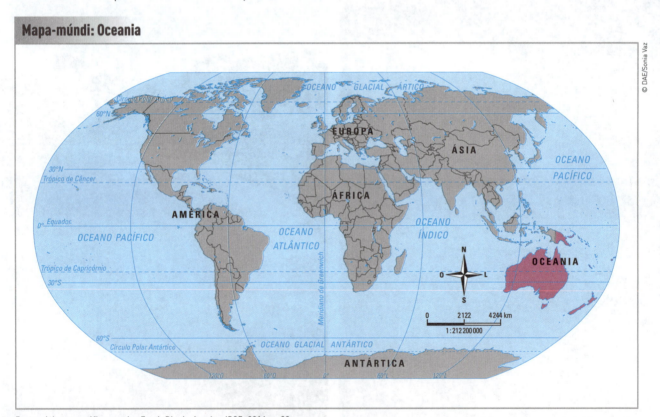

Mapa-múndi: Oceania

Fonte: *Atlas geográfico escolar*. 7. ed. Rio de Janeiro: IBGE, 2016. p. 32.

A Austrália corresponde a cerca de 90% das terras da Oceania; Papua Nova Guiné e Nova Zelândia constituem aproximadamente 8% do continente. A Papua Nova Guiné está situada em uma porção da Ilha da Nova Guiné, que, politicamente, divide-se em duas: a parte leste pertence à Oceania e a parte oeste, ao continente asiático (compõe o território da Indonésia). As demais ilhas da Oceania equivalem a cerca de 2% do continente.

A Oceania, além da Austrália e Nova Zelândia, é regionalizada com base em três grandes grupos de ilhas: **Melanésia**, **Micronésia** e **Polinésia**.

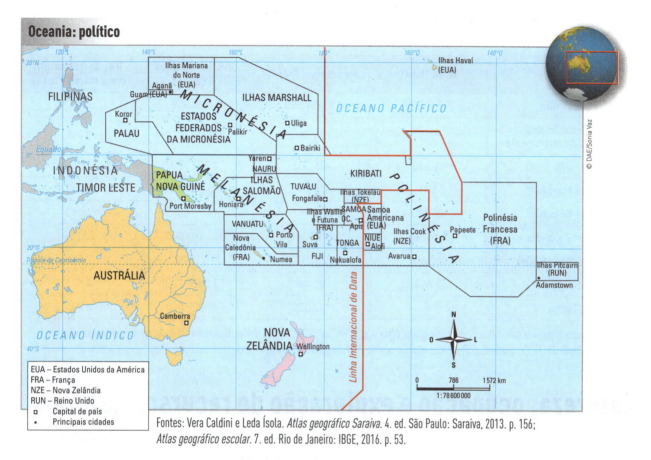

Fontes: Vera Caldini e Leda Ísola. *Atlas geográfico Saraiva*. 4. ed. São Paulo: Saraiva, 2013. p. 156; *Atlas geográfico escolar*. 7. ed. Rio de Janeiro: IBGE, 2016. p. 53.

A **Melanésia** agrupa as ilhas próximas à Austrália, como Vanuatu e Ilhas Salomão. Melanésia significa "Ilhas dos Negros". Foi assim denominada porque a população nativa local tem pele negra.

A **Polinésia**, que significa "muitas ilhas", reúne o maior número de ilhas, entre elas, os arquipélagos de Taiti, Samoa e Tonga.

Micronésia significa "ilhas pequenas". São milhares de ilhas situadas ao norte da Melanésia. Nela localizam-se as ilhas Carolinas, Marianas e Marshall, entre outras. Apenas algumas dessas ilhas são países independentes.

A economia desses conjuntos de ilhas baseia-se na pesca e na agricultura de subsistência. Em alguns locais se cultivam produtos para exportação, como coco, abacaxi, cana-de-açúcar e café. As milhares de belas praias favorecem o turismo, atividade economicamente importante para a região.

Agricultor em fazenda de inhame, considerada uma das culturas mais importantes do Pacífico Sul. Ilha de Rurutu, Polinésia Francesa, 2014.

Com grandes desigualdades socioeconômicas, os países da Oceania apresentam diferentes condições de vida.

País	Área (km²)	População (2017)	PIB em dólares (2016)	Renda *per capita* em dólares (2016)
Austrália	7 741 220	24 450 561	1 230 859	51 352
Federação dos Estados da Micronésia	700	105 544	315 000 000	3 015
Fiji	18 270	905 502	4 391 000	4 922
Ilhas Marshall	180	53 127	183 000 000	3 453
Ilhas Salomão	28 900	611 343	1 075 000	1 842
Nova Zelândia	267 710	4 705 818	173 417 000	38 294
Papua Nova Guiné	462 840	8 251 162	21 315 000	2 798
Samoa	2 840	196 440	774 000 000	4 006
Tonga	750	108 020	402 000 000	3 784

Fontes: IBGE países. Disponível em: <https://paises.ibge.gov.br/#/pt>. Acesso em: out. 2018; Nações Unidas, Departamento de Assuntos Econômicos e Sociais, Divisão de População (2017). *Perspectivas da População Mundial: revisão 2017*. Disponível em: <https://population.un.org/wpp/DataQuery/>. Acesso em: nov. 2018.

Natureza, ocupação e exploração de recursos naturais

Foi no século XVIII que os europeus iniciaram a colonização da Oceania, marcada pela dominação à força dos grupos nativos, a exemplo do que aconteceu na América.

As expedições dirigidas ao continente visavam à descoberta e exploração comercial de novas terras – a principal alternativa de enriquecimento para os países europeus desde o século XVI. Despertaram grande interesse científico a flora e fauna locais, com espécies jamais vistas em outro lugar do planeta. A Oceania foi chamada pelos europeus de **Novíssimo Mundo**, pela presença recente dos europeus nesse continente em relação aos demais.

Os povos tradicionais da Oceania foram tratados como os da América, com violência e discriminação pelos colonizadores da Europa. Na Austrália e Nova Zelândia, ex-colônias da Grã-Bretanha, houve intenso extermínio da população nativa. Acredita-se que quando os ingleses chegaram à Austrália, a região era povoada por mais de 2 000 etnias diferentes, na maioria caçadores e nômades.

Nos séculos XIX e XX, várias potências mundiais instalaram bases navais, comerciais e militares nas ilhas da Oceania, interessadas na posição estratégica desse continente. Por terem sido colonizadas por ingleses, franceses, holandeses e estadunidenses, entre outros, várias dessas ilhas permanecem como possessões até hoje, sem autonomia política. Dentre as possessões ultramarinas na Oceania estão: Samoa Americana (pertencente aos Estados Unidos), Ilhas Pitcairn (pertencente ao Reino Unido), Bora Bora e Nova Caledônia (pertencentes a França).

Observe no mapa físico da Oceania a seguir que o continente tem grande proximidade físico-territorial com o Sudeste Asiático. Contudo, do ponto de vista histórico-cultural, a Oceania tem características que a diferenciam grandemente da Ásia. Étnica e culturalmente, a Austrália e a Nova Zelândia são mais próximas dos colonizadores europeus do que dos vizinhos asiáticos, embora hoje haja uma grande multiculturalidade em ambos, principalmente porque na segunda metade do século passado receberam imigrantes de várias regiões do mundo. O movimento migratório, em especial de emigrantes europeus em direção a Austrália e Nova Zelândia, na segunda metade do século XX, se deve, sobretudo, a perspectiva de melhoria das condições de vida dessas pessoas, possibilitada pela oferta de trabalho nos países de destino.

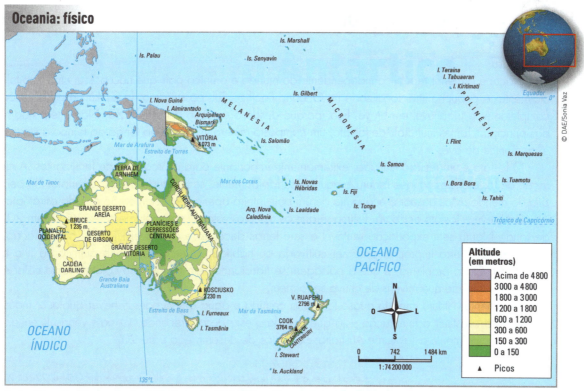

Fonte: *Atlas geográfico escolar*. 7. ed. Rio de Janeiro: IBGE, 2016. p. 52.

A Oceania é atravessada pela linha do Equador e pelo Trópico de Capricórnio, com uma parte situada na zona climática tropical e a outra na climática temperada. No que se refere ao relevo, a maior porção do continente é constituída de planaltos em escudos cristalinos e planícies em bacias sedimentares. No extremo leste da Austrália há uma área montanhosa com altitudes elevadas, a **Cordilheira Australiana**. A Nova Zelândia situa-se em área de encontro das placas tectônicas australiana e pacífica; por isso, o relevo é montanhoso e apresenta atividade vulcânica.

O continente tem importantes reservas de recursos minerais. A Austrália explora bauxita, carvão betuminoso, ferro, níquel, ouro, urânio, chumbo, zinco, entre outros. O país está entre os cinco maiores produtores de ouro e tornou-se um dos mais importantes fornecedores de diamantes. Além dos minerais metálicos e pedras preciosas, a Austrália conta com importantes reservas de gás natural (67 bilhões de m³) e extrai cerca de 400 mil barris de petróleo por dia.

A Nova Zelândia também tem importantes reservas de gás natural e petróleo. A Ilha de Nauru, localizada no Oceano Pacífico Sul, é grande produtora de fosfato e durante muitos anos a economia dessa ilha dependeu, quase exclusivamente, da extração de fosfato, mas as reservas estão extremamente reduzidas atualmente.

Vista de mina de extração de ouro. Kalgoorlie, Austrália, 2018.

De olho no legado

[...] Nauru

Nauru é a menor república independente do mundo e o único país que não possui uma capital oficialmente. A pequena ilha, localizada no Oceano Pacífico Sul, possui área de 21 km² e pode se tornar completamente inabitável em breve. Isso, porque desde o começo do século 20, Nauru tem sido uma das principais fontes mundiais de fosfato, um composto mineral formado ao longo do tempo a partir dos excrementos de aves.

O fosfato é um recurso limitado, extremamente importante para a produção de fertilizantes. A mineração de fosfato fez com que Nauru enriquecesse rapidamente, se tornando o segundo maior PIB *per capita* do mundo. Mas basear a economia de um país inteiro apenas em esterco não é nada estratégico...

Em breve o fosfato acabará. Estima-se que as reservas estarão completamente exauridas em 2050, deixando Nauru sem exportação rentável e sem terras decentes e cultiváveis, já que a mineração de fosfato torna a terra imprópria para ser cultivada ou habitada. Cerca de quatro quintos da ilha está devastada. Outro problema, é que a paisagem se transformou em ruínas, que coletam tanto calor e ar quente que impede que nuvens de chuva se formem.

Atualmente, Nauru importa quase toda sua comida e água e não parece haver qualquer indústria pronta para substituir a mineração – já que o fosfato está desaparecendo. O país vende licenças de pesca, principalmente a Taiwan e Austrália e o índice de desemprego é de 90%.

[...]

Cinco lugares que você deve conhecer antes que eles desapareçam. Galileu, 22 out. 2012.
Disponível em: <http://revistagalileu.globo.com/Revista/Common/0,,ERT322012-17579,00.html>. Acesso em: out. 2018.

Ewa, Nauru, 2018.

1. Por que é possível que a Ilha de Nauru deixe de existir?
2. Qual é a razão de os habitantes de Nauru não conseguirem produzir alimentos?
3. Além das reservas de fosfato que chegarão ao fim, quais são os outros dois grandes problemas de Nauru?

1 Que conjuntos abrigam as menores ilhas da Oceania? E em que oceano se localizam?

2 Muitas ilhas da Oceania são possessões de suas antigas metrópoles; outras são administradas pela Austrália ou pela Nova Zelândia. Analise o mapa e cite exemplos que confirmem essa situação de dependência.

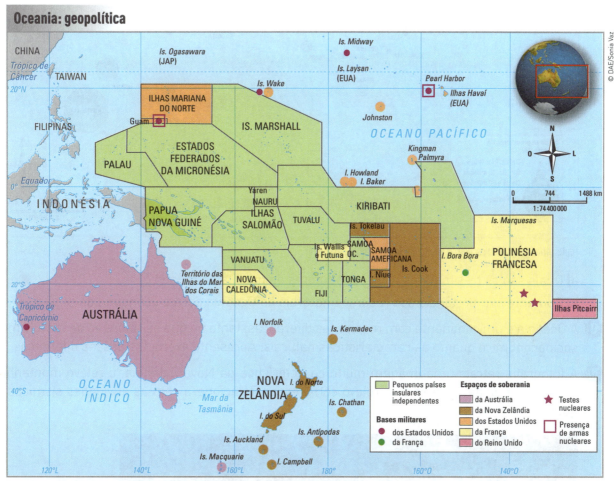

Fonte: Graça M. Lemos Ferreira. *Atlas geográfico: espaço mundial*. 3. ed. São Paulo: Moderna, 2010. p. 111.

3 Compare o interesse dos europeus pela Oceania nos séculos XVIII e XX. Registre suas conclusões.

4 Justifique a afirmação: "Algumas ilhas ou arquipélagos da Oceania pertencem a países como Nova Zelândia, França, Austrália e Estados Unidos".

5 Observe o mapa da página 259 e identifique algumas ilhas que fazem parte da melanésia, micronésia e polinésia.

6 Por que a população da Oceania tem mais características dos europeus colonizadores do que de seus países vizinhos da Ásia?

7 "O continente da Oceania tem importantes reservas de recursos minerais".

a) Justifique essa afirmação com base nas estruturas geológicas desse continente.

b) Mencione exemplos de recursos minerais encontrados na Oceania.

263

8. Observe o mapa e faça o que se pede.

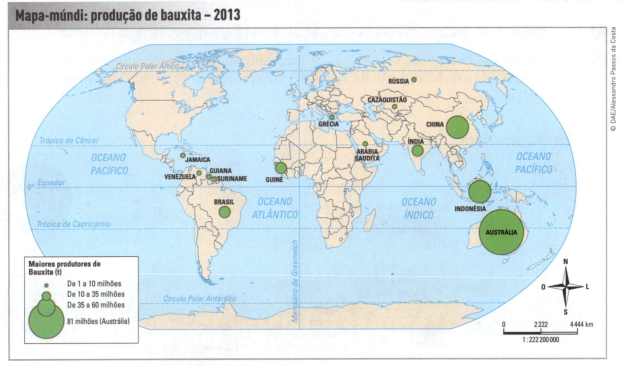

Fonte: *Atlas geográfico escolar.* 7. ed. Rio de Janeiro: IBGE, 2016. p. 67.

a) Quais são os três maiores países produtores de bauxita do mundo?

b) Comente a importância dos recursos naturais da Oceania para a economia da região.

9. A Oceania é um continente com marcantes diferenças, tanto no que se refere ao desenvolvimento socioeconômico quanto às características naturais. Apresente exemplos dessas diferenças.

10. A fotografia retrata uma imagem muito característica da Nova Zelândia, o relevo montanhoso. Como se origina uma forma de relevo como essa? Relacione-a com as atividades sísmicas frequentes no país.

Cordilheira Remarkable. Queenstown, Nova Zelândia, 2018.

CAPÍTULO 25

Austrália e Nova Zelândia

Austrália: aspectos físicos

No relevo australiano, formado basicamente por planaltos baixos – bastante erodidos – e planícies, predominam baixas altitudes. Existem algumas formações mais elevadas, como a Cordilheira Australiana, localizada a leste do território, onde se encontra o ponto culminante do país, o Monte Kosciusco, com 2 230 m de altitude.

Banhada pelos oceanos Índico e Pacífico, a Austrália tem 36 735 km de litoral – uma extensão quase cinco vezes maior que a do litoral brasileiro –, formado por belas praias. A costa leste, banhada pelo Oceano Pacífico, é acompanhada pela Grande Barreira de Corais. Declarada Patrimônio da Humanidade pela Unesco, essa formação se estende por cerca de 2 300 km.

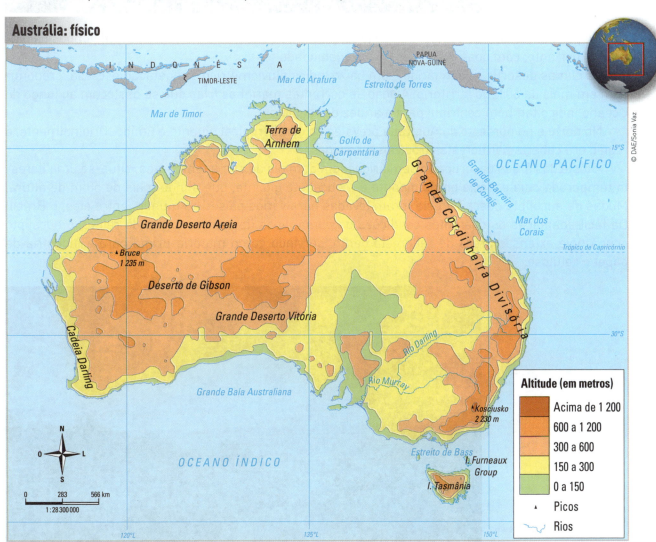

Fonte: *Atlas geográfico escolar*. 7. ed. Rio de Janeiro: IBGE, 2016. p. 52.

A Austrália é predominantemente árida e quente, com uma rede hidrográfica pouco extensa. Devido à carência de rios, a maior parte da produção de energia elétrica é obtida em termelétricas movidas a carvão e gás natural. O predomínio de áreas desérticas favorece a produção de energia solar, que tem sido incentivada no país.

Pôr do sol na formação rochosa Uluru, localizada no Parque Nacional Uluru-Kata Tjuta. Petermann, Austrália, 2018.

No país, destacam-se os rios Murray (2 530 km) e seu afluente Darling (1 390 km), ambos de planície e, portanto, com boas condições de navegabilidade.

Os climas desértico e semiárido, com baixo índice pluviométrico e vegetação escassa, predominam em mais de 60% do território. A ação de correntes marinhas frias que se deslocam ao longo do Oceano Índico também contribui para a aridez da região.

No norte e no nordeste da Austrália prevalece o clima tropical, quente e úmido. Originalmente, a região era coberta por florestas tropicais e savanas.

A leste das áreas desérticas e semiáridas, em domínio de clima temperado, situa-se uma floresta temperada cuja espécie predominante é o eucalipto gigante, que atinge mais de 50 m de altura. Mudas de eucalipto dessa floresta foram levadas para vários países no mundo, entre eles, o Brasil. De fácil adaptação às diferentes condições do clima, tipos de solo ou forma de relevo, o eucalipto ocupa hoje extensas áreas de reflorestamento, servindo como matéria-prima para a indústria de papel e celulose.

Floresta tropical da área do Parque Nacional Dorrigo. Dorrigo, Austrália, 2018.

Dinâmica demográfica da Austrália

Com 23 968 973 habitantes em 2016, a Austrália não é um país populoso. Apresenta uma das menores densidades demográficas do mundo: apenas 3 hab./km². A distribuição da população é muito irregular, determinada principalmente pelas condições climáticas do país.

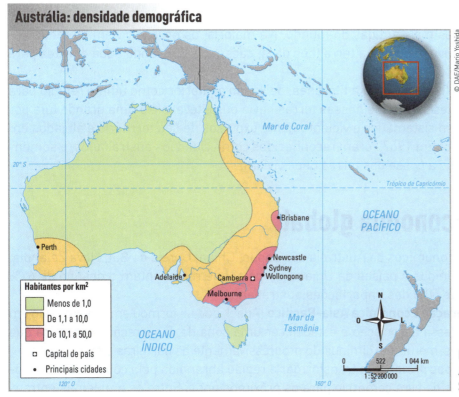

Fonte: Vera Caldini e Leda Ísola. *Atlas geográfico Saraiva*. 4. ed. São Paulo: Saraiva, 2013. p. 178.

Predominantemente urbana (89,2% em 2016), a população australiana se concentra próxima às faixas do litoral, onde estão as cidades de Sydney, Melbourne, Brisbane, Perth, Adelaide, Newcastle, Wollongong e Camberra.

A maioria da população australiana é de origem europeia, descendente de colonizadores ingleses.

É grande o número de imigrantes que vivem na Austrália, provenientes de todas as partes do mundo. Cerca de 27% da população australiana nasceu em outro país. Reino Unido, Nova Zelândia, China, Índia e Itália encabeçam a lista de procedência. Outro fator a destacar é que muitos australianos (cerca de 35%) têm pelo menos um dos pais nascido em outro país.

Vista da cidade de Sydney, com destaque para a Ópera de Sydney. Sydney, Austrália, 2017.

Povos tradicionais da Austrália

Os aborígines, povos que já habitavam essas terras antes da chegada dos colonizadores, correspondem hoje a cerca de 1,5% da população. Quando os ingleses desembarcaram na área que hoje corresponde a Sydney, havia cerca de 300 mil aborígines espalhados pela Austrália, divididos em grupos que falavam mais de 200 línguas.

Com ancestrais vindos da Indonésia há aproximadamente 50 mil anos, esses povos são representantes de uma das culturas mais antigas do mundo. Na maioria, os grupos viviam de modo nômade: dormiam ao ar livre e viviam do que a terra lhes dava, caçando e coletando água e frutos para sobreviver.

No início, os europeus se fixaram na faixa litorânea, deixando o interior como último refúgio para os povos nativos. Quando se descobriu que nessas terras havia ouro, teve início uma grande luta por sua posse. Os aborígines foram sistemática e violentamente expulsos de seu território e alojados em missões e reservas do governo. Em 1967, foram reconhecidos como cidadãos australianos, e somente em 1976 foi concedida a eles a posse das terras onde viviam.

A Austrália na economia global

Os principais parceiros econômicos da Austrália são Japão, China, Coreia do Sul, Nova Zelândia, Índia, Reino Unido, Estados Unidos e países da União Europeia, que representam o destino de 61% das exportações e a origem de 50% das importações australianas.

O país faz parte da **Cooperação Econômica Ásia-Pacífico** (Apec), que se formou em uma reunião em Sydney, em 1989. O objetivo dessa associação é estabelecer uma zona de cooperação econômica que estimule o comércio dos países-membros, diminuindo progressivamente as barreiras alfandegárias.

Os países-membros da Apec pretendem transformar a região abrangida pela cooperação econômica em uma gigantesca zona de livre comércio para os próximos anos. Entre os problemas enfrentados na concretização desse objetivo estão as disputas entre as maiores potências da organização (Estados Unidos, China e Japão) e a grande disparidade socioeconômica dos países integrantes.

Observe no mapa as nações que fazem parte da Apec, que movimenta cerca de 45% do comércio mundial.

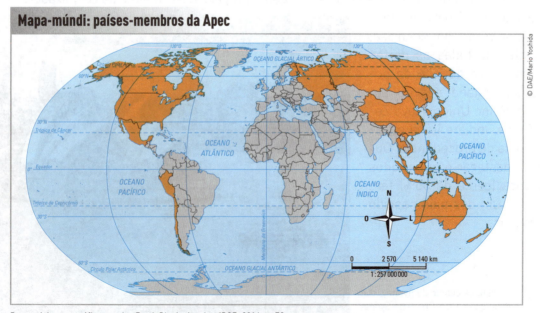

Fonte: *Atlas geográfico escolar*. 7. ed. Rio de Janeiro: IBGE, 2016. p. 78.

Aspectos socioeconômicos

A Austrália tem um parque industrial bastante diversificado, com indústrias siderúrgicas, metalúrgicas, químicas, automobilísticas, eletrônicas, têxteis e alimentícias.

A indústria, o comércio e o turismo representam uma grande parcela do produto interno bruto (PIB) e empregam a maior parte da população.

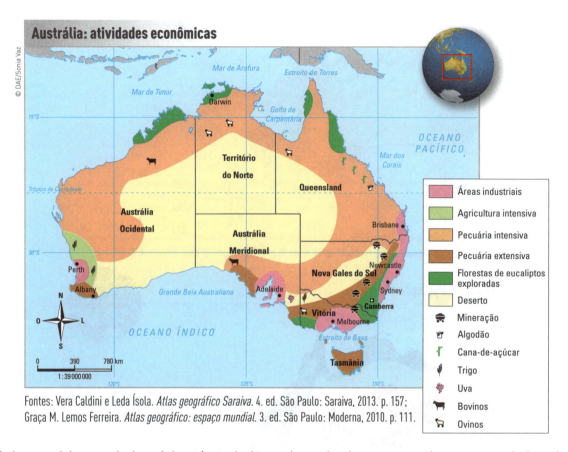

Fontes: Vera Caldini e Leda Ísola. *Atlas geográfico Saraiva*. 4. ed. São Paulo: Saraiva, 2013. p. 157; Graça M. Lemos Ferreira. *Atlas geográfico: espaço mundial*. 3. ed. São Paulo: Moderna, 2010. p. 111.

O desenvolvimento industrial está atrelado ao rico subsolo, com grandes reservas de bauxita (as maiores do mundo), urânio, níquel e ferro, entre outros. Essas reservas possibilitam que o país tenha grande destaque na mineração.

Na pecuária, destaca-se o rebanho de ovinos, terceiro maior do mundo, o que faz do país o maior exportador de lã do planeta. Os volumosos lençóis de água subterrâneos, acessados por meio de poços artesianos, possibilitaram o desenvolvimento da criação de ovinos, que é grande fonte de renda para o país.

Apesar de apenas 6% das terras australianas serem aráveis, a agricultura é bastante desenvolvida, diversificada e moderna. É praticada sobretudo no sul do país, favorecida por chuvas regulares. Predominam as grandes propriedades rurais, nas quais se plantam cereais (trigo, aveia e cevada), cana-de-açúcar, frutas e algodão.

As condições de vida são, em geral, muito boas: a Austrália apresentou o terceiro mais elevado Índice de Desenvolvimento Humano (IDH) do mundo – 0,939, em 2017 –, atrás apenas da Noruega e da Suíça. A esperança de vida ao nascer dos australianos atinge 83,1 anos.

Rebanho de ovelhas. Lal Lal, Austrália, 2016.

Cartografia em foco

Observe os mapas de clima e vegetação da Austrália e, depois, faça o que se pede.

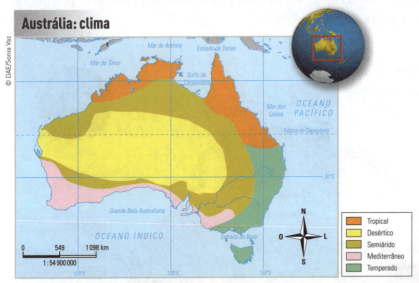

Fonte: Atlas geográfico escolar. *Ensino Fundamental do 6º ao 9º ano*. Rio de Janeiro: IBGE, 2010. p. 104.

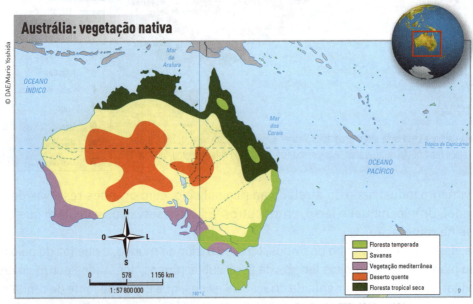

Fonte: Gisele Girardi e Jussara Vaz Rosa. *Atlas geográfico do estudante*. São Paulo: FTD, 2011. p. 124.

1. Qual clima predomina na região nordeste, ao norte do Trópico de Capricórnio?
2. Qual clima predomina na região sudeste, ao sul do Trópico de Capricórnio?
3. Qual clima é predominante na Austrália e quais são suas características?
4. Que formação vegetal predominava originalmente na Austrália?
5. De acordo com os mapas, apresente dois exemplos que demonstrem a relação entre o clima e a formação vegetal nativa na Austrália.
6. A Austrália é banhada por quais oceanos?

Nova Zelândia: aspectos físicos

O relevo da Nova Zelândia é constituído predominantemente de montanhas, muitas das quais são vulcões ativos. O país está localizado na faixa do Círculo de Fogo do Pacífico, próximo ao limite de duas placas tectônicas (a Indo-Australiana e a do Pacífico), em uma zona sujeita a abalos sísmicos e vulcanismo.

O ponto culminante da Nova Zelândia é o Monte Cook, com 3 764 m de altitude, situado nos Alpes Neozelandeses, na Ilha do Sul. Ainda fazem parte da paisagem neozelandesa muitos lagos e planícies. O litoral é bastante recortado e apresenta diversas penínsulas e fiordes.

O país tem água em abundância, proveniente de seus inúmeros lagos interiores, de origem vulcânica e glacial. Devido ao tamanho reduzido do território e à irregularidade do relevo, os rios neozelandeses têm pequena extensão; mas, apesar disso, são utilizados para produção de energia elétrica. Destaca-se o Rio Waikato, com 320 km, localizado na Ilha do Norte.

Na Nova Zelândia predomina o clima temperado úmido, e a vegetação é composta de florestas temperadas e estepes. Destaca-se também a floresta de coníferas, que foi bastante devastada. Atualmente, o país incentiva o reflorestamento.

Fonte: *Atlas geográfico escolar.* 7. ed. Rio de Janeiro: IBGE, 2016. p. 52.

Vista do Lago Hooker com o Monte Cook ao fundo. Canterbury, Nova Zelândia, 2017.

Dinâmica demográfica: Nova Zelândia

A população da Nova Zelândia era, em 2016, de aproximadamente 4,5 milhões de habitantes, concentrada sobretudo na Ilha do Norte, onde se situam suas duas maiores cidades: Auckland e Wellington. A densidade demográfica do país é de 17,2 hab./km². A população é predominantemente urbana, pois cerca de 86,2% dos habitantes vivem em cidades.

A Nova Zelândia foi colonizada por imigrantes de origem majoritariamente britânica. Os habitantes nativos do território, os maoris, representam hoje menos de 15% da população. Nas décadas de 1860 e 1870 ocorreram vários conflitos entre eles e os colonizadores, resultando na morte de muitos maoris. Ao longo do século XX, esse povo foi bastante reduzido.

Fonte: *Atlas geográfico escolar: Ensino Fundamental do 6º ao 9º ano*. Rio de Janeiro: IBGE, 2010. p. 99.

Guerreiros maori em exibição de haka durante festival. Auckland, Nova Zelândia, 2016.

Aspectos socioeconômicos

A população da Nova Zelândia dedica-se sobretudo a atividades terciárias, relacionadas ao comércio e à prestação de serviços.

A atividade industrial está vinculada, principalmente, à agropecuária, com destaque para as indústrias alimentícias e têxteis, embora os setores siderúrgico e metalúrgico também contribuam para a economia do país.

Na agricultura, os principais cultivos são: cevada, trigo, milho, kiwi, maçã, pera, legumes e verduras. A pecuária neozelandesa é muito desenvolvida, com destaque para a criação de ovinos e, em menor escala, de bovinos. Nessas criações são utilizadas técnicas modernas, que incluem a seleção genética para o aumento da produtividade.

Gado bovino em pastagem próximo a Oxford, Nova Zelândia, 2018.

A Nova Zelândia investe 7,2% de seu PIB em gastos públicos na área da educação e 9,7% em saúde. A esperança de vida dos neozelandeses é de 81,8 anos, e 100% da população tem acesso a água potável. O IDH do país era 0,913 em 2014, considerado alto, em nono lugar no ranking mundial.

Pessoas prestigiam instalação artística. Wellington, Nova Zelândia, 2018.

A Nova Zelândia na economia global

China, Austrália, Estados Unidos, Japão e Reino Unido são os principais parceiros comerciais da Nova Zelândia. Os principais produtos exportados pelos neozelandeses são leite, laticínios, carnes e madeira, e os importados são automóveis e combustíveis.

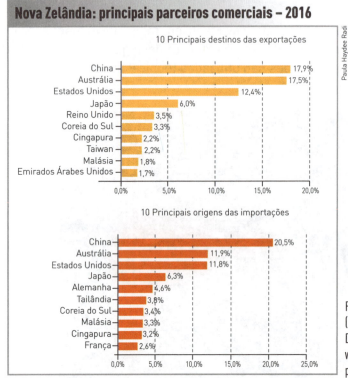

Fonte: Ministério das Relações Exteriores (MRE). Nova Zelândia Comércio Exterior. Disponível em: <http://ois.sebrae.com.br/wp-content/uploads/2017/10/NovaZelandia.pdf>. Acesso em: out. 2018.

Em relatório elaborado pelo Banco Mundial, a Nova Zelândia se destaca por ser o país com melhor ambiente para negócios do mundo. A instituição leva em consideração os incentivos e as facilidades para abrir pequenas e médias empresas e a facilitação dos trâmites burocráticos (para obtenção de crédito e registro de propriedade).

 De olho no legado

Se existe Nova Zelândia, onde fica a velha?

Na região dos Países Baixos, na Europa. Na verdade, [...] não leva o "velha" na frente, mas chama-se Zelândia. Junto com a Holanda, eram as duas maiores províncias marítimas dos Países Baixos.

De lá, por volta de 1640, partiram os colonizadores da Oceania. Quando os exploradores aportaram no novo continente, denominaram as duas maiores ilhas como "Nieuw Holland" e "Nieuw Zeeland" (em holandês), em homenagem à terra natal. O nome de Nova Zelândia perdura até hoje, mas, em 1824, a "Nova Holanda" foi renomeada como Austrália.

[...]

Diego Meneghetti/Abril Comunicações S.A. Se existe a Nova Zelândia, onde fica a "velha"? *Superinteressante*, 4 jul. 2018. Disponível em: <https://super.abril.com.br/mundo-estranho/se-existe-a-nova-zelandia-onde-fica-a-velha>. Acesso em: out. 2018

1 Explique a origem do nome Nova Zelândia, importante país da Oceania.

Conviver

O desafio da água

Na Austrália, o continente habitado mais seco do mundo, os primeiros exploradores britânicos em busca de uma fonte de água potável esquadrinharam o território árido em busca de um lendário mar interior. [...] Hoje, os australianos seguem na direção oposta: do mar.

Num dos maiores projetos de infraestrutura do país, as cinco maiores cidades da Austrália estão aplicando US$ 13,2 bilhões em usinas de dessalinização, com capacidade para sugar milhões de galões de água dos oceanos por dia.[...] Em dois anos, quando a última usina deverá estar pronta, as grandes cidades australianas estarão tirando 30% da sua água potável do mar. [...]

Muitos ambientalistas e economistas são contrários à uma expansão dessas usinas por causa do seu preço e porque elas ajudam a tornar mais crítico o aquecimento global. A energia necessária para remoção do sal da água do mar representa 50% do custo da dessalinização e a Austrália depende do carvão, o maior emissor de gases com efeito estufa, para gerar a maior parte da sua eletricidade.

[...]

Adversários da dessalinização dizem que é mais barato reciclar a água já usada, embora convencer as pessoas a beberem dessa água seja difícil e politicamente delicado.

[...]

Norimitsu Onishi. O desafio da água na árida Austrália. *O Estado de S. Paulo*, 19 jul. 2010. Disponível em: <https://internacional.estadao.com.br/noticias/geral,o-desafio-da-agua-na-arida-australia-imp-,583102>. Acesso em: out. 2018.

Entrada de usina de dessalinização. Sydney, Austrália, 2018.

1. Leia o texto e faça o que se pede.
   - Formem grupos de quatro alunos.
   - Leiam e discutam o texto de forma compartilhada.
   - Pesquisem informações a respeito de outros países que estejam adotando as mesmas medidas que a Austrália para controlar a crise hídrica.
   - Organizem um debate em que a metade da turma deve defender a dessalinização e a outra metade questionar os impactos ambientais desse processo.
   - Coloquem as conclusões em um cartaz e exponham-no no mural da sala de aula.

Atividades

1. Compare e relacione os mapas "Austrália: densidade demográfica" (página 267) e "Austrália: clima" (página 270, da seção **Cartografia em foco**). Registre suas conclusões.

2. Caracterize o clima, a formação vegetal e a forma de relevo predominantes da Nova Zelândia.

3. Cite características da economia australiana referentes:
   a) à atividade industrial;
   b) à atividade agropecuária;
   c) aos parceiros econômicos.

4. Caracterize a economia da Nova Zelândia.

5. O que significa a sigla Apec? Qual é o objetivo dessa associação? Apresente dois aspectos que evidenciem a importância econômica dessa área.

6. Escreva um argumento que justifique a importância da preservação da cultura do povo retratado na fotografia.

Aborígenes da tribo Tiwi pintados para cerimônia tradicional. Austrália, 2016.

7. Na Oceania, a Austrália e a Nova Zelândia são os únicos países considerados desenvolvidos. Apresente indicadores socioeconômicos que justifiquem essa afirmativa.

8. "O futuro da Austrália está na energia solar e na dessalinização". Comente essa afirmação, relacionando sua resposta com o poder econômico do país e com suas condições climáticas.

CAPÍTULO 26
O Ártico e o Antártico

Localização do Ártico e do continente Antártico

As regiões mais frias e desabitadas estão localizadas no extremo norte e no extremo sul da Terra.

O **Ártico** é uma região situada no extremo norte do planeta, tendo sua área delimitada pelo Círculo Polar Ártico. No Ártico se localiza o Polo Norte, o ponto mais ao norte da Terra. Sua extensão territorial é de 21 milhões de quilômetros quadrados, mas a maior parte é constituída pelo Oceano Glacial Ártico (cerca de 65%), sendo o restante composto de ilhas e arquipélagos distribuídos ao longo das águas polares. A maior ilha é a Groenlândia, território da Dinamarca.

O clima na região do Ártico é o polar. Em média, as temperaturas podem variar entre –10 °C e –21 °C. Contudo, no extremo norte da Rússia, região conhecida como Sibéria, os termômetros já chegaram a registrar –65 °C.

Ilulussat, Groenlândia, 2017.

A vegetação típica do Ártico é a tundra, que alimenta animais como a rena, mamífero herbívoro.

Ártico: países fronteiriços

Fronteira marítima (a 200 milhas marítimas da costa)

1 : 85 200 000

Fonte: Arctic Council. Disponível em: <www.arctic-council.org/index.php/en/learn-more/maps>. Acesso em: out. 2018.

277

Cercada pelas águas dos oceanos Atlântico, Pacífico, Glacial Antártico e Índico está a **Antártica**, sob a maior camada de gelo que recobre a superfície terrestre, com uma área de 14 108 000 km².

Há milhões de anos esse vasto território estava unido à América do Sul, à Austrália e à Nova Zelândia, tendo se separado pela movimentação das placas tectônicas e se deslocado para o sul. Estudando seus fósseis, os cientistas deduziram que no passado geológico havia no continente extensas florestas, e as temperaturas eram similares às das áreas subtropicais.

A Antártica (ou Antártida) é o continente mais frio da Terra, com ventos intensos e temperaturas inferiores a 0 °C no verão e médias de 50 °C negativos no inverno, podendo chegar a 80 °C abaixo de zero. No inverno, sua superfície pode dobrar de tamanho, pois o oceano à sua volta é tomado por uma camada de gelo. A exceção é a Península Antártica, cujo solo não permanece congelado o ano todo. A média de temperatura é mais alta no litoral e mais baixa na região central do continente.

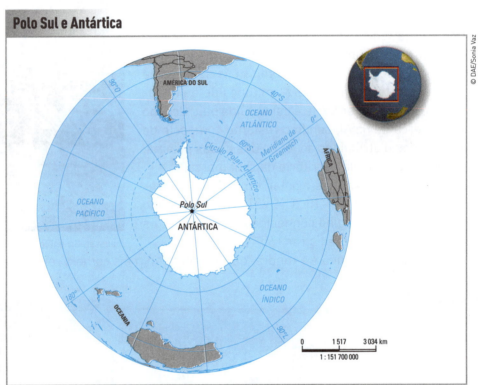

Fonte: *Atlas geográfico escolar*. 7. ed. Rio de Janeiro: IBGE, 2016. p. 54.

Vista do oceano ao redor da Antártica Oriental próximo às colinas Larsemann, 2018.

As baixas temperaturas e a posição isolada fizeram com que a Antártica fosse o último continente a receber expedições. Suas terras só foram vistas pela primeira vez em 1820, com a expedição russa de Thaddeus Bellingshausen. Antes disso, só se conheciam as milhares de ilhas que se situam a seu redor.

As condições naturais da Antártica dificultaram a ocupação humana. A enorme camada de gelo que cobre suas terras, com espessura média de 2 km, impede a formação de solos. Por isso, as formas de vida animal e vegetal concentram-se, principalmente, nos oceanos que a cercam. Apenas nas bordas do continente se desenvolve a tundra, vegetação rasteira composta de musgos e liquens.

De olho no legado

Inuit: os *First Nations* canadenses

Quando crianças, vemos muitas histórias sobre o que aprendemos a chamar de esquimós, principalmente pelos desenhos animados. Porém, a não ser que você tenha se deparado com algumas produções documentais que trate deles, não sabemos muito sobre sua cultura, costumes ou onde eles vivem.

No Canadá, na Groenlândia e no Alasca, há um povo nativo que se denomina Inuit. Eles preferem ser chamados assim, já que é uma palavra da sua língua, o inuktitut, que significa "povo". Esquimó significa "comedor de carne crua" e é considerado um termo vulgar e pejorativo.

Eles foram o último povo nativo a chegar nas Américas e suas origens datam de pelo menos 4 mil anos atrás. Os Inuit apresentam uma relação muito harmoniosa com o ambiente em que vivem, além de possuírem um vasto conhecimento sobre ele. Para eles, os animais, as plantas, a terra e os seres humanos devem ser tratados com respeito.

Os ensinamentos a respeito de seu meio são passados de geração a geração. A família é a base da cultura Inuit. Eles apreciam muito o trabalho de cooperação e o ato de compartilharem o que possuem com o próximo.

Mesmo com muitas interferências externas, o povo nativo conseguiu manter sua cultura. O idioma, por exemplo, não se perdeu e faz parte do currículo escolar.

[...]

Foi a partir de 1950 que o governo canadense resolveu tomar uma atitude e assumir responsabilidade pelos Inuit. Os Inuit foram reconhecidos como *First Nations* (primeira nação) e como parte do povo canadense. Médicos começaram a ser enviados, houve a promoção de escolas e a tentativa de atenderem às necessidades do povo nativo.

Hoje em dia as comunidades Inuit são governadas por conselhos municipais eleitos. Estes conselhos cuidam de assuntos como saúde e educação e também de assuntos como a pesca e a caça. As escolas Inuit têm uma educação moderna e de acordo com as necessidades do povo nativo. Eles possuem matérias culturais como o ensino do seu idioma *inuktitut*.

O povo Inuit atua em diversas áreas como mineração, construção, indústria petrolífera, governo e a maioria ainda complementa a renda com a caça. O turismo também tem forte papel na economia. Eles trabalham como guias turísticos, como hospedeiros e ainda vendem a arte local e manual realizada por eles como entalhes, gravuras e esculturas.

Para quem se interessar, em 1922, Robert Flaherty fez um filme intitulado *Nanook, O Esquimó* (Nanook of the North) que foi um marco para o cinema e para filmes com caráter documental. [...]

Luiza Lorenzetti. Inuit: os *First Nations* canadenses. *Redação Virtual*, 3 mar. 2017. Disponível em: <http://redacao.mackenzie.br/inuit-a-nacao-indigena-esquimo>. Acesso em: out. 2018.

Grupo inuíte pescando no mar congelado. Qaanaaq, Groenlândia, 2018.

1. Quem são e onde vivem os inuítes?
2. Quais são as principais atividades econômicas dos inuítes?

Disputas territoriais do Ártico

Tudo indica que o Ártico será intensamente ocupado ainda no século XXI. Cientistas, militares e empresas estão chegando à região para estudar a exploração de um tesouro que foi recém-descongelado.

Abaixo do gelo ártico há importantes reservas de petróleo e de gás natural, que podem abastecer o planeta por muito tempo.

Além dos combustíveis fósseis, há recursos minerais como ferro, carvão, urânio, ouro e diamantes. Os países que têm territórios na região ou compartilham parte deles, disputam há muito tempo a posse das reservas de petróleo. Estados Unidos, Canadá, Noruega, Rússia e Dinamarca pretendem investir recursos na região.

O que mantinha o Ártico isolado era a impossibilidade de explorá-lo devido ao congelamento da maior parte de sua extensão. Entretanto, muitos pesquisadores acreditam que o aquecimento global vem contribuindo significativamente para a diminuição das áreas congeladas, o que permitiu expor as riquezas minerais do Ártico.

À esquerda, imagem de satélite da área de cobertura de gelo no Ártico em 1980. À direita, imagem de satélite da mesma região, em 2012.

① Comparando as imagens do Ártico de 1980 e 2012, a que conclusão podemos chegar?

② Com base nesse fenômeno, pesquise a importância das geotecnologias para estudos que envolvem a análise de questões ambientais.

Apesar de terem firmado, em 2010, um acordo com a Noruega sobre as disputas de fronteiras no Oceano Glacial Ártico e no Mar de Barents, os russos avançam sobre as regiões do Ártico, enviando expedições militares com o objetivo de demarcar territórios. Os Estados Unidos têm enviado submarinos para marcar a presença norte-americana, e empresas da Rússia e da Dinamarca têm fechado acordos com outros países, prevendo a possível exploração dos recursos naturais do Ártico.

Minissubmarino russo planta bandeira do país no Oceano Glacial Ártico, abaixo do gelo do Polo Norte. A imagem foi transmitida na televisão russa em 2007.

As pesquisas científicas na Antártica

Após o descobrimento da Antártica, em 1820, teve início um ciclo de navegações costeiras (inglesas, estadunidenses, francesas e norueguesas) com o objetivo de conhecer e mensurar suas condições naturais. Em 1911, uma expedição exploradora norueguesa atingiu a latitude 90° S, ou seja, o Polo Sul geográfico – por onde passa o eixo terrestre em relação a seu movimento de rotação.

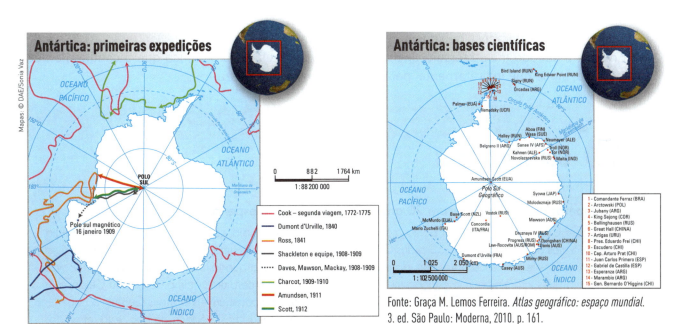

Fontes: W. Devos e R. Geivers. *Atlas histórico universal*. Madri: Bruño, 2005. p. 99; Vera Caldini e Leda Ísola. *Atlas geográfico Saraiva*. 4. ed. São Paulo: Saraiva, 2013. p. 161.

Fonte: Graça M. Lemos Ferreira. *Atlas geográfico: espaço mundial*. 3. ed. São Paulo: Moderna, 2010. p. 161.

Durante o Ano Geofísico Internacional (1957/1958) foram desenvolvidas várias pesquisas no continente antártico, das quais participaram 67 países. Nesse período já haviam sido instaladas, por 12 países, 28 bases científicas, destacando-se, entre as áreas de estudo, a Geologia, a Climatologia, a Meteorologia, a Biologia e a Oceanografia.

Em 1961, entrou em vigor o Tratado Antártico, que internacionalizou a região e permitiu seu uso exclusivo para pesquisas científicas com fins pacíficos. Portanto, o continente não pertencerá a nenhum país, além de serem proibidos nele exercícios militares, testes nucleares e depósitos de lixo radioativo.

No verão de 1984, o Brasil construiu na Península Antártica a Estação Antártica Comandante Ferraz (EACF), uma base brasileira de pesquisas. A escolha do local para a instalação da estação levou em conta as características naturais da região: condições climáticas mais amenas e localização acessível. Em fevereiro de 2012, um incêndio destruiu a estação e comprometeu as pesquisas científicas brasileiras. Em seguida, foi dado início à sua reconstrução, com término programado para 2020.

Em 1991, na Conferência de Madri, os 45 países signatários do Tratado Antártico, incluindo o Brasil, ratificaram o acordo, comprometendo-se a realizar pesquisas científicas e preservar o meio ambiente. Os ecossistemas da Antártica poderiam ser afetados com a exploração mineral, pois seu subsolo é rico em reservas de petróleo, ferro, cobre, carvão, urânio e outros minerais. Por isso, foi proibido qualquer tipo de exploração no continente – até mesmo a atividade turística –, por um período de pelo menos 50 anos (até 2047). Isso significa que a Antártica foi reconhecida como uma reserva ecológica mundial.

Além de dispor de muitas riquezas minerais, a Antártica ocupa posição estratégica em termos de transporte, pois a navegação na região é fundamental para os países do Hemisfério Sul e para a ligação Oriente-Ocidente.

O continente também abriga 90% das reservas de água doce do planeta, o que pode ser um valioso recurso para o futuro da Terra. Daí a importância do Tratado Antártico na proteção do hábitat e da biodiversidade do continente.

A ideia de transformar a Antártica em Patrimônio da Humanidade vem ocupando mais espaço nas discussões científicas e entre os ambientalistas internacionais, pois é uma forma de defender a região de futuras explorações de seus recursos naturais.

Embora inabitado (nele residem apenas os pesquisadores), não significa que o continente não seja afetado, ainda que indiretamente, pela ação humana na natureza.

Conviver

Temperaturas no Ártico ficam 20 graus Celsius acima do esperado

Em Cabo Morris Jesup, o ponto mais ao norte da Groenlândia continental, a temperatura média para o mês de fevereiro é de −33 graus Celsius, mas nos últimos dias uma onda de calor atípica elevou o mercúrio dos termômetros para além do ponto de fusão. Na última quarta-feira, o Instituto Meteorológico Dinamarquês informou que a estação meteorológica registrou temperaturas acima de 0 grau Celsius por mais de 24 horas consecutivas e, no sábado, o termômetro alcançou incríveis 6 graus Celsius. A cobertura de gelo sobre o Estreito de Bering, que deveria estar aumentando nesta época do ano, está retraindo. No momento, a cobertura de gelo sobre o Ártico é a menor já registrada.

– Nunca foi tão extremo – avaliou Ruth Mottram, cientista climática do Instituto Meteorológico Dinamarquês, em entrevista à Reuters, destacando que a estação meteorológica em Cabo Morris Jesup já registrou 61 horas de temperaturas positivas neste ano.

[...]

– Os últimos invernos – entre 2015 e 2018 – apresentaram calor incomum em grande parte do Oceano Ártico. Embora exista uma variabilidade ano a ano, isso é consistente com a tendência de aquecimento a longo prazo na região – explicou Zachary Labe, estudante da Universidade da Califórnia, em Irvine. – As temperaturas anuais no Ártico estão aquecendo mais de duas vezes mais rápido que a média global. Isso é chamado "Amplificação Ártica". A variabilidade continuará nos próximos anos, nem todos os invernos baterão recordes de calor, mas a média no longo prazo vai mostrar as temperaturas crescentes.

Com temperaturas acima do ponto de fusão, o gelo começa a derreter. O mar de Bering, que separa a Rússia dos EUA, perdeu um terço da sua cobertura de gelo em apenas oito dias. As águas que deveriam estar congelando, estão derretendo, fato inédito desde o início dos registros por satélite, em 1979. Segundo relatório da Administração Oceânica e Atmosférica Nacional dos EUA, divulgado em dezembro, a cobertura de gelo sobre o Ártico está reduzindo neste século em ritmo nunca visto nos últimos 1 500 anos.

[...]

Sérgio Matsuura. Temperaturas no Ártico ficam 20 graus Celsius acima do esperado. *O Globo*, 26 fev. 2018. Disponível em: <https://oglobo.globo.com/sociedade/ciencia/meio-ambiente/temperaturas-no-artico-ficam-20-graus-celsius-acima-do-esperado-22434397>. Acesso em: set. 2018.

① Pesquise quais são as causas do aquecimento global, segundo os cientistas.

② Debata com os colegas as possíveis consequências do aquecimento global e do degelo da região ártica.

1. Sobre a região ártica, responda:
   a) Qual é sua localização?
   b) Como são o clima e a vegetação?

2. Com uma superfície de 14 108 000 km², a Antártica é coberta por uma imensa camada de gelo. Localize geograficamente esse continente.

3. Descreva os rigores do clima da Antártica, associando-os com os limites ao desenvolvimento da vida e com a permanência de seres humanos no continente.

4. Observe a fotografia e responda às questões.

Urso-polar sobre bloco de gelo no Oceano Glacial Ártico, 2017.

   a) Quais são as causas do degelo do Ártico?
   b) Quais são as consequências ambientais desse degelo?

5. O que é o Tratado Antártico? Qual é sua relação com a biodiversidade do continente?

6. Justifique o interesse econômico e estratégico de algumas nações em relação à Antártica.

7. O que foi firmado na Conferência de Madri sobre o continente Antártico?

8. Você concorda que a Antártica seja explorada para fins científicos? Comente.

Retomar

1. Leia o trecho de reportagem a seguir e, depois, faça o que se pede.

Antártida: fogo consumiu 70% de base brasileira

[...] A Marinha informou neste domingo que o incêndio que ocorreu na madrugada deste sábado consumiu 70% da Estação Comandante Ferraz (EACF), na Antártida. O suboficial Carlos Alberto Vieira Figueiredo e o primeiro-sargento Roberto Lopes dos Santos morreram no acidente. O primeiro-sargento Luciano Gomes Medeiros ficou ferido.

Segundo avaliação preliminar da equipe do Grupo-Base que esteve na estação brasileira, o prédio principal da EACF (onde ficavam a parte habitável e alguns laboratórios de pesquisas) foi completamente destruído pelo incêndio. Permaneceram intactas somente as estruturas isoladas do prédio: os refúgios (módulos isolados para casos de emergência), os laboratórios (de meteorologia, de química e de estudo da alta atmosfera), os tanques de combustíveis e o heliponto. [...]

Apesar das perdas, o ministro (Celso Amorim) garantiu que o Programa Antártico Brasileiro (Proantar) não será encerrado. "Esse é um projeto de trinta anos de empenho da sociedade brasileira, que tem todo o apoio do governo e do Congresso brasileiro", declarou. "O programa antártico é um motivo de orgulho para nós, de modo que vamos continuar". [...]

Antártida: fogo consumiu 70% de base brasileira. *Veja*, 26 fev. 2012.
Disponível em: <https://veja.abril.com.br/brasil/antartida-fogo-consumiu-70-de-base-brasileira>. Acesso em: out. 2018

a) Qual é a importância da base de pesquisa brasileira na Antártica?

b) Pesquise quais foram os principais danos causados à Estação Comandante Ferraz pelo incêndio de 2012. Compartilhe o resultado com os colegas.

2. Releia o texto sobre as principais características físicas da Nova Zelândia na página 271. Observe o mapa e faça o que se pede.

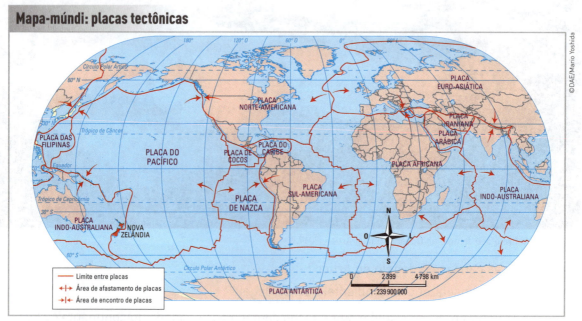

Fonte: *Atlas geográfico escolar: ensino fundamental do 6º ao 9º ano*. Rio de Janeiro: IBGE, 2010. p. 103.

a) Explique o fator geológico determinante para a ocorrência de diversos terremotos em áreas próximas à Nova Zelândia.

b) Cite outro fenômeno natural que ocorre na Nova Zelândia devido à sua posição geográfica.

3. Analise os dados do gráfico e da pirâmide etária de imigração na Austrália a seguir e responda às questões.

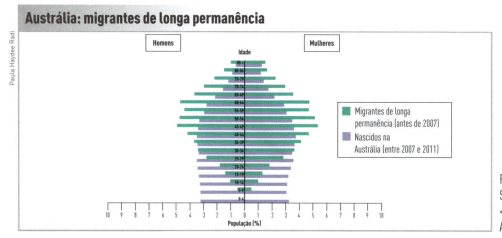

Fonte: Austrália Bureau of Statistics. Disponível em: <www.abs.gov.au>. Acesso em: nov. 2018.

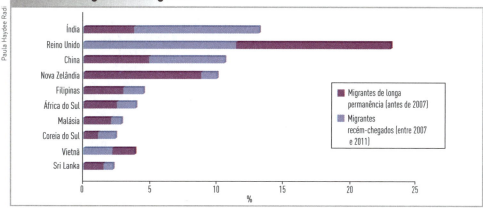

Fonte: Austrália Bureau of Statistics. Disponível em: <www.abs.gov.au>. Acesso em: nov. 2018.

a) Com base nos dados apresentados, qual é o perfil dos imigrantes na Austrália?

b) Que fatores podem explicar o destaque de Reino Unido, Índia, China e Nova Zelândia como principais países de origem dos imigrantes da Austrália?

4. Com base nas informações da tabela a seguir, elabore um gráfico de barras para representar comparativamente a população dos países da Oceania citados nela.

País	População (2017)
Federação dos Estados da Micronésia	105 544
Fiji	905 502
Ilhas Marshall	53 127
Ilhas Salomão	611 343
Nova Zelândia	4 705 818
Papua Nova Guiné	8 251 162
Samoa	196 440
Tonga	108 020

Fonte: Nações Unidas, Departamento de Assuntos Econômicos e Sociais, Divisão de População (2017). *Perspectivas da População Mundial: revisão 2017*. Disponível em: <https://population.un.org/wpp/DataQuery/>. Acesso em: nov. 2018.

Visualização

A seguir, apresentamos um mapa conceitual do tema estudado nesta unidade. Trata-se de uma representação gráfica que organiza o conteúdo, composto de uma estrutura que relaciona os principais conceitos e as palavras-chave. Essa ferramenta serve como resumo e instrumento de compreensão dos textos, além de possibilitar consultas futuras.

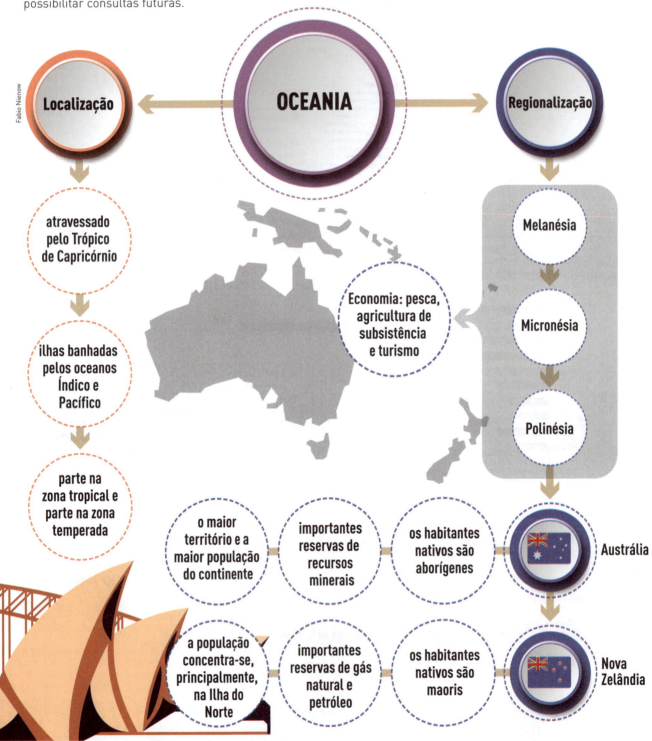

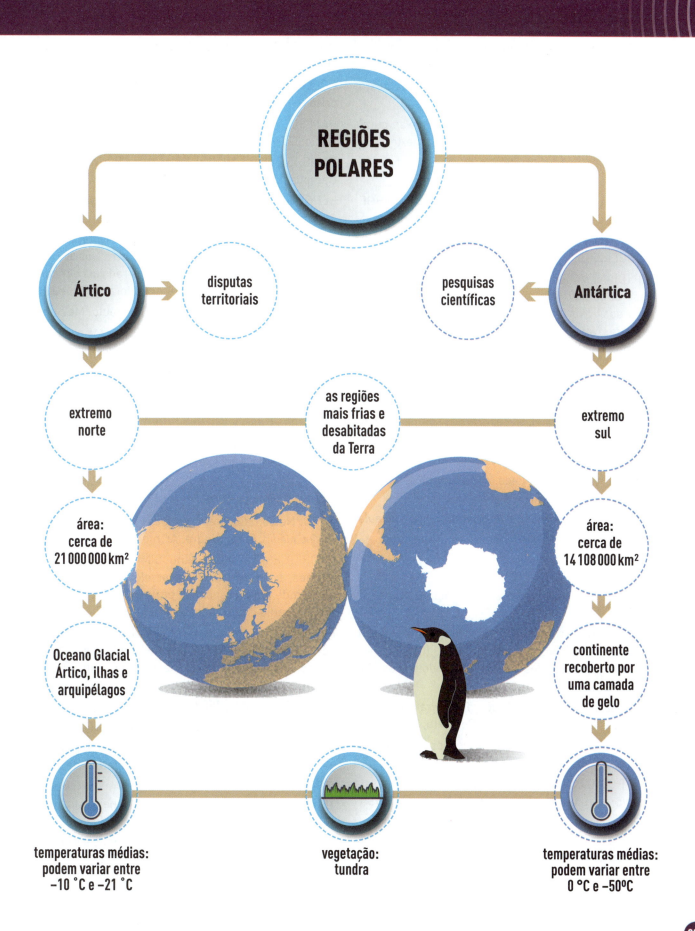

Referências

ALMEIDA, Rosângela Doin de. *O espaço geográfico*: ensino e representação. São Paulo: Contexto, 2010.

_____. (Org.). *Cartografia escolar*. São Paulo: Contexto, 2010.

_____. (Org.). *Novos rumos da cartografia escolar*: currículo, linguagem e tecnologia. São Paulo: Contexto, 2011.

ATLANTE Geografico Metodico de Agostini. Novara: Istituto Geografico De Agostini, 2007.

ATLAS geográfico escolar. 7. ed. Rio de Janeiro: IBGE, 2016.

ATLAS nacional do Brasil Milton Santos. Rio de Janeiro: IBGE, 2010.

BERTOLINI, William Zanete; VALADÃO, Roberto Célio. A abordagem do relevo pela Geografia: uma análise a partir dos livros didáticos, 2009. *Terræ Didatica*. Disponível em: ‹www.ige.unicamp.br/terraedidatica›. Acesso em: jun. 2018.

BRASIL. Ministério da Educação. *Base Nacional Comum Curricular*. Disponível em: ‹http://basenacionalcomum. mec.gov.br/wp-content/uploads/2018/06/BNCC_EI_ EF_110518_versaofinal_site.pdf›. Acesso em: jun. 2018.

BROTTON, Jerry. *Uma história do mundo em doze mapas*. Rio de Janeiro: Zahar, 2014.

CALDINI, Vera; ISOLA, Leda. *Atlas geográfico Saraiva*. São Paulo: Saraiva, 2013.

CARLOS, Anna Fani. (Org.). *A Geografia na sala de aula*. São Paulo: Contexto, 2010.

_____. *Novos caminhos da Geografia*. São Paulo: Contexto, 2002.

_____. *O lugar no/do mundo*. São Paulo: Labur Edições, 2007.

CASTELLAR, Sonia Maria Vanzella; CAVALCANTI, Lana de Souza; CALLAI, Helena Copetti (Org.). *Didática da Geografia*: aportes teóricos e metodológicos. São Paulo: Xamã, 2012.

CASTELLAR, Sonia (Org.) *Educação geográfica*: teorias e práticas docentes. São Paulo: Contexto, 2010.

CASTRO, Iná (Org.). *Geografia*: conceitos e temas. Rio de Janeiro: Bertrand Brasil, 2010.

CASTROGIOVANNI, Antonio Carlos. *Geografia em sala de aula*: práticas e reflexões. Porto Alegre: UFRGSA-GB, 1999.

_____. (Org.). *Ensino de Geografia*: práticas e textualizações no cotidiano. Porto Alegre: Mediação, 2008.

CAVALCANTE, Lana de Souza. *O ensino de Geografia na escola*. Campinas: Papirus, 2012.

CHERNICOFF, Stanley et al. *Essentials of Geology*. Nova York: Worth Publishers, 1997.

COELHO, Ricardo Motta Pinto. *Gestão de recursos hídricos em tempos de crise*. Porto Alegre: Artmed, 2016.

DAMIELI, Augusto et al. *O céu que nos envolve*. São Paulo: Odysseus Editora Ltda., 2011.

FARIS, Stephen. *Mudança climática*. Rio de Janeiro: Campus, 2009.

FERREIRA, Graça Maria Lemos. *Atlas geográfico*: espaço mundial. São Paulo: Moderna, 2013.

FRIEDMANN, Raul. *Fundamentos de orientação, cartografia e navegação terrestre*: um livro sobre GPS, bússolas e mapas para aventureiros radicais e moderados, civis e militares. Curitiba: Editora UTPR, 2008.

GANERI, Anita. *Vulcões violentos*. São Paulo: Melhoramentos, 2005.

MOREIRA, Marco Antonio. *Mapas conceituais e aprendizagem significativa*. Disponível em: ‹www.if.ufrgs. br/~moreira/mapasport.pdf›. Acesso em: jun. 2018.

NOVO atlas geográfico do estudante. São Paulo: FTD, 2008.

POPP, José Henrique. *Geologia geral*. Rio de Janeiro: LTC, 2013.

PRESS, Frank et al. *Para entender a Terra*. 4. ed. Porto Alegre: Bookman, 2006.

REGO, Nelson. *Geografia*. Práticas pedagógicas para o Ensino Médio. Porto Alegre: Artmed, 2007.

RODRIGUES, Sabrina Coelho; SIMÕES, Marcello Guimarães. *Livro digital de Paleontologia*: Paleontologia na sala de aula. Disponível em: ‹www.paleontologianasaladeaula.com/›. Acesso em: jun. 2018.

ROSA, André Henrique; FRACETO, Leonardo Fernandes; MOSCHINI-CARLOS, Viviane (Org.). *Meio ambiente e sustentabilidade*. Porto Alegre: Bookman, 2012.

SANTOS, Milton. *Metamorfoses do espaço habitado*. São Paulo: Hucitec, 1988.

_____. *A natureza do espaço*. São Paulo: Edusp, 2008.

SOS Mata Atlântica. *Atlas da Mata Atlântica*. Disponível em: ‹www.sosma.org.br/projeto/atlas-da-mata -atlantica/›. Acesso em: jun. 2018.

TEMPO & ESPAÇO. 4. ed. Rio de Janeiro: Instituto Ciência Hoje, 2003. v. 7. (Ciência Hoje na Escola.)

TUNDISI, José Galizia. *Recursos hídricos no século XXI*. São Paulo: Oficina de Textos, 2011.

WHATELY, Marussia. *O século da escassez*. São Paulo: Claro Enigma, 2016.